国家出版基金项目
NATIONAL PUBLICATION FOUNDATION

"中国自贸试验区研究"丛书

沈四宝◇主编

马海涛◇著

中国自贸试验区贸易便利化研究

海峡出版发行集团 | 鹭江出版社
THE STRAITS PUBLISHING & DISTRIBUTING GROUP | LUJIANG PUBLISHING HOUSE

2019年 · 厦门

总 序

沈四宝

党的十九大报告指出："中国支持多边贸易体制，促进自由贸易区建设，推动建设开放型世界经济。"自贸试验区建设是我国立足国内、面向世界所做出的重大战略举措。从2013年9月第一个自贸试验区——中国（上海）自由贸易试验区挂牌以来，到2018年中国（海南）自由贸易试验区获批，五年时间里自贸试验区数量已达十二个，涉及东部沿海、中西部和东北地区的多个省（市）。五年来，自贸试验区建设的广度和深度得到全面拓展，并以制度创新为突破口，先后推出了大量见真章、出实效的对外开放新举措，积累了若干可复制可推广的宝贵经验，发挥了引领中国全面开放的"排头兵"作用。党的十九大决定赋予自贸试验区更大的改革自主权，在进一步开放的过程中，自贸试验区面临哪些法律挑战，有什么样的解决方案，这是目前相关领域应予以高度关注的问题之一。本套丛书聚焦上述问题，由相关领域的青年学者潜心研究、倾力打造而成，对学术界与实务界均具有一定借鉴参考价值。

本套丛书问题聚焦化。整套丛书采取了"背景分析＋重大制度创新＋纠纷解决机制"的体例，以分析我国进一步改革开放的国内国际经贸形势为切入点，聚焦自贸试验区建设所面临的国内国际法律挑战的问题，以自贸试验区的重大制度创新为主轴展开研究，深入剖析其金融制度创新、投资管理制度创新、贸易监管制度创新的相关内容，并对自贸试验区内的民商事纠纷解决机制、投资争端解决机制等问题进行了深入研究。丛书内的具体分册亦聚焦自贸试验区相关创新所面临的法律挑战，分析挑战的原因，提出应对的思路。如《中国自贸试验区多元化纠纷解决机制研究》从涉自贸区纠纷的特点出发，分别对自贸试验区仲裁制度，司法制度，调解制度，诉讼、仲裁与调解衔接制度以及投资争端解决机制的现状、创新、不足进行了分析，并在借鉴相关国际规则及别国成熟经验的基础上，指出相应的完善路径。

本套丛书角度专业化。丛书从国际经济法学的专业角度，将国际经济法学的相关理论运用到我国自贸试验区建设的实践之中，探讨自贸试验区建设的国内法治以及国际法治问题。比如：《中国自贸试验区贸易便利化研究》一书运用国际经济法学有关贸易便利化的相关理论与研究成果，着重探讨在我国法律框架下如何进行自贸试验区的贸易监管制度创新，同时也探讨在国际法治框架下如何使我国自贸试验区的制度创新能够与国际相关规则相衔接。又如：《中国自贸试验区金融创新制度研究》一书并未过多着眼于我国现阶段金融市场的全球化改革，而是从国际金融法的视角对以负面清单制度所实现的金融行业准入的开放、资本项目管制和汇率制度改革、人民币跨境使用等方面的问题进行分析，探讨自贸试验区金融制度的创新。

本套丛书视野国际化。丛书的一大特点是不仅仅局限于我国自贸试验区建设，而是大量借鉴、参考世界贸易组织（WTO）、美国、欧盟、世界银行、经济合作与发展组织（OECD）、联合国国际贸易法委员会（UNCITRAL）等的相关理论与实践做法，对自贸试验区的相关问题进行探讨。比如：《中国自贸试验区投资便利化研究》一书在探讨外资并购国家安全审查制度的构建时，将视野投向了诸多国家安全审查制度较为完善的国家与地区，如美国、澳大利亚等，在分析别国国家安全审查制度的优劣势的基础上，结合我国具体情况，提出我国自贸试验区外资国家安全审查机制的构建设想。又如：《中国自贸试验区多元化纠纷解决机制研究》一书亦大量借鉴国际上著名争议解决中心的相关规则，提出我国自贸试验区纠纷解决机制面临的法律挑战的解决路径。而该套丛书的“背景分析”——《中国自贸试验区建设与国际经济合作》一书更是从经济全球化与区域经济一体化的角度出发，分析我国自贸试验区与国际经贸形势之间的关系，完全可以说是用世界的眼光来审视我国的自贸试验区建设。

本套丛书对于解决自贸试验区建设与“一带一路”倡议中的重大理论与实践问题，对于促进我国自贸试验区健康发展及我国对外贸易、投资供给侧改革均具有重大的理论与实践意义。

目 录

绪论 / 1
第一章 贸易自由化是国际经济交往的推进剂 / 3
第一节 贸易自由化与贸易保护主义的博弈 / 4
一、贸易保护主义在与贸易自由化的博弈中不断发展 / 5
二、贸易自由化是中国经济发展的推进剂 / 11
三、小结 / 15
第二节 贸易便利化概述 / 16
一、贸易便利化的概念界定 / 17
二、贸易便利化与贸易自由化的关系 / 21
三、贸易便利化的评估指标 / 23
四、小结 / 26
第二章 全球贸易便利化规则的发展 / 27
第一节 WTO《贸易便利化协定》/ 28
一、《贸易便利化协定》的发展历程 / 29
二、《贸易便利化协定》的影响 / 40
三、小结 / 46
第二节 涉及贸易便利化的其他国际组织 / 47
一、世界海关组织及其贸易便利化制度 / 48

二、APEC 贸易便利化议题的发展历程 / 51
三、区域贸易协定中的贸易便利化措施 / 54
四、小结 / 56
第三章 《贸易便利化协定》的法律解读 / 57
第一节 《贸易便利化协定》的结构和法律性质 / 58
一、《贸易便利化协定》的结构 / 58
二、《贸易便利化协定》的法律性质 / 61
三、《贸易便利化协定》义务的性质 / 64
第二节 《贸易便利化协定》的条款解读 / 66
一、增强公正性、非歧视性及透明度义务 / 67
二、进出口费用与手续义务 / 74
三、过境自由义务 / 86
第四章 全球主要自贸区贸易便利化制度的比较研究 / 89
一、全球自贸区的发展概况 / 89
二、全球先进自贸区及其立法模式 / 102
三、贸易便利化水平的国际比较 / 112
四、世界主要自贸区贸易便利化制度介绍 / 119
第五章 中国自贸试验区的发展进程 / 129
第一节 肩负战略重任的中国自贸试验区 / 130
一、国际国内经济形势分析 / 130
二、中国自贸区的设立背景 / 137
第二节 我国各自贸试验区的建设情况 / 143
一、上海自贸区建设进展情况 / 146
二、天津、广东、福建自贸实验区进展情况 / 154
三、第三批自贸试验区的建设情况 / 161
第六章 中国自贸区贸易便利化的建设和创新 / 174
第一节 我国贸易便利化建设总体水平与特点 / 174
一、入世前后的初始发展 / 176

二、积极签订自由贸易协定时期 / 179
三、《贸易便利化协定》生效后的履行时期 / 182
第二节　我国自贸试验区贸易便利化建设现状考究 / 188
一、贸易便利化改革的成功经验 / 188
二、贸易便利化改革的难点评估 / 193
第三节　我国自贸区贸易便利化制度建设展望 / 201
一、推进我国自贸区便利化制度体系化建设 / 201
二、我国自贸区监管法律制度的完善 / 204
第四节　我国自贸试验区过境货物知识产权保护机制的完善 / 211
一、过境货物知识产权保护的国际实践 / 213
二、自贸区边境货物知识产权执法权缺失 / 216
三、自贸区过境货物知识产权保护执法机制的完善 / 218
结语 / 221
主要参考文献 / 226
后记 / 230

绪论

随着经济全球化和一体化程度的加深，科学技术水平的高度发达以及信息和技术的迅速扩散，当前的经济技术条件发生了深刻的变革。与此同时，深度和广度都得到加强的多边、区域和双边贸易体制显著地减少了传统关税和非关税壁垒，国际贸易的规模不断扩大，各国贸易的联系也日趋加强。传统的关税和非关税壁垒对国际贸易的影响正逐渐减小，而港口环境、海关效率、制度环境等贸易便利化措施对降低贸易成本和提升交易效率的重要性日益凸显。①

2013 年下半年，习近平总书记在出访中亚和东南亚国家期间，先后提出了以政策沟通、设施联通、贸易畅通、资金融通、民心相通为主要内容的“丝绸之路经济带”和“21 世纪海上丝绸之路”（以下简称“一带一路”）的倡议，强调促进要素自由流动、资源高效配置和市场深度融合，实现沿线国家的贸易和投资便利化。该倡议提出后，中国逐步加大同“一带一路”沿线国家的经贸往来，但是口岸效率低下、通关程序烦琐、规章制度不透明的“贸易的非效率”等隐形贸易壁垒阻碍了贸易的进一步增长。由此，提高贸易便利化水平便成为“一带一路”建设的优先领域。作为我国对外开放“双轨制贸易自由化战略”的重要支柱，中国自由贸易试验区（以下简称“自贸区”

① 孔庆峰、董虹蔚《“一带一路”国家的贸易便利化水平测算与贸易潜力研究》，《国际贸易问题》2015 年第 12 期，第 158 页。

或“自贸试验区”）建设逐渐纳入国家战略布局。

中国自贸区总体来看是贸易投资的自由化、便利化，但更多的是贸易便利化。相关研究证明，贸易便利化是国际贸易中最大的引力来源，对“一带一路”沿线国家之间贸易的促进作用大于区域经济组织、进出口国家国内生产总值（GDP）、关税减免等其他因素。基于此，在多边贸易领域，世界贸易组织（WTO，以下简称“世贸组织”）通过了《贸易便利化协定》（TFA），该协定通过改善成员方过境自由、进出口手续与规费、贸易法规公布和实施的内容，从而简化世界各地海关程序并使之标准化，加速包括过境货物在内的货物流动、放行与清关。无论是出于提升通关效率和外贸量能的目的，还是基于履行 WTO 条约义务的原因，中国自贸区都需要在进行行政、司法两方面贸易便利化改革的同时，尽快完善海关贸易便利化的相关立法和制度创新。

在竞争日益激烈的经济全球化时代，贸易便利化已不可避免地成为影响国家和地区竞争力的重要因素。[①]“贸易便利化”的学术讨论已经成为国内经济贸易政策论证、国际经贸合作不可或缺的内容，贸易便利化的内容经常被写进国际、区域或双边国际贸易协议。本书通过对中国自贸区和贸易便利化内涵、贸易便利化的评估和判断指标、国外先进自贸区贸易便利化的发展、中国自贸区贸易便利化的现状以及建设展望等方面的学术论争进行梳理，分析和探讨中国自贸区贸易便利化的改革进展和推进路径，以期在相关领域改革发展及未来研究方向上得出有益的结论。

---

① 胡颖《“贸易便利化”的学术论争与中国的改革路径》，《国际商务（对外经济贸易大学学报）》2016 年第 1 期，第 119 页。

第一章
贸易自由化是国际经济交往的推进剂

世界经济论坛在《2016 全球贸易促进报告》中指出，在全球金融危机爆发后的十年里，世界经济仍在艰难地维持着微弱的增长，预计全球经济增长率将在 2016 年降至 3.1%，这是自 2009 年危机以来的最低水平。[①] 关于全球经济放缓的原因，国际货币基金组织（IMF）认为，自 2012 年以来，四分之三左右的全球贸易额急剧下降可归因于全球经济活动（尤其是投资）的长期持续低迷。

值得注意的是，20 世纪 90 年代和 20 世纪前 10 年的贸易快速增长实际上是异常高的。这种异常高的贸易增长一方面源于中国融入全球经济一体化的驱动，直接表现为在中国和其他新兴市场的大规模投资；另一方面源于政策合作和技术进步带来的国际贸易成本下降和全球价值链的迅速发展。现在，这些积极进程的影响正在逐渐减少。世贸组织认为，贸易不可能长期维持金融危机前的增长率。另外，世贸组织还指出，数字经济日益增长的作用有可能导致经济放缓。

由于全球关税已达到较低水平，贸易自由化中的贸易促进效果可能会减少。根据国际货币基金组织的统计，多边、区域和单边贸易自由化使所有经济体的进口加权平均关税在 1986 年至 1995 年间每年下降近一个百分点，到

---

① 参见《2016 全球贸易促进报告》。

2008 年底则下降了 0.5 个百分点。自 2008 年以来，新兴经济体和发展中国家的平均关税只下降了一个百分点，同时，发达经济体的实际关税增加了 0.2 个百分点。由于全球进口加权平均关税仍保持在 8%，关税取消将减少贸易成本，产生显著的生产力和福利收益。然而，在目前的情况下，进一步的贸易自由化（消减关税）很难实现。

国际货币基金组织和世贸组织都将不断抬头的贸易保护主义视为经济放缓背后的一个更为严重的因素。以反倾销、反补贴、保障措施以及其他临时贸易壁垒为表现的贸易保护主义自 1995 年至今显著提升。世界经济论坛还发现，自 2007 年以来，一些经济开放指标恶化的证据不断显现，如非关税壁垒、外国直接投资规则和外国所有权的流行等，表现出（市场）"开放度下降"。在有关就业、劳工和环境标准的激烈公开辩论中，社会对全球化的不安逐渐显现。同时，英国脱欧的决定粉碎了这样一种观点，即区域一体化和开放是一条单行道（one-way street）。①

但无论如何，世界经济论坛创始人兼执行主席克劳斯·施瓦布（Klaus Schwab）教授认为："自由贸易仍然是全球经济发展和社会进步的最强推动力。当今领袖面临的挑战和责任是，既要对抗贸易保护主义，又要让贸易成为包容性增长的原动力。"②

第一节　贸易自由化与贸易保护主义的博弈

贸易自由化首先是经济学上的术语，一般是指一国对外国商品和服务的进口所采取的限制逐步减少，为进口商品和服务提供贸易优惠待遇的过程，并且主张以市场为主导。即一国的贸易体制向着"中性化"方向转化的过程，或者一国的贸易体制更加"中立化"的所有变化，或者国家政府对贸易干预

①② 参见《2016 全球贸易促进报告》。

弱化的过程。从法学的角度看，这种“中性化”或者“中立化”或者“干预弱化”的动态过程，应该而且必须建立在利益机会均等的基础之上。① 无论是以往的《关税及贸易总协定》(GATT，以下简称“关贸总协定”)，还是现在的世界贸易组织，都是以贸易自由化为宗旨，以最惠国待遇原则和国民待遇原则作为重要制度保障。

研究贸易自由化，或者与之对应的贸易保护，离不开对各国国情及利益的考量。因为，在主权林立的国际社会，国家利益是国家一切行为的出发点和价值核心，是国家主权的本意。贸易利益是国家总体利益非常重要的组成部分。无论是以亚当·斯密的绝对优势理论和李斯特的相对优势理论为基础的贸易自由理论，还是包含了亚历山大·汉密尔顿幼稚产业保护理论、亨利凯里农业实施保护政策以及战略保护理论等的贸易保护学说，无不体现了这些理论对各自所在国国家利益的背书。

本节将对体现不同时期国家利益的贸易保护主义理论的发展进行分析，进而研究对新时期的贸易自由化体制和国家对外贸易管制间的协调，最后得出新时代背景下中国经济的腾飞离不开贸易自由化推进的结论。

一、贸易保护主义在与贸易自由化的博弈中不断发展

贸易自由主义和贸易保护主义是一对势均力敌的对手，都通过击败（批判）对手而赢得胜利，不断强大（完善）。随着世界进入全球化时代，世界各国的诉求日益多元化，完全的贸易自由和单纯的贸易保护都不能体现一国的根本利益，各国的政策在自由和保护间看似矛盾地达到统一。一般认为，当今世界的自由贸易体制是在对早期重商主义的批判中产生和发展起来的，随着自由贸易体制的不断完善，贸易保护的理论体系也逐渐建立并得到了快速发展。

---

① 李雪平《贸易自由化与国家对外贸易管制——从中国和平发展遭遇的贸易保护主义谈起》，《武汉大学学报》（哲学社会科学版）2006 年 11 月，第 832 页。

（一）重商主义是贸易保护主义的起源

重商主义是16世纪中叶到18世纪中叶遍及欧洲各国的主流思潮和基本国策，是西方市场经济发展的舆论准备，是市场经济理论的萌芽。[①] 它是新航路开辟之后的第一个近代资产阶级经济学说，开启了对国际贸易的系统研究。其主要内容是“重商”“重工”与“国家干预”，发展目标是“国家富强”。[②]

15—18世纪的欧洲，金银被认为是唯一的财富形式。因此，重商主义主要关注的就是对外贸易如何带来金银的问题，主张国家干预经济生活，管制金银货币，由政府管制农业、商业和制造业。同时，国家要实行对外贸易的国家垄断，通过高关税率及其他贸易限制来保护国内市场，并利用殖民地为母国的制造业提供原料和市场。

从经济实践方面来看，重商主义在三个历史时期对某些国家有着积极影响：第一个历史时期是从16世纪到18世纪末，是重商主义发展最鼎盛的时期。其思想和政策主张恰好契合于资本主义的资本原始积累时期，并使欧洲出现了最早的发达国家，比如英国、西班牙、葡萄牙、普鲁士、德国等国。可以说，正是由于重商主义的产生和发展，才有了近代欧洲的崛起。[③] 第二个历史时期是从19世纪末期到二战前后。美国和德国凭借新重商主义在经济力量先后超过了18世纪末期开始鼓吹自由贸易的英国，分别成为当时的第一和第二经济强国。此外，日本也利用明治维新时期推行的具有浓郁重商主义色彩的经济政策而成为欧洲以外唯一的发达国家。第三个历史时期是从20世纪70年代前后到现在，突出的表现是新兴市场经济体的产生和发展。[④] 重商主

① 黄光耀《从推动国家统一到谋求对外扩张——英国重商主义思想嬗变述论》，《北京工商大学学报》（社会科学版）2001年第5期，第41页。

② 张国昀《论重商主义》，《西北师大学报》（社会科学版）2004年9月，第103页。

③ 英国之所以能率先成为工业化国家和海外殖民帝国，其重要原因在于英国的重商主义嬗变取得了成功，而其成功的秘密在于重商主义从早期向晚期的演变发展与社会的变革及国家的政策走向达到了高度的一致和协调。参见黄光耀《从推动国家统一到谋求对外扩张——英国重商主义思想嬗变述论》，《北京工商大学学报》（社会科学版）2001年第5期，第41页。

④ 王高望、邹恒甫《重商主义、货币和宏观经济政策分析》，《世界经济文汇》2013年第5期，第1页。

义的影响之所以如此深远，关键在于其思想的出发点是国家利益至上。通过贸易保护政策积累和增加本国财富，从而实现国家实力的强大，这体现了主权国家的坚定信念。这样一种观念在经济全球化的今天仍然存在。而且，成熟时期的重商主义思想出现了国际贸易的互利概念，承认地域分工和专业化是国际贸易的基础，在思想上日益完善，与亚当·斯密的理论仅咫尺之遥。①因此，有学者指出："我们需要为重商主义正名，特别是伴随着全球经济一体化向纵深发展，以及我国仍处于社会主义初级阶段的现实，认真学习和研究重商主义至关重要。"②

（二）幼稚产业保护理论标志着保护贸易理论体系的形成

幼稚产业保护理论最初于 18 世纪后半期由美国独立后的第一任财政部长亚历山大·汉密尔顿提出，在 19 世纪中叶由德国的史学派先驱李斯特加以系统化。该理论认为生产力是决定一国兴衰存亡的关键，而保护民族工业就是保护本国生产力的发展。所以国家和政府需要作为民族工业发展强有力的后盾，而不是秉承古典学派的自由放任原则。③

保护幼稚产业一直是贸易保护政策强有力的论据之一，也是落后国家推动产业升级、实行工业化和发展经济的不可缺少的手段。④ 该理论也体现在 WTO 对发展中国家和最不发达国家提供的特殊和差别待遇规则上。李斯特认为，落后国家都应该通过设置进口关税甚至颁布进口禁令来扶植本国的民族工业，唯有如此，德国、俄国和美国等当时落后于英国的国家才会有赶超的希望。关于幼稚产业保护的标准，李斯特认为应该选择那些"当前发展尚不成熟、受到国外强有力竞争、但通过一段时期的保护（一般为 30 年）便能成长壮大并有广阔发展前景的产业"。⑤

---

① 李新宽《英国重商主义思想的分期问题》，《武汉大学学报》（人文科学版）2008 年第 6 期，第 741 页。

② 张国昀《论重商主义》，《西北师大学报》（社会科学版）2004 年 9 月，第 103 页。

③ 刘波《贸易全球化时代的幼稚产业保护论》，《国际经贸》2006 年 10 月，第 24 页。

④ 王小军《幼稚产业保护理论的再思考》，《国际贸易问题》1996 年第 8 期，第 20 页。

⑤ 覃成林、李超《幼稚产业与"李斯特陷阱"—— 一个文献述评》，《国外社会科学》2013 年第 1 期，第 90 页。

幼稚产业保护理论的基本观点对世界各国的经济发展都产生了积极的影响，对19世纪的美国和德国等后发国家对外贸易政策的制定产生了深刻的影响；二战后，广大发展中国家普遍推行保护幼稚产业政策，也取得了一定成果。值得注意的是，该理论的实践意义还在于，它提出并回答了落后国家为什么应该建立和发展自己的工业、如何发展本国的工业以及外贸政策如何体现本国经济发展战略等问题。然而该理论的适用存在不少诸如幼稚工业的选择、被保护产业的无效率以及国际资本市场难以融资等问题的质疑。另外，依该理论保护本国幼稚产业要达到促进整个国民经济发展的效果，还受国内科技水平、国内市场成熟度、国内经济制度等方面因素的制约。随着贸易全球化的发展，国际资本市场的初步形成，汇率变动的日趋频繁，对幼稚产业的保护面临着规范保护程序、加强受保护产业的监管、鼓励国内竞争等新问题。

（三）凯恩斯主义强调国家要对经济活动进行必要的干预

凯恩斯认为，失业率和经济增长速度等宏观经济指标与一国的对外贸易存在紧密联系，为了保护国内就业而实行贸易保护政策是经济危机后贸易保护主义盛行的根本原因①。以贸易顺差论、外贸乘数论和国家干预论为核心的凯恩斯主义从性质上讲是一种贸易保护理论，推崇之前重商主义的贸易顺差思想，所以凯恩斯主义又被称为“新重商主义”。

凯恩斯为各国政府开出了解决本国就业问题的良方——以扩张性的货币和财政政策来拉动国内投资需求，实现总需求和总供给的均衡，从而最终实现充分就业目标。② 贸易顺差论认为，在政府既不直接控制利率，也不能直接干预国内投资影响因素的前提下，降低非自愿性失业和促进经济增长的关键是增加有效需求。而有效需求中的消费和投资分别取决于利率和贸易收支状况。贸易顺差会增加外国投资，增加的外汇收入也会增加本国货币的供应量，

---

① ［英］约翰·梅纳德·凯恩斯《就业、利息与货币通论》，华夏出版社，1983年，第94页。

② 景芳超《凯恩斯主义适用于金融风暴背景下的中国吗?》，《时代经贸》2008年12月，第32页。

导致的结果是利率的下降和国内投资的增加。因此，贸易顺差的好处是显而易见的，在扩大有效需求的基础上能够解决非自愿性失业问题，从而促进经济增长。在凯恩斯就业理论和乘数理论的基础上，他的追随者们积极主张政府对经济生活的全面干预，实行贸易保护，改变国际收支状况，提高一国国民收入。

值得注意的是，在以经济全球化和金融危机为特征的今天，对凯恩斯主义政策进行过成功批判和否定的新自由主义被指责是当前经济衰退的原因之一。立足于短期视角，主张通过扩张货币或财政政策进行总需求管理的凯恩斯主义成为主要国家走出危机的指导性政策方针，导致了凯恩斯主义的复兴。同凯恩斯主义在二战后的资本主义各国经济复苏中扮演的角色一样，如今，新凯恩斯主义的货币与财政政策又成为各国拉动经济增长、解决就业问题的良策。① 凯恩斯主义的复兴一方面体现在政策领域，各国政府利用诸多“凯恩斯主义”政策干预经济，实施贸易保护以试图减缓或阻止危机的蔓延，“克林顿经济学”以及特朗普的“美国优先”等都是该理论复兴的体现；另一方面在理论领域引起思潮，许多经济学家如克鲁格曼、斯蒂格利茨等，主张宏观经济学应该回归凯恩斯的研究传统。也有学者认为，不能简单把政府对经济生活的干预等同于凯恩斯主义，把凯恩斯主义视为“自由市场”的反对者，应该考虑到凯恩斯主义本身的发展，也应重视凯恩斯主义政策对金融危机的爆发所应负的责任。②

（四）代表广大发展中国家利益的普雷维什“中心—外围”说

作为世界经济新秩序的倡导者，阿根廷经济学家劳尔·普雷维什提出的“中心—外围”说具有代表意义。③“中心—外围”说是在批判古典学派和新古

---

① 景芳超《凯恩斯主义适用于金融风暴背景下的中国吗?》，《时代经贸》2008 年 12 月，第 32 页。

② 国际金融危机与经济学理论反思课题组，杨春学、谢志刚执笔《国际金融危机与凯恩斯主义》，《经济研究》2009 年第 11 期，第 22 页。

③ 1950 年，普雷维什在向联合国拉丁美洲经济委员会提交的题为《拉丁美洲的经济发展及其主要问题》的报告中首次提出了发展中国家贸易条件长期恶化的论点。

典学派的国际贸易理论的基础上产生的[①]，代表广大发展中国家的利益，构成建立国际经济新秩序的重要理论。

"中心—外围"说认为，旧的国际经济秩序下，资本主义世界形成了由发达国家组成的"中心"和由发展中国家构成的"外围"这两个不对称的体系。正是这种体系的不对称性，滋生了诸多不利于外围国家初级产品贸易条件的内在因素。技术进步的利益在中心与外围之间的不平等分配，是造成后者贸易条件长期恶化的重要机制。[②] 劳尔·普雷维什认为，"中心—外围"的形成是一种历史性的必然结果，传统的国际贸易和国际分工理论虽然表面上看遵照的是自由贸易原则，但地位的不平等造成了贸易的不平等，导致双方利益分配上的不平等，经济发展水平的差距越拉越大。因此，要打破这种不合理的国际分工体系，外围的欠发达国家应实施贸易保护政策，以顺利进行工业化改革、独立自主地发展本国民族经济。具体而言，一是通过限制进口等手段，加强对本国幼稚工业的保护；二是强化国家对经济生活的干预，因为国家在动员资本、承担风险和提供经济信息等方面具有市场所不具备的优势；三是通过强化区域经济一体化来扩大本国工业制成品的市场。[③]

作为一位阿根廷经济学家，劳尔·普雷维什深刻见证了拉美国家惨遭发达国家经济剥削和危机转嫁的过程，其"中心—外围"说是为改变旧的国际贸易秩序提出的分析框架和批判工具。在后金融危机时期，20 世纪 50 年代提出的"中心—外围"说依然有助于分析发展中国家经济低迷的原因，为积极地探索国家间和平共处、平等交往、共同发展的道路提供了一种独特的视角。有学者认为，打破"中心—外围"结构是终结世界经济关系中一切剥削现象的必要前提。[④]

---

①③ 江时学《普雷维什的"中心—外围"论：以第三世界视角探讨国际经济关系》，《中国社会科学报》2012 年 7 月，B 03 版。

② 董国辉《普雷维什命题：历史与现实》，《拉丁美洲研究》2001 年第 3 期，第 52 页。

④ 张康之、张桐《论普雷维什的"中心—边缘"思想——关于世界经济体系中不平等关系的一个分析框架》，《政治经济学评论》2014 年第 1 期，第 33 页。

（五）政治实用理论所支撑的多边贸易体制下的贸易保护机制

1948 年开始运作的 GATT/WTO 体制是迄今为止最成功的多边的国际贸易体制，是众多缔约方和成员就贸易自由与贸易保护主张之间长期博弈后的结果。虽然 GATT/WTO 以贸易自由化为宗旨和旗帜，通过削减关税和取消其他非关税壁垒等方式减少贸易障碍，并以非歧视原则为基石，但基于促使更多的缔约方和成员加入这一体制以及就更多贸易领域达成一致的考虑——政治实用原因，这一多边贸易体制也存在着大量诸如贸易救济措施、例外原则等具有贸易保护作用的制度安排。这些世界多边贸易体制的“安全阀”，对贸易自由化协定的存在和运行起到了至关重要的作用，为各国在必要时出于保护更重要的利益而违反特定自由化承诺提供了依据。因此，从国际自由贸易运行的角度来讲，GATT/WTO 框架下的贸易保护机制保证了国际自由贸易的正常运行，全球贸易规则体系也因此包含了更多的参与者和实践者。

纵观世界贸易史，每当经济面临危机，贸易保护主义就会抬头。由于多边贸易协定的原则性和模糊性，随着贸易自由化的发展，与之相应的贸易保护主义也在不断加强。金融危机后全球经济发展势头减缓甚至停滞，世界各国，尤其是主要发达经济体，纷纷“灵活”利用 GATT/WTO 框架下的贸易保护机制的针对性和歧视性特征，使新贸易保护主义日益加剧。以美国为例，自 2009 年 2 月 17 日美国总统奥巴马签署总额为 7870 亿美元的经济刺激计划开始，“购买美国货”“美国优先”及退出《跨太平洋伙伴关系协定》（TPP）等贸易保护政策和措施使得美国的贸易实践逐渐开始出现逆全球化的苗头。

二、贸易自由化是中国经济发展的推进剂

由亚当·斯密的绝对优势理论开始，大卫·李嘉图的比较优势理论、赫克歇尔和俄林提出的生产要素禀赋学说等自由贸易理论对国际贸易乃至全球经济交往的推动和促进起到了至关重要的理论支撑作用。这些自由贸易理论阐释了自由贸易产生的原因及意义，解释了即便是所有产品的生产成本均处于绝对劣势的国家仍能进行贸易发展经济，解释了国际贸易的理论和现实结

合的问题。

贸易自由化是一种理念，国家对贸易进行管制是一种现实。这种现实往往在不同时期、不同国际环境下表现出不同的严厉程度。国家的贸易管制可以表现出“中性”或“中立”的一面，也可以表现出“功利”或“激进”的一面。后者即是一般意义上的贸易保护主义。

从国际经济交往史的角度看，贸易自由化与贸易保护始终相伴相随，哪一方占优势取决于各国的国家利益。在以主权国家为主轴的国际社会上，“经济活动应当服务于国家的目标和国家利益”。① 中国的和平发展和经济奇迹为萧条的世界经济提供了能量和活力，但政治经济上的强势产生了所谓的“中国威胁论”。无论是基于本国经济振兴的“美国优先”，还是基于遏制中国的“非市场经济国家地位”，都使得某些国家开始调整全球贸易自由化的原则和政策，运用新贸易保护政策，造成中国基于 WTO 的贸易机会不对等、贸易权利和义务不均等。中国的和平发展遭遇到了贸易保护主义的严峻挑战。

（一）后金融时代各国趋向严格的贸易管制

1948 年 1 月 1 日开始实施的 GATT/WTO 是经过“讨价还价”的谈判而形成的国际贸易多边规则体制，在其近 70 年的运作过程中不断发展和完善自由贸易的理论和实践。这种自由贸易的理论和实践对于促进国际贸易的有序进行、保障国际贸易的稳定安全、平衡各缔约方和成员间的权利义务都具有积极的重大影响。不可否认的是，尽管贸易自由化作为一种信仰，是多边贸易体制高举的旗帜，但它也是一柄“双刃剑”。好的一面，它可以带来国际分工的深化、国际市场的扩大、资源更有效率的配置、促进一国贸易法律制度的完善；不好的一面，贸易自由化在一定程度上会阻碍或者抑制一国民族产业的建立和发展，也可能会带来环境、公共秩序、伦理等损害。因此，自由贸易和贸易管制同等重要。GATT/WTO 追求自由贸易，但不是纯粹的自由

① ［挪威］托布约尔·克努成《国际关系理论史导论》，天津人民出版社，2004 年，第 95 页。

贸易组织，它倡导的是“开放、公平和无扭曲竞争”的贸易政策。[①] 作为贸易自由化的推动者，GATT/WTO 把贸易自由化建立在正常的国家贸易秩序基础之上，不排斥各种维护贸易秩序所必需的贸易管制。

贸易自由理论认为各国要实现财富最大化就不能施加贸易壁垒，然而自由的市场准入会遇到政治上的阻碍。因为某一群体总会遭受损失，虽然理论上这类损失可以得到补偿，但在实践中却不易做到。[②] 任何一项对外贸易法律或者政策的制定和实施，都是国内利益集团的需求与政府的供给之间的均衡。所有对外贸易法律和政策的基本性质，都是政府出于特定的经济、政治和社会目的而对贸易自由化的干预。在运用贸易管制措施维护国家利益的同时，更需要关注这些措施与贸易自由化之间的协调。[③]

值得注意的是，在多边规则框架范围之外的非中性贸易管制措施往往是各国政府用以实施贸易保护和贸易歧视政策的重要手段，表现出功利性和歧视性的特征。传统的贸易保护主要利用关税壁垒，而层出不穷、花样翻新的各种非关税壁垒是当今贸易保护政策的主要方式。贸易自由化作为推动和发展世界经济的重要工具，强调的是非歧视和利益均等。但当前金融危机后遗症下的经济不景气以及非均衡的发展态势，使得国家实行更为严格的对外贸易管制措施甚至贸易保护主义。贸易自由化向政治领域和社会领域的渗透和扩张，要求对贸易自由化的利益评价更为客观、公正和透明，要求国家获得利益的途径更为民主化、合理化和合法化。[④] 鉴于全球金融危机后各国经济发展的下行预期，以及国际政治问题和社会问题的复杂性和敏感性，多边自由化贸易体系的进一步发展比以往任何时候更应该强调各国利益的机会均等。

（二）贸易自由化是中国经济发展的推进剂

贸易自由化不像自由贸易理想家们所描述的那么完美，例如以维护国家

---

① 薛荣久《WTO 如何反对贸易保护主义》，《中国经济时报》2009 年 5 月 25 日，第 005 版。

② ［英］霍克曼等著、刘平等译《世界贸易体制的政治经济学：从关贸总协定到世界贸易组织》，法律出版社，2000 年，第 16 页。

③④ 李雪平《贸易自由化与国家对外贸易管制——从中国和平发展遭遇的贸易保护主义谈起》，《武汉大学学报》（哲学社会科学版）2006 年第 6 期，第 832 页。

利益为根本的“功利性”的国家外贸管制行为始终在摩拳擦掌、跃跃欲试。又如美国新总统特朗普就任以来，表现出强烈的贸易保护主义，给全球化和自由贸易带来极大挑战。再比如，由于国际贸易游戏规则与国际政治游戏规则的相互影响，国际贸易摩擦和争端的解决常常彰显国际政治利益的交易。同时，与贸易相伴的环境保护、可持续发展、社会福利标准以及人权保护等国际社会问题，会不断地削弱贸易自由化的制度红利。但不容否认的是，贸易自由化与国家单一的自给自足的政策和法律相比，与国家的贸易保护相比，依然是国际经济增长和国际社会进步的最优政策选择。①

贸易自由化自其出现以来给相当多的国家带来好处。从历史发展的过程来看，越自由的国际贸易，对世界经济越能够产生积极的影响，参与贸易自由化的国家和地区都获得了较大的经济增长。② 贸易自由化借由市场竞争促进生产效率的提高，由此完善地区间和国家间的国际分工。这种国际分工随着经济全球化进程的发展形成了全球制造、服务以及技术贸易网络。自身资源禀赋比较优势和其他综合竞争优势使得各国的产品、服务以及技术构成国际贸易价值链条上的一环，随着国际经贸联系日趋紧密，动态发展变化的分工合作体系更加完善，促进了各国的经济发展和世界经济水平的提高。另外，贸易自由化带来的充分贸易竞争能够间接地为消费者带来福利，这理应是国际贸易和经济交往的终极目标。

自 20 世纪 70 年代末开始，改革开放成为我国的基本国策，加强对外交往和促进贸易自由是改革开放的应有之义。中国是全球化的受益者和支持者，改革开放的历史经验和中国取得的经济奇迹就是证明。当前，中国“双轨制”的对外开放发展战略包括对外的“一带一路”倡议和自贸区国家战略以及国内的自由贸易试验区战略。这些战略和倡议的推进需要以投资贸易自由化为特征的经济全球化的进一步推进。由此可以得出的结论是，贸易自由化逐渐

① 李雪平《贸易自由化与国家对外贸易管制——从中国和平发展遭遇的贸易保护主义谈起》，《武汉大学学报》（哲学社会科学版）2006 年第 6 期，第 832 页。

② 谭玉松《从中韩、中澳自贸区看中国贸易自由化发展》，《中国市场》2016 年第 11 期，第 194 页。

成为中国经济发展的助推器。首先，贸易自由化加快我国产业发展。在贸易自由化的情况下，我国可以不断发展优势产业，淘汰低能、低效率的产业，亦可以使国外企业带来先进的技术、管理模式；其次，它为中国提供经济增长必需的国外市场资源（包括出口市场资源和进口资源市场）；再次，使得中国加入了世界经济圈，逐渐优化自身的产业结构，促进工业、农业、重工业的全面发展与进步；最后，随着国际贸易自由化的不断发展与深入，使得劳动地的雇佣条款逐渐宽松，为我国技术劳动力提供了外部市场，增加了就业。

三、小结

经济全球化的推进包含了通过贸易自由化、金融自由化和投资自由化所实现的贸易全球化、金融全球化和生产全球化的推进。在这一过程中，贸易自由和贸易保护在相互博弈中不断发展，贸易自由的规则体系越来越完善，贸易保护的形式也不断衍生发展。从传统贸易保护理论体系的建立到新贸易保护主义理论的形成和发展，贸易保护主义在世界经济贸易发展中已根深蒂固。经济全球化会带来国际分工的深化、世界人民福祉的提高，是世界经济发展的必然趋势，但新贸易保护主义的存在在一定意义上具有政治和现实的合理性。金融危机之后的经济不振以及近些年的“黑天鹅”事件（指难以预测，且不寻常的事件，通常会引起市场连锁负面反应，甚至颠覆）的发生导致新贸易保护主义盛行，新贸易保护主义更表现出形式增多、领域扩大、程度加重的趋势。不能否认，一定程度上的贸易保护对转轨国家经济有积极的影响，如推动国内改革的深化，促进技术进步，优化对外贸易结构和产业结构等，但总体上看，广大发展中国家参与经济全球化的程度越深，与世界各国的经济联系越密切，其经济受新贸易保护主义的影响就越明显。这会对参与经济全球化的国家产生不同程度的负面影响。

由于本书主要以自贸区贸易便利化为研究对象，所以对于金融保护主义和投资保护主义不进行深入探讨。但不容否认的是，全球贸易的扩大和贸易自由化的深入必然要受到各国金融管制和投资管制政策的影响，贸易保护主义往往与金融保护主义和投资保护主义相互作用和渗透。

第二节 贸易便利化概述

在以多边、区域和双边贸易体制协调和互补为特征的全球贸易体制的作用下，传统的关税和非关税壁垒对国际贸易的影响正逐渐减小，而“贸易过程的低效率”抵消了比较生产成本优势，已经成为一种隐形的市场准入壁垒，成为制约贸易自由化的重要因素。因此，贸易便利化能够改善各国贸易中由于基础设施、海关程序等行政手续因素导致的贸易成本增加的情况，减少国际商贸活动中的交易成本，降低交易的复杂性，改善一国的贸易环境，同时使政府的管制措施更为有效，① 是“后关税时代”国际经济组织和各国政府促进国际贸易持续平稳增长的新渠道。

然而世界各国推行贸易便利化是有成本的，相对于发达国家，发展中国家推行贸易便利化的成本更高。原因在于发展中国家在改革中必然存在着更多的体制和能力建设方面的不足，包括政府机构改革的成本、制度创新的成本、贸易监管方式改革的成本等等。以中国为例，我国推行贸易便利化的成本包括政府机构改革成本、贸易法制重塑成本、信息化基础设施投资成本以及关税损失成本。总的来讲，贸易便利化的收益是综合性的，不仅仅体现在经济上，而且体现在政府制度改革、良好的法制和监管环境等社会生活的各个方面，会远远超过政府和企业实施贸易便利化的成本。

WTO 早在 1996 年就将贸易便利化作为“新加坡议题”之一进行谈判，经过近 17 年的艰苦谈判，最终在 2013 年 12 月于巴厘岛举行的 WTO 第九届部长会议上达成《贸易便利化协定》。由于 WTO 成员众多，该协定成为国际

① 张立莉《WTO 框架下贸易便利化问题研究》，《云南财经大学学报》（社会科学版）2009 年第 4 期，第 46 页。

社会处理贸易便利化问题最重要的国际法律文件。值得一提的是，WTO 并不是处理贸易便利化议题的最初和唯一场所。贸易便利化事项在世界海关组织（WCO）、联合国欧洲经济委员会及其所辖联合国贸易便利化和电子商务中心等国际组织中都得到关注。①

一、贸易便利化的概念界定

贸易便利化是个历久弥新的话题，1923 年的国际联盟会议就已经针对复杂低效的通关程序和冗杂重复的单证对国际贸易的阻碍提出了这一概念。总的来说，早期的贸易便利化理念主要是推动通关程序和单证的简化。随着经济一体化的加深和科学技术的进步，各国对贸易便利化的认识也逐渐加深。

关于贸易便利化，目前为止还没有一个统一标准的概念，但 WTO、世界海关组织、亚洲太平洋经济合作组织（APEC，以下简称“亚太经合组织”）、经济合作与发展组织（OECD）、联合国贸易和发展会议（UNCTAD）等国际组织以及许多国内外学者长期以来围绕贸易便利化都进行了丰富的研究工作。由于贸易便利化的多维性、动态性和历史性，各方对贸易便利化的内涵和外延的理解不尽相同，但对于贸易便利化核心的认识基本一致，即贸易便利化能够通过提高贸易效率、改善贸易环境、降低贸易成本来促进国际贸易发展，增进各国经济福利。

（一）国内外学者给出的概念

国内外学者从不同的角度对贸易便利化提出了自己的概念界定。Duval②

---

① WTO《贸易便利化协定》的实施得到了这些国际组织的联合支持和援助。2014 年 7 月 22 日，世界海关组织与其他国际组织发布了“执行《贸易便利化协定》共同行为”的联合声明。在该联合声明中，这些国际组织表达了其相关承诺以及采取联合行动为发展中国家和最不发达国家执行《贸易便利化协定》条款提供技术支持、能力建设援助和其他形式支持。参见余丽：《世界贸易组织〈贸易便利化协定〉研究》，人民法院出版社，2016 年 8 月第 1 版，第 133 页。

② Duval，Y，*Trade Facilitation Beyond the Doha Round of Negotiations*. Bangkok：Asia-Pacific Research and Training Network on Trade（ARTNeT），Working Paper Series（2007），No. 50.

认为，贸易便利化是通过海关、交通运输、银行和保险（服务和基础设施）更有效的服务来提高贸易流程的效率。贸易便利化的外延不能限定于海关和边境的监管流程，其他诸如运输物流和金融服务进程等都会影响货物的跨境流动。Persson① 指出，贸易便利化就是通过使烦琐的跨境贸易手续更加高效来使货物跨越边境变得更简单。Hufbauer 等②认为，贸易便利化的措施包含软硬件两类：硬件措施指的是港口、高速公路、物流仓储以及通信等基础设施，软件措施指的是商业环境、透明度、海关管理以及其他监管制度和环境。王玉婧和张宏武③认为，贸易便利化包含简便化、标准化和协调化。它要求提高贸易政策、法律、法令、法规透明度，制定高效的监督程序，简化国际贸易中涉及的各种程序、数据资料和行政管理手续，加强电子商务和电子政务，完善知识产权保护措施和规则。马宇④认为，贸易便利化是简化、协调国际贸易程序，消除不合理的行政障碍，减少交易过程的复杂性，降低交易成本，推动货物和服务更好地跨境流通。王中美⑤认为，广义的贸易便利化不仅包括前述边境措施上的简化与高效，还包括适用法律法规的协调、物流与基础设施建设的改善和规范等措施，涵盖贸易过程的所有环节。宏结⑥认为，所谓贸易便利化，就是简化和协调货物贸易活动中的各种程序，消除海关对国际贸易流动的阻碍，为国际贸易提供一个协调的、简化的、透明的、可预见的

---

① Persson,"The Journal of International Trade & Economic Development". *M. Trade Facilitation and the Extensive Margin*. (May 2013), P. 663.

② Gary Hufbauer, Martin Vieiro, John Wilson. Trade facilitation matters! (2012-09-14) [EB/OL].) http://www. voxeu. org/article/trade-facilitation-matters, 2017 年 7 月 15 日。

③ 王玉婧、张宏武《贸易便利化的正面效应及对环境的双重影响》,《现代财经》(天津财经大学学报) 2007 年第 3 期，第 72—76 页。

④ 马宇《贸易便利化是提升外贸水平的关键》,《人民日报》海外版 2013 年 6 月 20 日，第 002 版。

⑤ 王中美《全球贸易便利化的评估研究与趋势分析》,《世界经济研究》2014 年第 3 期，第 47 页。

⑥ 宏结《WTO 新协定加快中国贸易便利化》,《中国社会科学报》2015 年 1 月 30 日，第 A07 版。

环境。

(二) 各国际组织给出的定义

全球各大国际组织都对贸易便利化的概念界定了内涵和外延，伴随着世界经济形势的不断变迁，各利益相关方对贸易便利化的需求不断扩大，其含义和范畴也在不断地扩大和充实。世界银行曾在2002年《贸易便利化和经济发展》的研究报告中列举了当时各个国际组织对贸易便利化的定义。2015年，WTO在其《2015世界贸易报告》中也列举了各重要国际组织对贸易便利化的定义。

1. WTO的定义

作为迄今为止最成功的多边贸易体制，加之影响范围广泛的《贸易便利化协定》的制定和生效，WTO对贸易便利化的理解极具代表性。但是《贸易便利化协定》中并未对贸易便利化给出定义。其定义来源于WTO秘书处的工作笔记。

1996年，WTO在新加坡部长级会议上授权探索“世界贸易组织的贸易程序简化工作，从而评估WTO规则的影响力范围”①。这种“简化工作”被界定为“减少商品进出口的繁文缛节并且保证各国以更便捷的途径提供贸易信息”②。随后，WTO秘书处在其工作笔记中将贸易便利化规定为“国际贸易程序的简化和协调，包括货物在国际贸易活动中所需数据的收集、展示、交流等活动及相关手续的处理”③。由于《贸易便利化协定》中90%的内容与海关直接相关，推进海关贸易便利化业已成为世贸组织各成员方的新任务。因此，WTO的定义主要关注海关管理流程的改革，从而保证进出口交易更具透明性、可预见性和有效性。海关贸易便利化，是指对海关监管、征税、缉私、统计工作中涉及货物贸易活动的制度、手续的简化与协调，意在简化海关手续，缩短通关时间，降低贸易成本，加速货物跨境流动。其完善的最终目标，

---

① 世贸组织，新加坡部长级会议宣言。

② 世贸组织，巴厘部长级会议2013年简报。

③ Andrew Grainger, *Journal Of World Trade*, Trade Facilitation: A Conceptual Review, 2011, PP. 39—41.

是使货物贸易清关过程、海关监管等海关活动简化、高效、非歧视、透明和稳定。[①]

2. 其他国际组织

成立于1989年的亚太经合组织（APEC）在推动亚太地区的贸易便利化方面做出了重要贡献。APEC认为，贸易便利化是指海关和其他阻碍、延迟跨境运输货物或增加其成本的行政程序的简单化和合理化。[②] APEC定义了货物流动、标准、商务人员流动和电子商务等四大领域作为贸易便利化的操作领域。“APEC贸易便利化行动计划Ⅱ”对改进国内规章制度、商业道德建设和保障贸易安全等更广泛的商业便利化表示关注。

联合国贸易和发展会议对于贸易便利化的定义和WTO基本一致，即对国际贸易程序的简要化和协调化。所谓“贸易程序”是在国际贸易货物流转时，按规定要求收取、提供、交流及办理资料的全部过程中涉及的流程、做法以及动作。上述定义的外延十分宽泛，它经常包含海关流程、国际货运、保险条款和支付方式等，还有过关所务必完成的正规流程及事务。

世界海关组织将全世界范围内提高海关管理效率作为其使命，因此贸易便利化定义主要关注于海关程序，WCO认为贸易便利化应简化和协调海关程序，并使其标准化，促进贸易安全和贸易便利的平衡发展。《京都公约》包含了海关处理程序中所有的一般条款及绝大部分的特殊附件，同时，为了适应信息技术和信息基础设施的发展，公约中还鼓励尽量多应用互联网技术加速清关。

经济合作与发展组织认为，贸易便利化是程序和相关信息流的简化与协调，包括国际贸易中的很多活动，从海关进出口程序到国家许可，再到检疫部门的检疫程序，以及运输手续、支付方式、劳动力的流动、保险条款和特殊的金融要求等。

联合国欧洲经济委员会（UNECE）2002年给出的贸易便利化的定义为：

---

① 曾文革、江莉《〈贸易便利化协定〉视域下我国海关贸易便利化制度的完善》，《海关与经贸研究》2016年1月，第1页。

② 2002年《APEC贸易便利化行动计划》。

降低贸易交易的复杂性和成本的全面综合的方法，并确保所有活动都能基于国际公认的规范、标准和最好的实践形式，以建立一致、透明、可预测的贸易环境。

综上所述，尽管国内外学者和各个国际组织对于贸易便利化的定义不尽相同，体现出贸易便利化的动态性和多维性，但关于贸易便利化的基本认识是一致的，即贸易便利化是对于各类贸易程序的简化和协调，以提高政策透明度、降低贸易成本、加速要素流通，从而促进各国各地区间的贸易发展。从涵盖范围来看，随着国际、区域、双边协定中贸易便利化议题讨论的逐步深入，贸易便利化的定义经历了从内涵、外延单一到内涵、外延不断丰富的过程。在提出之初，贸易便利化仅仅指港口硬件的改善和海关通关效率的提高，学者们大多从海关改革方面对其进行研究。① 近些年，贸易便利化包含了更多的要素，由港口效率、海关程序等“边境措施”的简化，逐步扩展到了包含贸易业务的环境、海关和制度环境的透明度及专业化、顺应国际或区域规则的标准一致化，以及包含信息和通信技术、合同执行和规章制度一致化等的“边境后措施”，即一国国内商业环境的改善。②

二、贸易便利化与贸易自由化的关系

贸易自由化是使一个国家的贸易体制向中性方向发展的任何政策性变化，这里所说的“中性”，是指贸易体制在没有政府干预的情况下仍能处于正常运转的状态。换言之，对进口和出口活动都不提供任何刺激的贸易体制就是一种自由化体制。③ 贸易自由化的具体表现是一国对国外商品和服务的进口所采

---

①　谭晶荣、潘华曦《贸易便利化研究文献综述》，《经营与管理》2015 年第 12 期，第 81 页。

②　胡颖《“贸易便利化”的学术论争与中国的改革路径》，《国际商务》（对外经济贸易大学学报）2016 年第 1 期，第 119 页。

③　D·帕帕耶奥尔尤等主编《使对外贸易自由化》，巴西尔·伯莱克威尔出版公司，1991 年。转引自江时学：《论拉美国家的贸易自由化》，《拉丁美洲研究》1994 年第 2 期，第 1 页。

取的不合理规定和限制逐步减少，包括降低关税，减少动植物检验检疫壁垒、技术标准壁垒、绿色壁垒、海关程序壁垒等非关税壁垒等。从经济角度而言，贸易自由化能从三个方面提高效率：（1）通过挖掘扩大市场后增加的收益；（2）根据比较利益学说而形成专业化；（3）通过激烈的竞争来鼓励革新，打破交易体制上的障碍。

贸易自由化的理论基础来源于古典经济学理论及其后续发展。该理论认为，对于一个国家和地区而言，在那些具有绝对优势和比较优势的行业进行专业化生产并进行国际贸易都是有利的。国际贸易会促进国际分工的加深、世界生产效率的提高，有助于提高各国的贸易总量和真实社会财富总量。因此，各国应鼓励贸易，减少国家间各种形式的贸易壁垒。

应该说，贸易便利化和贸易自由化是两个相互区别又相互联系的概念，两者对于促进国际贸易发展和全球经济复苏同等重要且不可或缺。两者的区别在于：第一，理论基础不同。贸易自由化的理论基础来源于传统的古典经济学理论，而贸易便利化虽然有许多理论与之相关①，但尚未形成统一的、公认的理论体系。第二，两者动因不同。贸易自由化随着国际分工和规模经济的发展，以建立资源最优配置的全球市场来追求各自利益最大化；而贸易便利化是在传统的关税、非关税壁垒显著降低的情况下，减少贸易“非效率”的负面影响而不断推进的。第三，两者实施目标不同。贸易自由化是为了促进产品、服务和技术的跨境流动，促进国际分工高级化，保证充分竞争，以建立具有很强流动性的全球市场；贸易便利化是为了降低货物跨境所需的贸易成本，缩短各经济体间进行贸易所需的时间，实现贸易程序管理的简单化与合理化。

两者的联系在于：贸易自由化是国际贸易追求的目标，是贸易便利化存在的制度环境和理论基础。因为没有发展到一定程度的全球一体化和国际自

① 如科斯的交易成本理论，是鉴于企业因契约关系所进行的一系列交易会产生一定的成本而提出的。将此理论加以扩展来考察国际贸易一样可以为便利化提供依据。另一理论根据是区域经济一体化理论。该理论认为，一体化的特征之一是商品和要素的自由流动，必然需要海关程序的简化和效率的提高。

由贸易规制体系，贸易保护壁垒高砌，各国以邻为壑，再有效的贸易便利化措施也无用武之地；另一方面，贸易便利化是实现贸易自由化的一个手段，能够促进贸易自由化进一步发展，使世界各国或地区更容易融入国际贸易中。值得注意的是，贸易自由化和贸易便利化往往相互影响、相互制约、相互促进，两者之间通常没有明显的界限。一项措施或制度安排，往往既能实现贸易自由化，也能促进贸易便利化。

三、贸易便利化的评估指标

由于贸易便利化的重要性已经得到公认，目前几乎在所有的单边国内贸易促进措施以及双边、区域性和多边贸易互惠条约中都包含了贸易便利化的内容。但是，相较于关税优惠、市场准入等可直接量化测算的自由化措施，许多贸易便利化措施又可能流于一种模糊的表态和形式主义，其落实的情况和效果都较难评价。因此，对贸易便利化的评估日益受到重视。①

贸易便利化评估及其体系设定具有非常重要的作用，既可以为贸易便利化政策提供标准和依据，又可以落实贸易便利化政策的实际成效，横向纵向对比，总结经验，弥补不足。同时，还能够通过评测数据结论测算贸易便利化政策的相关影响或贡献值（如对贸易或 GDP 增量），以证实该政策的效果，从而提出深化或改进意见。

各国际经济组织采用了不同的评估模式对贸易便利化进行准量化评估，就实证意义来讲，各有特色。最有代表性和综合性的指标体系是世界经济论坛每年发布的贸易促进报告选用的贸易促进指数（ETI）。② 作为一种综合指数，ETI 由多个衡量各种贸易促进因素的单个指标组成。这些因素组成的体系包括 4 个分支，7 个子项目。4 个分支包括市场准入（market access）、边

① 王中美《全球贸易便利化的评估研究与趋势分析》，《世界经济研究》2014 年第 3 期，第 47 页。

② 2016 年《全球贸易促进报告》。

境管理（border administration）、运输和基础设施（infrastructure）以及商业环境（operating environment）。① 数据来自各大国际组织统计数据和问卷数据，特点是涵盖了很多与贸易有关的商务环境问题。

1. 市场准入

这个分支衡量了一个国家的关税体制的程度和复杂性，以及一个国家出口商在国外市场所负担的关税壁垒和享受的优惠。这一指数有两大子项目：

①国内市场准入（包含 6 个指标）。该子项目衡量了一国受其贸易政策影响的关税保护的水平和复杂程度。它还将有效贸易加权平均关税、进口免税商品的份额以及关税制度的复杂性，通过关税差异、关税峰值和具体关税的流行程度以及不同关税的数量纳入了考虑范围内。

②国外市场准入（包含 2 个指标）。该子项目评估了一个国家出口商在进口国（地区）市场所面临的关税壁垒。它包括了该国所面临的平均关税，以及通过双边或区域贸易协定谈判达成的进口国市场的优惠幅度。

2. 边境管理

这个分支只包含 1 个子项目——边境管理效率和透明度（包含 13 个指标）。该子项目对边境管理的效率和透明度进行了评估。更具体地说，它关注与进口和出口商品相关的效率、透明度和成本。它包括对海关和相关机构提供的关键服务的范围、质量和全面性的评估，以及进出口货物所需的平均时间、成本和数量。该子项目还衡量了边境程序的时间可预见性，由边境机构提供的信息的可获得性。同时，由于贪污腐败是抑制贸易的主要障碍，该子项目衡量了与进出口有关的无正式文件批准的额外贸易费用的普遍性以及每个国家的整体腐败程度。

3. 运输和基础设施

① 贸易促进指数衡量各经济体有关促进货物跨境自由流动并运达目的地等因素的就绪程度。7 类支柱具体是指：国内市场准入、国外市场准入、边境管理效率和透明度、交通基础设施、运输服务、信息通信技术基础设施以及运营环境。2014 年的《全球贸易促进报告》中的指标分为 4 个方面，9 类。（由于方法论与数据可得性的变化，2016 年与 2014 年的结论不具有完全可比性，因此根据新方法对 2014 年的结论进行了重新计算。）

这个分支评估一个国家的交通基础设施的便利性和质量，以及促进国内和跨边境的货物流的相关服务和通信基础设施。它由 3 个子项目组成：

①交通基础设施的可用性以及质量（包含 7 个指标）。这一子项目衡量了四种主要交通方式（公路、航空、铁路和港口）的国内基础设施的便利性和质量。此外，还对航空连通性和航海线路连通性进行了评估。

②交通服务的可用性以及质量（包含 6 个指标）。作为对前一项的必要补充，这一子项目对运输服务的便利性和质量进行了评估，包括在该国的运输和物流公司的存在和能力，以及运输的便利、成本和及时性。此外，这一支柱还包括一种邮政效率的衡量标准。

③信息通信技术的可用性以及使用（包含 7 个指标）。这个子项目对一个国家的信息和通信技术（ICTs）的便利性和质量进行评估，主要是移动电话和互联网的使用，该移动电话和互联网由全体公民、进行商业交易的企业以及与人民互动的政府使用。因为宽带接入已经成为常态，该子项目还考虑了互联网接入的质量，以及充分利用互联网的潜力。

4．商业环境

这个分支包含 1 个子项目——商业环境（包含 16 个指标）。该子项目评估了一个国家商业环境的质量，其质量的高低会极大地影响从事进出口以及运输商品业务的企业的经营能力。它评估了一国产权保护水平、执行合同的效率、公共部门的管理水平和公正性、金融便利性、外国投资和劳动力的开放程度，以及社会治安水平。

综上，目前各评估体系评估选用的指标有很大的交叉和重合，重合的指标包括海关通关便捷性、法规程序的透明度和稳定性、市场准入、信息与无纸化、标准一致性与相互认证、基础设施建设等。海关环节的便利是所有评估体系的内容，但细化程度有所区别。国内商务环境、政策环境和市场准入等，则是外延拓展的评估指标，一般为综合性的评估体系所采用。

四、小结

贸易便利化问题是个历久弥新的话题，对其内涵和外延的界定体现出复杂性、动态性以及多维性。尽管迄今为止贸易便利化尚不存在一个统一的定义，但其核心要旨是公认的，即减少贸易扭曲，简化和协调各种程序，加快贸易要素的跨境流动，促进国际贸易更高效地发展。值得注意的是，贸易便利化与贸易自由化是两个相互区别又相互联系的概念，两者对于促进国际贸易发展和全球经济复苏同等重要且不可或缺。

相对于发达国家，发展中国家推行贸易便利化的成本更高，包括政府机构改革的成本、制度创新的成本、贸易监管方式改革的成本等等，而且表现出一定的地区、国别差异性。另一方面，贸易便利化会带来不错的收益，能为企业提供开放、自由、便利的贸易投资环境，能够减少国际商贸活动中的交易成本，降低交易的复杂性，改善一国的贸易环境，同时使政府的管制措施更为有效。

贸易便利化评估及其体系设定有非常重要的作用，既可以为贸易便利化政策提供标准和依据，又可以落实贸易便利化政策的实际成效，横向纵向对比，总结经验、弥补不足。最有代表性和综合性的指标体系是世界经济论坛每年发布的贸易促进报告选用的 ETI 指数。

第二章 全球贸易便利化规则的发展

国际贸易的发展产生了简化和协调各国进出口程序和海关程序的诉求，这些降低贸易难度的诉求要大大先于贸易便利化的正式提出。贸易便利化在国际贸易中是一个历久弥新的问题。自被列入1923年国际联盟谈判议程开始，贸易便利化问题进入人们的视野已经将近一个世纪，在全球经济一体化的今天，不断被赋予新的内涵和外延，焕发出新的生机。20世纪40年代末GATT/WTO多边贸易体系建立前后，直至经济全球化浪潮的出现，贸易方面的国际合作主要是贸易自由化方面，即建立各国之间的双边、区域或多边贸易规则体系。贸易便利化最初仅指货物流动所涉及的港口物流的改善或者如何更有效地实施跨境贸易所需的各种程序。随着经济的不断发展以及国际贸易规则体系的进一步完善，关税和非关税壁垒受到严格的制度约束，现代科技的发展又极大地促进了跨国贸易和商品的销售，就使得贸易便利化的紧迫性凸现出来。海关的程序耽搁、冗长，非必要的资料需求，不透明的贸易程序以及通关腐败导致的贸易非便利在很多情况下造成的损失超过了缴纳关税的费用。后来，随着自由贸易区（FTZ）和自由贸易园区（FTA）的发展以及信息科技的进步，贸易便利化的外延又扩展到国际贸易的环境因素，包括政府管理的透明度和专业化程度、海关监管环境、国内政策和制度结构、国内外营商环境、国际标准与一致化等内容。①

贸易便利化的重要性已获公认，目前几乎所有的双边、区域和多边贸易协定都包含了贸易便利化的内容，并且通过条约义务影响着各国的贸易便利化措施。联合国贸易和发展会议、联合国欧洲经济委员会、世界海关组织、国际商会、经济合作与发展组织、国际货币基金组织和世界银行等一直在向实现更简便、更协调的国际贸易程序这一目标努力，有关进一步减少和消除阻碍要素跨境流动的障碍、减低交易成本、建立高效的贸易便利体系等内容已成为多边、区域、双边经贸合作的重要内容。② 限于篇幅，本书仅对具有代表性的 WTO、WCO、APEC 的贸易便利化发展路径进行分析，以期对贸易便利化规则的全球化发展有一直观的了解。

第一节　WTO《贸易便利化协定》

随着全球贸易的发展，WTO 规则体系的不断演进，人们越来越意识到传统意义上的关税及非关税贸易壁垒不再是掣肘全球贸易健康发展的唯一或主要因素，“贸易非便利”问题对全球贸易造成的阻碍日益凸显。“贸易便利化”由此作为一个议题被列入 WTO 多边贸易规则体系。经过艰难谈判，2013 年 12 月，在印度尼西亚巴厘岛举行的第九届部长级会议上，WTO 成员最终达

① Woo，Yuen Pau & J. S. Wilson，*Cutting Through Red Tape*：*New Directions for APEC's Trade Facilitation Agenda*，Asia Pacific Foundation of Canada：Vancouver，2000.

② 阮光册《贸易便利化背景下海关应对非传统安全的策略》，博士学位论文，华东师范大学，2012 年。

成《贸易便利化协定》最终文本。《协定》构成“巴厘一揽子协定”① 的重要组成部分。翌年 11 月，WTO 总理事会通过了《修正〈马拉喀什建立世界贸易组织协定〉议定书》，决定将《贸易便利化协定》纳入《马拉喀什建立世界贸易组织协定》附件 1A 中。2017 年 2 月 22 日，卢旺达、阿曼、乍得和约旦四国向 WTO 递交了协定批准文件。由于协定批准成员已达 112 个，超过生效所需达到的 WTO 成员总数 2/3 的法定门槛，协定正式生效。

总的来说，《贸易便利化协定》在全球范围内掀起的贸易便利化浪潮及制定的贸易便利化措施将对世界各国产生深刻影响。协定通过使世界各地的报关流程标准化、简便化，显著提高效率，将有助于降低贸易成本。根据测算，《贸易便利化协定》的有效实施将使发达国家贸易成本降低 10%，发展中国家成本降低 13%—15.5%。该协定的实施最高可使发展中国家出口每年增长 9.9%（约 5690 亿美元），发达国家增长 4.5%（约 4750 亿美元），并带动全球 GDP 增长 9600 亿美元，增加 2100 万个就业岗位。②

一、《贸易便利化协定》的发展历程

《贸易便利化协定》强调海关环节的贸易透明与贸易便利，其多边谈判主要着眼于对 GATT 相关条款的澄清和可操作方面的落实。虽然贸易便利化相

---

① WTO 第九届部长级会议在印度尼西亚巴厘岛召开，本届部长级会议取得了突破性的成果，2013 年 12 月 7 日正式通过了自 1994 年成立世界贸易组织以来的首个多边贸易协定——《贸易便利化协定》，并达成了“巴厘一揽子协定”。“巴厘一揽子协定”也被称为多哈回合谈判的“早期收获”，包括 10 份文件，内容涵盖了简化海关及口岸通关程序、允许发展中国家在粮食安全问题上具有更多选择权、协助最不发达国家发展贸易等内容。包含贸易便利化、农业、棉花、发展和最不发达国家四项议题，共 10 份协定。

② 宏结《WTO 新协定加快中国贸易便利化》，《中国社会科学报》2015 年 1 月 30 日，第 A07 版。WTO 秘书处总干事阿泽维多表示，根据《2015 年世界贸易报告》，全面执行《贸易便利化协定》可以为其成员节省平均 14%的贸易成本，并有可能每年增加 1 万亿美元的全球商品出口额。发展中国家将从改善贸易便利化中大大获益，有助于其贸易企业提高竞争力并融入全球供应链。根据报告，发展中国家每年的出口总额会增长 7300 亿美元。参见陈建：《〈贸易便利化协定〉将带给全球巨大红利》，《经济日报》2015 年 10 月 28 日，第 012 版。

对来说是一个比较新的概念，但该概念的起源远远早于GATT。

（一）与贸易便利化相关的早期规则

国际联盟1921年颁布的《过境自由公约和法案》以及1923年《有关海关手续简化的国际公约》中已经开始对过境自由和海关手续简化进行了制度设计。例如，《自由过境公约与法案》对货物过境自由的海关监管作了界定，即在非歧视原则下，海关对过境货物给予多种程序上的便利，诸如免征关税、简化手续、防止不合理的扣押和延误等等。再如，《有关海关手续简化的国际公约》包含了进出口限制（第3条）、法规的公布（第4条）、减少对原产地证书的要求（第11条）等内容。1948年的GATT既对1921年的《过境自由公约和法案》的内容有所借鉴，体现在该协定第5条中，也对1923年的《有关海关手续简化的国际公约》有所参考，体现在协定第10条中。上述两个协议包含了许多与贸易便利化相关的程序规则，是早期海关贸易便利程序的有益尝试，为后来的贸易便利化讨论提供了很好的经验。

GATT协定生效后，多边贸易体制正式运作。协定中的关于贸易便利化的规定比较原则，制度方面的可操作性不足。基于此，又由于贸易便利化主要涉及海关环节，作为各国海关的协调机构，世界海关组织及其前身海关合作理事会（Customs Cooperation Council，CCC）在海关工作规范方面做了很多努力，产生了积极的影响。比如，CCC在1973年通过了《海关程序的简化和协调国际公约》（又称京都公约）。① 该公约是CCC在简化和协调各国海关手续方面较为系统和全面的一个国际文件，被公认为国际海关领域的基础性公约，作为世界海关组织四大支柱性公约之一。其内容囊括了各项海关业务制度，包括简化手续、评估关税和其他税收、制定详细的指导方针来促进各国降低贸易壁垒，以及呼吁建立海关事务机制等等。

在FTA通过之前，GATT/WTO多边贸易体系虽然没有明确规定贸易便

① 该公约于1974年生效，并于1999年修订。

利化的概念和内容，然而该贸易规则体系很早就注意到了这一议题，① 并且做出了很多制度化努力，涵盖了减少海关障碍、便利贸易运行的具体条款和协定，涉及了通关过程中的诸多环节。与贸易便利化相关的内容早已散见于GATT 及其他 WTO 协定中：如 GATT 第 5 条过境自由（对过境货物的处理），GATT 第 7 条海关估价（对商品估值的规定），GATT 第 8 条对费用和进出口手续的限定，GATT 第 9 条对原产地标记的规范，GATT 第 10 条对各国贸易法规透明度的规定。除 GATT 有关条款的原则规定之外，《海关估价协定》《原产地规则协定》《进口许可程序协定》《装运前检验协定》《技术性贸易壁垒协定》以及《实施动植物卫生检疫措施的协定》中均包含了贸易便利化的内容。另外，《与贸易有关的知识产权协定》第 3 部分第 4 节“边境措施相关的特殊要求”也涉及贸易便利化的内容。②

上述 GATT/WTO 贸易便利化条款存在诸多制度弊端：如某些条款原则抽象有余，操作性不足；规则体系凌乱，相互缺乏协调；未能与时俱进地规定信息技术和电子化办公的要求；对便利化的透明度要求不足；缺乏海关同其他政府部门间的合作；等等。因此，1996 年 12 月在新加坡召开的 WTO 首届部长级会议上将贸易便利化作为四大“新加坡议题”③ 之一，列入制定统一多边协定的工作日程，WTO 获得授权，开始更全面地研究贸易便利化问题。经过 17 年曲折反复的谈判，2013 年 12 月，印度尼西亚巴厘岛第九届部长级会议最终达成了《贸易便利化协定》的最终文本。

TFA 之前的与贸易便利化相关的国际条约及条款如表 2-1 所示。

---

① 比如 1998 年 3 月 18 日，WTO 货物贸易理事会《主席声明》中指出：“无论是发展中国家还是发达国家的贸易商都在呼吁各国政府在进行贸易管理时应当实施贸易便利化措施，简化、协调各种法律法规以及进出境申报单证，并达到文件的透明度要求。”

② 黄志瑾《WTO〈贸易便利化协定〉评述——多哈回合的突破?》，《上海对外经贸大学学报》2014 年第 5 期，第 6 页。

③ 1996 年 12 月，在新加坡召开的 WTO 首届部长级会议上，贸易便利化同贸易与投资、贸易与竞争政策、政府采购的透明度一起作为“新加坡议题”被列为新一轮谈判的预备议题。

表 2-1　TFA 之前的与贸易便利化相关的国际条约及条款

国际组织	协定名称及相关条款	内　容
国际贸易组织（ITO）	《哈瓦那宪章》，第 33 条	过境自由
	《哈瓦那宪章》，第 36 条	进出口程序
	《哈瓦那宪章》，第 38 条	法规的公布
国际联盟	1921 年《过境自由公约与法案》	过境自由
	1923 年《有关海关手续简化的国际公约》，第 3 条	进出口限制
	《有关海关手续简化的国际公约》，第 4 条	法规的公布
	《有关海关手续简化的国际公约》，第 10 条	减少对原产地证书的要求
世界海关组织（WCO）及其前身海关合作理事会（CCC）	《京都公约》（1974 年生效，1999 年修订）	海关程序简化
关税与贸易总协定（GATT）	GATT 1994，第 5 条	过境自由
	GATT 1994，第 7 条	海关估价
	GATT 1994，第 8 条	进出口程序与收费
	GATT 1994，第 9 条	原产地标记
	GATT 1994，第 10 条	法规的公布
世界贸易组织（WTO）	《原产地规则协定》	原产地规则
	《进口许可证协定》	进口许可证
	《装运前检验协定》	装运前检验
	《技术性贸易壁垒协定》	技术标准规则
	《实施动植物卫生检疫措施的协议》（《SPS 协定》）	动植物卫生检验检疫
	《服务贸易总协定》	服务贸易相关

（二）《贸易便利化协定》的谈判背景

1. 制定统一的贸易便利化规则体系的呼声渐起

随着全球经济一体化进程的日益推进，国际贸易进一步交往的主要障碍已不再是传统实体性贸易壁垒，“贸易非便利化”程序已经成为阻碍中小企业进入国际贸易市场最直接和最具负面影响的措施，远远超出关税措施带来的影响，① 甚至可能抵消此前多边贸易体制所有的关税减让谈判成果。贸易便利的重要意义已得到公认。以中国为例，贸易便利化有助于减少中国企业贸易成本，实现全球资源的有效配置；有助于中国更好地参与国际分工，在全球价值链治理中谋求有利地位；有助于加快中国口岸和海关制度、外贸制度改革，从而深化经济体制改革。

随着科技的发展和认识的提高，贸易便利化的内涵和外延都有所扩展。由不同经济发展水平、营商环境竞争力以及对外投资能力的国家组成的国际社会需要统一的多边贸易便利化规则体系，以确保互惠互利原则下获取更高的利益。发展中国家的特殊和差别情况应予考虑，发达国家在能力培养和制度建设方面应给予发展中国家一定的支持，否则会影响这一多边统一规则的广泛参与度。另一方面，信息和通信技术发展所带来的贸易便利化利好也应与时俱进地考虑，以带来更高的贸易便利效率。

2. 国际社会存在广泛的贸易便利化制度基础

在 TFA 谈判之前，贸易便利化的制度化尝试就已经在单边、区域以及多边三个层面展开。首先，从单边层面来看，新加坡是全球最先实施单一窗口（TradeNet®和 TradeXChang®）② 的国家，具有非常成熟的发展经验。韩国是全球领先的电子政务发展国家，其单一窗口系统（UNI-PASS customs system）已远销到拉美 6 个国家。美国海关和边境保护局运用国际贸易数据系统将几十个政府部门整合在“自动化商业环境”（Automated Commercial Environment，ACE）这一综合平台上，对贸易流程处理和风险管理活动进行

① 黄志瑾《WTO〈贸易便利化协定〉评述——多哈回合的突破?》，《上海对外经贸大学学报》2014 年第 5 期，第 5 页。

② 新加坡于 1989 年设立“贸易网自动化边境管理系统”（TradeNet®），于 2007 年推出“贸易和物流信息交换平台”（TradeXChang®），在近 30 年的发展历程中不断创新和发展“单一窗口”制度，企业可以通过该单一管理平台提交通关所需的所有文件。

统一的数据处理。① 尽管各国国情差别较大，但基于贸易便利的共同追求，对贸易流程中纸质文件处理弊端的统一认识，以及由此产生的贸易处理流程的自动化追求，加之以政府重视、现代信息技术的重要保障，经过长期规划和循序渐进的实践，上述各国都建立了各具特色的贸易便利自动化制度，促进了贸易数据在部门间的无缝传递，提高了通关效率。其次，从区域层面来看，以 APEC 为例，2002 年重新修订的《大阪行动议程》确定了"透明度、简化、高效、非歧视性、一致性、正当程序、协调和标准化、现代化"等贸易便利化基本原则；《贸易便利化行动计划（TFAPⅡ）》将行动计划确定在海关程序、标准与一致性、商务人员跨国交流以及电子商务四大领域，涉及有关规则公开透明、程序简化协调、电子化程序、上诉程序、国际标准使用、风险管理体系、快速清关、先前裁决、合格评定、能力建设支持、海关与商界合作等方面。这些前期贸易便利化制度实践为 TFA 规则和原则的设定提供了重要参照。最后，从多边层面来看，世界海关组织、联合国贸易便利化与电子业务中心、世界银行以及欧洲经合组织等多边国际组织的前期贸易便利化的理论和实践也为 TFA 的制定提供了制度积累。以 WCO 为例，作为海关领域的专业性国际组织，WCO 制定了许多贸易便利化政策与制度工具，包括《京都公约》《商品名称及编码协调制度》《内罗毕公约》《暂准进口公约》（伊斯坦布尔公约）《国际集装箱海关公约》《货物暂准进口公约》等。

国际社会贸易便利化的制度尝试具有历史性、动态性、技术性和利益性的特点，既反映了国际社会对于降低贸易通关成本、促进贸易自由的实际需求，也反映了制度设计国——往往是发达国家，其自身的利益。值得注意的是，三个层面的制度设计具有交叉性和互动性，有着贸易便利化先进经验的发达国家因其制度和话语权的双重优势能够使其政策诉求体现在所有的层面，尽管针对不同的谈判对手会有所调整。可以说，单边、区域和多边等三个层面的前期制度实践为 TFA 的达成提供了广泛的制度基础。

---

① 孙浩《对标国际，促进上海自贸区国际贸易单一窗口发展》，转引自干春晖主编：《中国（上海）自由贸易试验区海关监管与制度改革发展报告》，法律出版社，2016 年 9 月，第 46 页。

WTO 多边贸易框架下的所有贸易便利化的谈判内容都涉及海关问题，而且，WCO 等国际组织和 APEC 等区域组织经过多年的实践，已经进行了较为丰富的贸易便利化制度设计。由此产生出一些争议和疑问：为什么该谈判过程不由世界海关组织主持进行？有没有必要制定一个独立的 WTO《贸易便利化协定》?[①] 上述问题的答案就在于 WTO 多边贸易体系的制度优越性。贸易便利化涉及各国海关，越多的国家参与贸易便利化方案越能产生规模联动效应。WTO 体制较之其他双边、区域或多边贸易便利化制度体系而言，具有涵盖领域广泛、争端解决机制下的一揽子义务更具法律约束力、成员众多（164 个）、对全球贸易便利化制度的推进影响巨大等制度和体系优势。有鉴于此，在 WTO 多边贸易体制内制定统一的贸易便利化规则体系是必要的和可行的。

（三）WTO 的贸易便利化的谈判过程

从 1996 年新加坡部长级会议提出贸易便利化议题，到 2013 年巴厘部长级会议通过《贸易便利化协定》最终文本，WTO 框架下的贸易便利化议题经历了 17 年艰辛而曲折的谈判过程。

1. 议题的提出：贸易谈判起步阶段

WTO 对贸易便利化的全面考虑和专门研究始于 1996 年新加坡首届部长级会议，与政府采购透明度、投资和竞争政策议题一并被列入 WTO 工作日程，称为“新加坡议题”，它们均为超越 WTO 已有规则的重大新问题。根据《新加坡部长宣言》第 21 条授权，货物贸易理事会（CTG）“进行有关贸易程序简化的探索和分析工作，同时吸收其他有关国际组织的工作结果，以评估世界贸易组织在该领域的工作范围”。[②] 但在谈判伊始，大部分发展中成员认为应集中精力解决 WTO 已有规则的执行问题，以及发展中国家和最不发达成员所面临的药品短缺和公共健康等问题，仅同意以渐进式非约束性条款的方式开启新议题谈判，对贸易便利化议题的谈判仅被纳入货物贸易理事会的

① 此种疑问在 WTO《贸易相关知识产权协定》（TRIPS）谈判期间也曾出现过。世界知识产权组织的存在以及其致力于知识产权问题的定位和早已成型的知识产权国际保护的诸多公约，使得 WTO 的知识产权协定曾经备受争议。

② 世贸组织总理事会：新加坡部长级宣言，1996 年。

谈判议程，并未成立专门的贸易便利化工作组。①

在这一阶段，货物贸易理事会的首要任务是在参考其他国际组织已有的贸易便利化工作成果的基础上，界定 WTO 在贸易便利化领域的工作范围。最初的提案涉及面很广，甚至涵盖了贸易便利化可能涉及的任何方面，如支付、保险及其他与跨境货物流动有关的金融要求等。随后的提案范围逐渐缩小，最终的议题将重点放在有限的 GATT 1994 相关条款之上。与此同时，CTG 所属海关估价委员会、进口许可证委员会、原产地委员会等通过专题讨论会的形式邀请服务贸易理事会、与贸易有关的知识产权理事会、有关国际组织、各成员政府以及贸易商提出意见。经过 5 年广泛的讨论，各方认为贸易便利化制度建设应解决的问题主要是：（1）过多的数据和单证要求；（2）缺乏透明度，对进出口的要求不明确；（3）程序不完备，缺少以经济审计为基础的风险管理和控制技术；（4）缺乏自动化和信息技术的使用；（5）海关和其他政府部门间缺乏沟通和合作。②

2. 谈判模式的难产：各方利益磨合阶段

2001 年多哈部长级会议确认贸易便利化可以作为一个新议题在部长级会议上讨论。2002 年，WTO 货物贸易理事会根据《多哈部长宣言》的授权召开了四次会议，决定将贸易便利化工作的重点集中在三方面：“（1）澄清和改进 GATT 1994 的第 5 条（过境自由）、第 8 条（进出口相关费用和程序）、第 10 条（贸易规则的公布及管理）；（2）确定各成员尤其是发展中国家和最不发达国家的贸易便利化优先权；（3）技术援助和贸易便利化能力建设，要求援助国和受助国长期内充分合作。”

虽然多哈部长级会议并未确定贸易便利化的谈判模式，但货物贸易理事会的多次会议不断推进该议题在成员间的深入讨论，贸易便利化的重要性获得越来越多的认可。值得注意的是，多哈回合部长宣言要求的“一揽子”承

① 盛斌《WTO〈贸易便利化协定〉评估及对中国的影响研究》，《国际贸易》2016 年第 1 期，第 4 页。

② 余丽《世界贸易组织〈贸易便利化协定〉研究》，人民法院出版社，2016 年，第 8 页。

诺性质并未使谈判更为容易。发展中国家尽管支持贸易便利化，但担心没有能力和资源去落实谈判结果；还有些成员提出开展国家间贸易便利化或者区域贸易便利化的方案。2003 年的坎昆部长级会议上，由于各成员方对“新加坡议题”的四个议题，尤其农业等问题存在难以避免的分歧，致使谈判僵持不下，未能达成任何实质性的部长宣言，贸易便利化的多哈承诺“还需在关键领域进行进一步商议”，贸易便利化谈判启动失败。

3. 谈判模式的达成：协定框架成型阶段

由于未获坎昆部长会议授权，贸易便利化相关工作一度陷入停滞。在大多数成员的努力下，WTO 开始尝试通过总理事会层面达成合意来启动新一轮谈判。当时，“新加坡议题”中其他三个议题遭到实质性停止，硕果仅存的贸易便利化仍留作谈判主要内容。2004 年 8 月 1 日，WTO 总理事会以总理事会决议的形式通过了多哈回合贸易便利化谈判一揽子框架协议，该协议决定启动贸易便利化议题的谈判，并在附件 D 中确定了谈判模式。该模式确定的谈判授权范围和目标与之前的多哈回合宣言基本一致，并向以菲律宾为首的“核心小组”谈判利益方妥协，增加了“海关合作”的谈判内容，同时对于加强发展中国家和最不发达国家的技术援助和能力建设支持做出了创新性的规定。[①] 之后，WTO 成员提交了大量提案，提案涉及的 GATT 1994 条款与实际顺序相反，即最先是第 10 条，然后是第 8 条，最后是第 5 条，这一逆向顺序最终也体现在《贸易便利化协定》最终文本中。

4. 谈判的完成：协定文本形成阶段

总的来说，坎昆回合是多边贸易体制的一次失败的回合，反映了经济萧条导致的逆全球化风潮的负面影响正逐渐增大，之后的 2004 年的日内瓦会议、2005 年的巴黎会议、2005 年的香港会议、2006 年的日内瓦会议、2007 年波茨坦会议，以及 2008 年的日内瓦会议接连失败。在总理事会决议形成了贸易便利化谈判一揽子框架协议后，尽管在之后长达五年的时间里，各成员

① 余丽《世界贸易组织〈贸易便利化协定〉研究》，人民法院出版社，2016 年，第 10 页。

国以单独或结成联盟的形式提交了数以百计的提案，但由于分歧和阻力巨大，贸易便利化协定并未如期进入文本起草模式。直到2009年12月，贸易便利化谈判小组在将之前各成员提交的众多提案进行汇总细化的基础上散发了“谈判文本草案整合”。受多哈回合整体进程停滞的影响，2012年前的贸易便利化谈判进展缓慢。

2012年之后，成员方一致同意将贸易便利化议题作为多哈回合的“早期收获”议题优先予以推动。2013年12月7日，在经过连续21小时的彻夜磋商后，[①] 巴厘部长级会议上结束了关于贸易便利化的谈判，作为“巴厘一揽子协定”的一部分，《贸易便利化协定》诞生。该协议以修正案的形式加入WTO协定附件1A中。[②] 在三分之二以上成员国完成国内批准程序后，该协议立即生效。作为多哈回合的“早期收获”，“巴厘一揽子协定”是WTO自1995年成立以来形成的第一个多边贸易协定，打破了多哈回合自2001开始谈判以来毫无进展的僵局，重拾多边贸易体制谈判的热情和信心，为低迷的世界经济注入了新的发展动力。

（四）《贸易便利化协定》的生效

巴厘部长级会议呼吁在至少三分之二成员（106个成员方）批准的基础上确保《贸易便利化协定》在2014年7月31日前正式生效，从而使TFA以修订协议方式纳入GATT 1994附件1A中。然而，在经过欧美斡旋后，非洲国家放弃其2014年5月提出的“临时实施TFA”的主张，印度在7月底举行的

① 盛斌《WTO〈贸易便利化协定〉评估及对中国的影响研究》，《国际贸易》2016年第1期，第5页。

② 历经非洲集团和印度反对《贸易便利化协定》生效的波折，2014年11月，世界贸易组织总理事会与解决非洲集团和印度关注的《后巴厘工作决定》和《粮食安全公共储备决定》一起，通过了《修正〈马拉喀什建立世界贸易组织协定〉议定书》，确定将《贸易便利化协定》纳入《马拉喀什建立世界贸易组织协定》附件1A中。

WTO 总理事会上再一次因为其在粮食安全方面的需求①没有得到满足而阻拦 TFA 修正议定书的通过。这些阻挠体现了当时发展中国家对于巴厘一揽子谈判成果实施不平衡的不满和担忧。他们认为，TFA 仅要求发展中国家成员做出有法律约束力的承诺，而对于发展中国家特别关注的农业和发展问题，发达国家没有做出有法律约束力的对等承诺。尽管针对发展中国家的担忧，巴厘部长宣言明确指出对没有法律约束力的议题应优先考虑，但实践中不同议题的推进速度有较大差别，农业和发展、粮食安全等议题进展缓慢，印度等发展中国家通过阻挠议定书的方式来期望这种不平衡能够改善。2014 年 11 月，美印双方最终经过艰苦磋商谈判，就《贸易便利化协定》与粮食安全和公共储备议题达成平衡性的谅解：WTO 成员方将力争在 2015 年 12 月 31 日之前就用于粮食安全目的的公共储备问题达成永久性解决方案，但若至 2017 年 WTO 第十一次部长级会议之前仍未达成粮食储备的永久性解决方案，则“和平条款”将持续生效直至达成永久性解决方案；同时，正式将贸易便利化法定文本纳入 WTO 协定附件 1A 中，赋予其作为一项全新的货物贸易多边协定的法律地位。

2014 年 11 月 27 日，WTO 总理事会特别会议正式通过了将 TFA 纳入《WTO 协定》的《修正〈马拉喀什建立世界贸易组织协定〉议定书》，明确规

① “巴厘一揽子协定”包括了 10 个协定，之一便是农业议题下的《用于粮食安全目的的公共储备协定》，该协定允许发展中成员政府为保障发展中国家的粮食安全和农业发展，对于初级农产品（主要涉及传统谷物类作物）可按高于市场价格的支持价格无限额购买和储备，并免于由于违反 WTO 农业协定而被诉至争端解决机制。该协定规定的“和平条款”赋予发展中成员“临时豁免权”，从而形成解决发展中成员粮食安全问题的短期机制，同时规定在 2017 年第十一次 WTO 部长级会议之前形成永久解决机制。由于该条款的模糊性，又由于印度的食品安全工程补贴标准是超过当前 WTO 规则所允许的最大生产补贴标准（国内生产值的 10%）的，从而使印度进入潜在争端。因此，对于“和平条款”的时限，印度认为在达成永久性解决机制之前，这一过渡性条款应永久有效。但此主张未获发达国家认可。印度等国后来又提议将粮食公共储备议题的临时性解决方案纳入农业“绿箱”国内支持作为永久性解决机制，美国坚持认为巴厘岛会议业已达成的所有决议不得以任何形式修改，因而强烈反对。出于担心 TFA 一旦实施，欧美发达国家会失去农业议题继续谈判的动力，印度以要求重新谈判为由阻挠 TFA 的生效和实施。参见盛斌：《WTO〈贸易便利化协定〉评估及对中国的影响研究》，《国际贸易》2016 年第 1 期，第 5 页。

定《议定书》应根据《WTO 协定》第 10 条第 3 款生效，[①] 即必须有 WTO 所有成员的三分之二以上接受该《协定》时，方能生效。TFA 正式进入批准生效程序，WTO 各成员开始依据各自国内程序对该议定书进行批准。2017 年 2 月 22 日，卢旺达、阿曼、乍得和约旦四国向 WTO 递交了《贸易便利化协定》批准文件。至此，批准的成员已达 112 个，超过生效所需达到的 WTO 成员总数三分之二的法定门槛，TFA 正式生效。

根据《修正〈马拉喀什建立世界贸易组织协定〉议定书》规定，《贸易便利化协定》被纳入《WTO 协定》附件 1A，位列《保障措施协定》之后，因此，该协定只是 WTO 法律体系中的一个子协定。基于该协定产生的争端，可以适用 WTO 争端解决机制。此外，《贸易便利化协定》是 2013 年巴厘“一揽子协定”的组成部分，《协定》“未经其他成员国同意不可对本协定的任何条款提出保留”。

二、《贸易便利化协定》的影响

《贸易便利化协定》是 WTO 成立 18 年来达成的首个全球性贸易协定，打破了来自全球经济衰退导致的多哈回合 12 年多边谈判的僵局。在近十年多边贸易规则的区域化和碎片化过程中，逆全球化思潮一度甚嚣尘上，不同类别国家利益的难以调和成为多边贸易规则和全球化发展的重大障碍。《贸易便利化协定》的通过和生效表明，全球化治理模式的优势犹在，在世界各国共同关注的领域，统一的多边国际经贸规则的形成是必要且可行的。该协定在很多方面是值得注意的。首先，为 WTO 体制下的多边贸易谈判重拾信心和

① 《马拉喀什建立世界贸易组织协定》第 10.3 条：“对本协定条款的修正或对附件 1A 和附件 1C 所列多边贸易协定条款的修正……如其具有改变各成员权利和义务的性质，则经成员的三分之二多数接受后，应对接受修正的成员生效，并在此后对接受修正的每一其他成员自其接受时起生效。”

希望，为世界各国贸易利益的实现提供了新的增长极。[①] 其次，鉴于贸易便利化对于发展中国家尤为重要，[②]《贸易便利化协定》充分考虑了 WTO 发展中国家的利益，考虑各国的特殊性，使各发展中国家可以自主决定其实施便利化方案的时机。集中表现为多种程度的成员义务表述及特殊和差别待遇上自主选择性与强制约束力的结合。再次，《贸易便利化协定》创新和拓展了全球治理的模式，从更广泛意义上解决了多哈发展议程谈判中提出的一系列问题。该协定超越了普通的贸易政策，呼吁发达国家同发展中国家联合行动，强调对发展中国家的技术援助和能力建设支持。同时专家评估机制对发展中国家是否按期实现协议承诺并对未按期实施的原因进行评估，该评估结果适用于纠纷解决。

具体而言，《贸易便利化协定》对国际贸易带来了积极的直接影响，同时，其内容和制度创新也为 WTO 多边贸易体制、区域贸易协定以及各成员贸易治理产生正面的政策波及效应。

（一）《贸易便利化协定》对国际贸易的直接影响

大量的实证证据表明，贸易便利化可以显著推动双边贸易，增加贸易形式的多样化，提高总福利。WTO 总干事罗伯特·阿泽维多在《2015 年世界贸易报告》的发布会上表示，越来越多的发展中国家正在寻求加入全球贸易网络。然而，过时的和不协调的报关流程减缓了货物流动，并将贸易成本提到过高的水平。世贸组织的《贸易便利化协定》通过使世界各地的报关流程标准化、简便化显著提高效率，将有助于降低贸易成本。世贸组织估计，从 2015 年到 2030 年，如果《贸易便利化协定》得到落实，将会创造 2000 万个就业机会。基于不同的行业和劳动密集型产业，这个数字有可能增加至 3000

---

① “TFA 的实施可促进全球 GDP 每年增长 0.54%；取消所有关税对全球贸易产生的影响可能也不及 TFA 带来的影响。”参见世贸组织：《2015 年世界贸易报告》，第 82 页。

② 世界银行的研究表明，为支持发展中国家开展贸易便利化改革，每 1 美元的援助能产生最高 70 美元的经济回报。其中，直接用于改进边境管理系统和程序的资金发挥的作用最大。参见世界银行行长佐利克等：《贸易便利化是发展的保证金》，《人民日报》2012 年 6 月 26 日，第 021 版。

万。同时，协定还将每年推动全球出口增长2.7%。[①] 总的来说，TFA对国际贸易的影响可以从以下两个方面进行分析：

1. 简化跨境环节，降低贸易成本

《贸易便利化协定》的机制设计是标准化海关运作，简化跨境环节。而协定背后的驱动力是经济，即减少跨境交易成本。WTO新闻官博斯在2013年指出，“在占贸易货物总价值10%的贸易成本中有超过7%的成本涉及进出口行政手续”，[②] 即非便利的贸易程序。全球经济每年预计增长约22万亿美元。而经济学家们估计每年发生的跨境交易成本在2万亿美元以上，这主要是由于重复且不必要的海关手续，过境费用以及各类行政需求导致的。[③] 对于贸易商而言，贸易成本包括获取信息成本、商业机会成本、服务成本、税务成本、时间成本、存货贬值成本、争议解决成本等，而《贸易便利化协定》要求WTO成员实施的公开透明、贸易程序的精简、服务费用的限定、加速清关程序等的贸易便利化措施可有效降低贸易商的上述成本。根据OECD估计，若各经济体严格执行该协定所有条款（包括“尽最大努力的承诺”），协定将降低低收入国家16.5%的贸易成本，中低收入国家为17.4%，中高收入国家14.6%，OECD国家约为11.8%。[④]

《贸易便利化协定》中贸易便利化措施的制度设计表明，各成员（尤其是发展中国家成员）实施贸易便利化措施的过程是渐进的。在这个过程中，各成员的贸易促进期望值必须与政策目标保持高度的平衡。随着国家收入水平的提高，对一国贸易成本产生重要影响的贸易便利化措施将逐渐从行政手续

① 陈建《〈贸易便利化协定〉将带给全球巨大红利》，《经济日报》2015年10月28日，第012版。

② 李天真《WTO贸易便利化的达成将降低一半国际贸易成本》，载于新华网，http://news.xinhuanet.com/finance/2013-12/04/c_125807410.htm，2017年5月12日。

③ Speech of Pascal Lamy，WTO accession puts Russia in a better position to address its domestic challenges，2013.2.1：http://www.wto.org/english/news_e/sppl_e/sppl265_e.htm. 2017年5月22日。

④ 盛斌《WTO〈贸易便利化协定〉评估及对中国的影响研究》，《国际贸易》2016年第1期，第10页。

类措施升级为规制类措施。同时，完全的贸易便利也是不现实的，需要平衡贸易安全与贸易便利化的关系。

2. 加强国际分工，促进贸易多元化

在贸易便利化措施广泛实施之前，国际贸易冗长烦琐的流转过程对货物的运输成本、贸易的效率和流量产生极大的负面影响。《贸易便利化协定》规定的贸易便利化措施涉及海关程序透明度、预先裁定、边境合作机制、信息交流、限制对过境货物的检验等内容，并通过三种类别的措施给各成员施加了实施的时间表，这些制度红利会极大地提升贸易效率，进而促进国际贸易流量的增加。据统计，在 2006 年，通过海运出口一个标准 20 英尺（约 6 米）货物集装箱平均耗时 26 天，平均进口耗时 30.4 天。但是到 2013 年相同条件下出口一个标准 20 英尺集装箱平均只需 22.2 天，而进口平均只需 25 天。分析显示，这些获利都有正向影响。[①] 国际贸易中烦琐的环节和技术问题很好地得到解决，生产全球化和垂直专业化将使上游产品和零部件贸易以及最终制成品贸易一起获得极大的促进。伴随着全球贸易链和国际生产网络的发展，贸易便利化将促进国际分工不断加强，有助于各成员（尤其是发展中国家成员）实现贸易多元化。各成员更容易找寻自己具有比较优势的产品、工序和服务。长期看，发展中国家的出口产品将越来越趋向全球贸易链的上端，经济结构也越来越趋向合理，出口结构也会逐渐地向多元化的制成品过渡。

（二）《贸易便利化协定》对 WTO 的影响

《贸易便利化协定》的达成对 WTO 体制与多边贸易谈判具有重大的启示与借鉴作用。

1. 多边贸易体制谈判机制与模式得到创新

《贸易便利化协定》通过规定各国监管机构间的联合行动（如海关间信息交流机制、边境监管机构间的合作）实现贸易成本更深层次的削减，实现了单边行动无法实现的贸易促进效应，从而为拓宽多边贸易体制的未来合作机

---

① Djankov, S. Freund, C. and Pham, C. S. "Trading on Time." *World Bank Policy Research Working Paper*. 3909, 2006.

制与模式开辟了先例。同时，该协定涵盖所有成员方的开放式谈判方式，创建了完全不同于以往“绿屋”式的 WTO 小范围、集团式和封闭化的谈判模式。这种由所有参与方共同主导谈判议题、自下而上的谈判过程保证了各方政治经济利益的最大化。① 另一方面，《贸易便利化协定》强调了强制性与自律性承诺的统一，同时包含了约束性规定和尽最大努力条款，以创新的形式加强了国际合作。《贸易便利化协定》较少强调“强力执行”，更注重成员国间的合作，目的就在于实现一套受各国政府支持的良好做法。如强调技术援助、专家评估机制、发展中国家的能力建设等。

2. 特殊和差别待遇原则得到发展

特殊和差别待遇是世贸组织各协定给发展中国家和最不发达国家成员方的优惠待遇，是 WTO 独特的优惠原则。② 如何在 GATT/WTO 体制内实现对发展中国家的特殊和差别待遇是贯穿发展中国家能否顺利融入多边贸易体制的一个核心问题。以往各 WTO 协定中的特殊和差别待遇条款，尤其是那些需要发达国家做出积极行动的条款，过于原则、空泛和模糊，缺乏法律可执行性。③《贸易便利化协定》是具有普遍意义的，适用于所有 WTO 成员，并在实施时间和能力方面充分考虑发展中国家具体情况的国际协定，在特殊和差别待遇方面有所突破。该协定规定了 A、B、C 三类贸易便利化措施供成员方选择承诺，体现了其措施执行程度及期限可以根据不同成员的发展水平而有所差别。该协定还针对不同发展中成员与最不发达成员的每一项贸易便利化措施的执行能力进行评估，并在此基础上提供相应的能力建设和技术支持援助，而非采取“一刀切”式的特殊与差别待遇，这也将为未来 WTO 谈判制订其他新协议提供非常有益的参考。

---

① 盛斌《WTO〈贸易便利化协定〉评估及对中国的影响研究》，《国际贸易》2016 年第 1 期，第 9 页。

② 据统计，乌拉圭回合最终文本中涉及特殊和差别待遇的条款共有 145 条，分散于几乎所有的协定中。参见贸易与发展委员会：履行 WTO 协议的社会和差别待遇条款，2000 年 10 月 25 日。

③ 车丕照、杜明《WTO 协定对发展中国家特殊和差别待遇条款的法律可执行性分析》，《北大法律评论》2005 年第 1 辑，第 287 页。

3. 多边贸易体制信心得到加强，领域得到拓宽

在《贸易便利化协定》最终制定并生效之前，金融危机和经济不振的背景下的“多哈回合谈判”往往与“僵局”“失败”“前途渺茫”等负面词汇相伴。尽管谈判过程曲折艰难且耗时长久，但通过各成员的协调和努力，《贸易便利化协定》还是捍卫了 WTO 在国际贸易治理中的中心作用，维持了多边贸易体制的持续性，突破了多哈回合中各方利益难以调和的僵局，WTO 在其历史上第一次完成交接。该协定成功将首个具有普遍意义的国际贸易新规则纳入多边贸易体制，是多边贸易体制继续前行的希望。

《贸易便利化协定》是多边贸易体制的崭新领域，涉及海关程序的简化、透明度、信息技术的使用以及海关合作等内容，技术性、程序性内容是主体，并非以往以最惠国待遇和国民待遇为原则的贸易优惠协定。此前的许多意见认为，由于 WTO 成员发展程度不一、贸易利益难以调和，适用于所有 160 多个成员的技术性规则体系很难形成，有些国家主张制定区域或者双边贸易便利化协定，或者认为其他区域或全球国际组织的贸易便利化政策足以完善贸易促进的职能。《贸易便利化协定》最终达成表明了 WTO 成员能够就适用于所有国家的新规则进行谈判，并制定机制来协助那些需要帮助的成员以实现更好的操作。该协定解决了 WTO 成员发展程度差异大、政策执行能力不一的境况。实现了约束性与自律性的统一，建立了政策执行与贸易援助的联系，为 WTO 后续规则的制定树立了典范。

(三)《贸易便利化协定》对成员方国内政策的影响

《贸易便利化协定》对 WTO 各成员国内政策影响是正面和积极的，主要体现在促进各成员，尤其是发展中成员和最不发达国家成员，进行贸易管理体制改革以促进贸易便利化制度的协调和完善。该协定建立的贸易便利化体制要求改变以往各成员方国内或跨境的繁冗行政程序、多头化行政管理、扩张的行政权力等严重阻碍贸易流通速度的非贸易便利影响。即要求各成员方政府简化行政审批程序、提高海关监督管理效率、提升政策法规的透明度、接受利益相关者的咨询和评议。一般而言，由于本国企业处于国家贸易价值链顶端，各项贸易便利化措施的实施成本相对较低，发达国家对该协定所建

立的贸易便利化国际促进机制支持意愿强烈，国内贸易便利化促进机制也相对完备。而相对的，发展中国家虽然也能从贸易便利化中受益，但是，其实施成本、监管改革阻力、机构建设成本、培训成本、基础设施成本以及意识提升成本等都使该协定在欠发达地区的实施受到阻碍。

《贸易便利化协定》对国际贸易的促进作用显而易见，直接受益者是各国企业和贸易商，间接受益者是各成员方的经济发展。该协定建立的贸易援助机制会增强国内贸易参与方（进口商、出口商、经销商）通过国内执法机制来捍卫自身利益的能力。另外，援助国也会对受援国施压，要求后者按照该协定要求进行贸易便利化制度建设（简化海关环节、提高贸易效率等）。此外，WTO 组织也将通过执行机制以及专家评估和国际沟通，促使各国按期实行贸易便利化。最终，各方将形成合力向政府施压，倒逼政府进行改革，促进贸易自由化，从而带动国际贸易的增长。

三、小结

在《贸易便利化协定》谈判之前，GATT/WTO 多边贸易体系虽然没有明确规定贸易便利化的概念和内容，但该组织很早就注意到了这一议题，并且做出了很多制度化努力。TFA 并未涵盖贸易便利化的所有方面，仅强调海关环节的贸易透明与贸易便利，其多边谈判主要着眼于对 GATT 相关条款的澄清和可操作方面的落实。TFA 对国际贸易带来了积极的直接影响，其内容和制度创新也为 WTO 多边贸易体制（多边贸易体制谈判机制与模式得到创新，特殊和差别待遇原则得到发展，多边贸易体制信心得到加强，领域得到拓宽）、区域贸易协定以及各成员贸易治理产生正面的政策波及效应。

第二节 涉及贸易便利化的其他国际组织

《贸易便利化协定》是目前为止 WTO 关于贸易便利化最为系统的一个多边协定，对全球贸易程序的简化和协调有着深远影响，并能够有力推动各接受国的贸易便利化改革。但 WTO 并不是处理贸易便利化议题的最初场所和唯一机制，世界海关组织、亚太经合组织、联合国欧洲经济委员会、联合国贸易和发展会议以及世界银行等全球或区域国际组织，都进行过贸易便利化的制度探索和实践。WTO《贸易便利化协定》的实施，也得到了这些国际组织的联合支持或援助。① 总体而言，这些国际组织或机构可大致分为三类。第一类为贸易便利化法律规则与标准的制定组织，主要包括世界贸易组织和世界海关组织。第二类是从本身的组织性质和专门领域出发，参与制定技术性、可操作性规则标准的组织，这其中以联合国欧洲经济委员会及其所辖联合国贸易便利化和电子商务中心最为重要，国际标准化组织、国际海事组织、国际公路运输联盟、国际民航组织、国际商会等也制定了相关专业贸易便利化标准。第三类是全球和区域开发性组织。这些组织重点实施能力建设，开展政策研究，推动贸易便利化在成员中的实施。其中包括联合国贸易和发展会议等国际经济组织、世界银行等国际金融组织、经济合作与发展组织等及诸多区域性组织。② 本节仅对世界海关组织和亚太经合组织的贸易便利化的推进情况进行阐述。

---

① 2014 年 6 月，世界海关组织为配合《贸易便利化协定》的落实，启动了相应的辅助措施——“墨卡托计划”(Mercator Programme)，该计划包括《京都公约》(即《关于简化和协调海关业务制度的国际公约》) 在内的多种文书和工具包，旨在帮助世界海关组织的成员在国家、地区及全球范围内逐步实施贸易便利化。

② 余丽《世界贸易组织〈贸易便利化协定〉研究》，人民法院出版社，2016 年，第 133 页。

一、世界海关组织及其贸易便利化制度

世界海关组织及作为其前身的成立于1952年的海关合作理事会（CCC）①是国际性的海关组织，也是世界性的，为统一关税、简化海关手续而建立的政府间协调组织，一直致力于实现贸易便利化和符合法定要求之间的平衡，致力于实现海关制度最高程度的协调与一致。世界海关组织现有182个成员（其中四分之三为发展中国家）海关，负责监管全球98%以上的贸易量。② 其主要使命是通过制定国际性文件来简化协调各国海关手续和制度，改进进出境活动的监管，帮助各成员海关提高工作效率和效益，增强海关在贸易管理、贸易便利化、税收、社会保护、供应链安全等方面的能力，促进国际贸易发展、经济繁荣和社会进步。

WCO始终将贸易便利化议题作为重点谈判和发展对象，在全球贸易便利和贸易促进方面担当着重要的角色，被认为是最早和最主要的贸易便利化讨论场所。WCO制定了一系列国际公约、相关工具及建议书来推动各国海关合作，积极推动WTO贸易便利化的谈判议程，在促进协调和简化海关手续、便利国际贸易方面发挥着积极作用。其宗旨是：促使各国海关制度达到高度的协调和统一；对与海关制度有关的海关技术和海关立法在发展和改进中存在的问题进行研究；促进各国政府在以上事务上的合作，促进国际贸易的发展。③

与世界贸易组织聚焦的重点在于贸易便利化的规则原则不同，世界海关组织主要关注海关技术层面的议题，包括海关制度标准化、分数据编码协调以及海关制度简化等内容。为此WCO制定了一系列国际文件，其中最重要也是最核心的文件有三个：《关于简化和协调海关制度的公约》（又称“京都

① 1994年海关合作理事会为宣示其成员的全球性而改为世界海关组织。

② 世界海关组织官网：http://www.wcoomd.org/en/about-us/wco-members/membership.aspx，2018年1月9日。

③ 《设立海关合作理事会公约》。

公约”)、《商品名称与编码协调制度的国际公约》(HS，简称“协调制度公约”)和《全球贸易安全与便利标准框架》(简称“标准框架”)。

1950年12月，原海关合作理事会在布鲁塞尔召开的国际会议上制定了《海关税则分类目录公约》，该公约最初被称为“布鲁塞尔税则目录”，除了防止各国海关任意制定商品分类，利用商品分类进行歧视以外，贸易便利化也成为这一公约的重要目的。

1973年5月，原海关合作理事会在日本京都制定了《关于简化和协调海关手续的国际公约》。该公约于1974年开始进行修订，1999年6月26日，WCO通过了修订的《京都公约》，该公约绘制了一个现代化和高效率的海关程序的蓝图，通过建立现代贸易所需要的全球联网的海关系统和能够加强海关当局合作的安全标准框架带来可预测性与效率。它是目前世界上唯一系统和全面阐述海关手续和程序方面的国际公约，被公认为国际海关领域的基础性公约，被誉为现代海关蓝图。《京都公约》的目的是推动各国海关手续和业务的简化和协调，为国际贸易的流通创造有利的海关监管环境，促进国际贸易和科学文化交流的发展，从而在世界范围内营造宽松但有序的海关进出境管理的国际环境。

1983年6月，《商品名称及编码协调制度国际公约》在海关合作理事会获得通过，于1988年1月1日正式生效。HS拥有156个缔约方，被200多个国家、单独关税区或经济联盟所采用，涉及全球贸易额的98%以上，被认为是国际贸易分类的“标准语言”。① 作为适用于全球的国际标准，HS是关税实施、贸易政策和配额控制、国际贸易统计和数据交换、原产地规则确定、贸易谈判(如WTO信息技术协定和自由贸易协定)、受监管货物(如化学武器、有害废料、持久性有机污染物、臭氧层侵蚀物质以及濒危物种等)的控制、许多关税监管和程序(包括风险评估和分析、电子数据输入和匹配以及

① 世界海关组织官网，Celebrating the 30th anniversary of the Harmonized System (HS)，a universal language for international trade，http://www.wcoomd.org/en/media/newsroom/2018/january/celebrating-the-30th-anniversary-of-the-harmonized-system.aspx，2018年1月9日。

协调活动）以及经济研究和分析的基础，[①] 为贸易分类提供了法律和逻辑结构。HS是一部完整、系统、通用、准确的国际贸易商品分类体系，对便利国际贸易起到了关键作用。

受到美国“9·11”事件的影响，2004年WCO开始着手将全球贸易安全与贸易便利化结合起来，于2005年6月通过了《全球贸易安全与便利标准框架》，其主要包括4个核心元素，即提前递交电子货物信息、成员海关采用一致的风险管理手段、出口国海关应根据进口国合理要求对出口的高风险集装箱和货物进行查验、成员海关要向达到安全标准的企业提供相应的便利。[②] 该框架构成WCO成员必须实现的最低标准，在一般意义贸易便利化的基础上，特别关注国际贸易供应链的安全，强调通过海关与海关之间、海关与商界之间的合作来保证货物安全流动。在保障安全的前提下，《标准框架》通过单一窗口这一措施消除了大量的重复和延误的国际供应链和各种检查。WCO深知贸易便利化对世界贸易的发展意义重大，而海关处于贸易便利和贸易促进的关键地位。一方面，符合安全标准的海关程序可以在确保收入、确保符合国家法律、确保社会安全方面起到有效的控制作用；另一方面，透明高效的海关程序有助于提升各国国家竞争力，推动世界贸易的增长和全球市场的发展，从而带动整体社会福利的提高。

我国分别于1988年、2000年和2005年加入或接受了《京都公约》《商品名称与编码协调制度的国际公约》以及《全球贸易安全与便利化标准框架》。基于作为世界贸易组织和世界海关组织的双重成员身份，我国可以协调利用《贸易便利化协定》和世界海关组织的各种贸易便利化工具，促进我国自贸区贸易便利化制度的完善。

---

① 世界海关组织官网，Celebrating the 30th anniversary of the Harmonized System (HS), a universal language for international trade，http://www.wcoomd.org/en/media/newsroom/2018/january/celebrating-the-30th-anniversary-of-the-harmonized-system.aspx，2018年1月9日。

② 参见《世界海关组织全球贸易安全和便利标准框架》。

二、APEC 贸易便利化议题的发展历程

自从 1989 年亚太经合组织成立以来，投资和贸易便利化就成为其议程的重要组成部分。历次《APEC 领导人宣言》反复强调了贸易便利化的重要性，APEC 通过一系列总体原则或行动计划的实施，在贸易便利化方面取得了非常显著的成就。

在贸易便利化制度建设方面，1994 年《茂物宣言》提出“在亚太地区实现自由、开放的贸易与投资”的茂物目标①，分别为发达成员和发展中成员实现投资与贸易自由化规定了时间表。1995 年大阪会议发表了《实现茂物目标的大阪行动议程》，议程分为两个部分，一是贸易投资自由化和便利化，二是经济技术合作。② 该议程详细规定了实现茂物目标的合作原则、优先领域和具体方法，从而成为指导茂物目标落实的纲领性文件，并成立相应的机构以推动贸易便利化的实施。1996 年的菲律宾 APEC 会议提出了实现茂物目标的具体行动计划，称为《马尼拉行动计划》。计划最主要的内容是提出实现茂物目标的集体行动计划和要求所有 APEC 成员提交实现茂物目标的单边行动计划(IAP)。贸易便利化方面，计划要求所有 APEC 成员不断降低由于标准差异和技术管制带来的贸易成本。

APEC 议事方式的协商性与自愿性决定了 APEC 在贸易自由化、便利化

---

① 茂物目标（Bogor Goals），即“自由与开放的贸易及投资”目标，是在 1994 年印尼茂物召开的亚太经合组织峰会上提出的，实质上是 APEC 的一个重要纲领性文件。该目标要求发达成员在 2010 年前、发展中成员在 2020 年前实现贸易和投资的自由化。但是因为各成员国经济发展水平不一，存在严重的意见分歧。随着全球发展形势的复杂化，APEC 的议题也在不断扩大，茂物目标这一核心课题逐渐淡化。自反恐被纳入其议题后，APEC“泛政治化”倾向愈演愈烈，在未来有可能变成包括经济、政治、安全等多方面的综合组织，茂物目标可能难以完全实现。

② 由于大阪行动议程分为两大部分，有些提法认为 APEC 实现“茂物目标”有两个轮子，一是贸易投资自由化和便利化，二是经济技术合作，缺一不可。又由于议程有三大内容，APEC 习惯称“自由化、便利化和经济技术合作”确定为实现“茂物目标”的三支柱。

方面取得进展主要靠成员的发起和倡议，然而1997年以后，APEC在亚洲金融危机中的毫无作为和部门提前自由化（EVLS）行动①的失败减弱了成员对完成APEC目标的热情和取得进一步发展的信心。②

从2001年开始，APEC在贸易便利化措施方面先后实施了4个总体原则或行动计划，即在2001年提出的贸易便利化具体原则③和2002年通过的“APEC贸易便利化行动”④，并制定了三个行动计划。包括：贸易便利化第一阶段（TFAPⅠ，2002—2006年）实现贸易成本降低5%；贸易便利化行动第二阶段（TFAPⅡ，2007—2010年）实现贸易成本再降低5%；第三个行动计划则是供应链连接性框架（SCFAP，2010—2015年），目标是到2015年使整个供应链内的货物和服务流动在所需的时间、成本和不确定性方面的总体绩效提升10%。

2006年顺利完成TFAP Ⅰ的目标后，APEC开始启动TFAPⅡ的实施。在对实际运行和效益进行评估后，APEC对具体行动和措施进行了更新和修订，又对不合适的内容进行修正，形成了涉及4个领域、14个方面，共70个行动措施的清单。⑤ APEC特别在海关程序、标准一致化、商务人员流动、电子商务、营商便利化、知识产权保护、政府采购等七个领域展开合作，取得

---

① 部门提前自由化（EVLS）行动是指APEC选取一些对本地区及全球贸易和经济发展有重大影响的产业部门，提前实施贸易自由化。此项措施因最终没有达成共识而搁置，最终求助于WTO。失败的原因是APEC过度效仿WTO，并且急于求成。

② 朱彤、王金凤《APEC促进区内贸易作用的测量与分析》，《南开经济研究》2004年第3期，第54页。

③ 2001年10月，亚太经济合作组织第九次领导人非正式会议达成“上海共识”，进一步明确实现茂物目标的战略，拓展和更新《大阪行动议程》，以“探路者”方式推进APEC倡议，促进实施面向新经济的合理的贸易政策，制定贸易便利化后续行动，加强透明度原则，加强单边行动计划同行审议机制，以及加强经济技术合作和能力建设。

④ 在2002年墨西哥第十次APEC领导人非正式会议的宣言中，领导人一致通过“APEC贸易便利化行动计划”，以实现在2006年前将交易成本降低5%的承诺。在贸易便利化总体原则指导下，APEC各成员经济体在一系列措施的实施结果方面达成共识并采取积极行动，促使TFAP Ⅰ顺利完成了使交易成本降低5%的目标。

⑤ 沈铭辉《APEC贸易便利化进展及变化》，《国际经济合作》2009年第4期，第43页。

了突出成果。APEC在《TFAPⅡ最终评估报告》中主要评估了四个方面的贸易便利化效果，即海关程序（8项）、标准与一致化（4项）、商务流动（7项）以及电子商务（3项）。①

具体来说：（1）在海关程序方面，APEC持续推进了“原产地规则亲商倡议”的实施，并继续促进本地区“单一窗口倡议”的实施与完善。由海关清关和技术控制带来的时间节约折合货币价值节约了8.1%。另外APEC与WCO进行合作，很好地协调了贸易安全与贸易便利化的关系。（2）在标准与一致化方面，各成员一致同意应确保标准、技术规则以及一致性评估程序不导致不必要的国际贸易障碍。“APEC规制合作程序”的制定将以避免出现新的不必要的技术贸易壁垒为目标。标准的统一使得制造企业在标准符合性上更有确定性，也使生产存在规模经济。APEC成员对于国际电工委员会的168个标准的校准程度从2006年的55%—100%上升到2010年的91%—100%。②（3）在商务人员流动方面，通过实施商务旅行卡制度、信息交流和执行透明度标准以及生物辨识技术和先进乘客信息系统等措施，签证成本大幅降低。以商务旅行卡发放计划（ABTC）为例，ABTC允许在APEC成员范围内豁免申请签证，持卡人享有特殊通道快速出入境、60天短期免签入境的便利。（4）在电子商务方面，APEC持续推进“无纸贸易倡议”、制定“贸易数据协调”、跨境隐私规范系统以及电子贸易金融最佳范例等有利于电子商务发展的环境。以中国台湾和韩国之间的电子原产地证明为例，每单出口运费节省了274美元，为出口商减少了2天的处理时间；每单进口运费节省了397美元，为进口商减少了3天的处理时间。③

APEC两个阶段的贸易便利化行动取得成功，极大地促进了贸易的便利。贸易与投资委员会（CTI）决定实施第三个行动计划，即通过供应链连接性行动来实现跨境贸易物质基础条件的整合。2012年底，APEC对此阶段行动进

① APEC, APEC's Achievements in Trade Facilitation 2007-2010, Final Assessment of the Second Trade Facilitation Action Plan, 2012.

②③ 刘重力、杨宏《APEC贸易投资便利化最新进展及中国的策略选择》，《亚太经济》2014年第2期，第26页。

行了中期评估，发现贸易时间减少了7%，但是贸易成本并未有明显的降低。

APEC对于贸易便利化议题的推进具有以下几个特征：第一，所有的原则和行动计划涉及的是广义的贸易便利化促进措施，甚至包括了知识产权、政府采购以及竞争政策等方面；第二，贸易便利化行动是在APEC贸易与投资委员会的指导下开展的，这有利于它与APEC的其他领域的行动在一个共同的协调组织机构下进行；[①] 第三，在APEC非约束性的制度建设背景下，各成员，尤其是发展中国家成员对以单边行动计划推进贸易便利化进程有所懈怠；第四，APEC的贸易便利化进程是相当迅速的，但在广义的贸易便利化领域，如知识产权、政府采购以及竞争政策等方面进展缓慢。另外，基础设施和人力资源开发相对滞后，存在APEC成员法律法规的一致性有待加强、成本与收益核算比较困难等问题。

三、区域贸易协定中的贸易便利化措施

自20世纪90年代初以来，包含贸易便利化条款的区域贸易协定(Regional Trade Areas，RTAs)增长迅速，这种迅速增长包括25年来RTAs的两个基本趋势：一是RTAs在全球范围的扩散加快，自1990年到2015年2月，244个RTAs生效，而1970年到1990年生效的RTAs只有11个，1970年之前则只有2个RTAs生效；二是RTAs的内容在广度和深度上不断扩张，包含贸易便利化条款的RTAs越来越多，以致绝大多数RTAs都包含有贸易便利化条款。这其中，海关信息共享、规则和程序的协调和简化、海关和其他贸易便利合作以及信息的公开和可获得等贸易便利化措施在RTAs中出现频率最高。[②]

1990年之前，贸易便利化措施在数量极少的RTAs中基本上为空白。之

---

① 盛斌《APEC便利化的进展》，《2002年亚太经济发展报告》，南开大学出版社，2002年，第240—254页。

② WTO，World Trade Report 2015，*Speeding up Trade*：*Benefits and Challenges of Implementing the WTO Trade Facilitation Agreements*，PP. 45—46.

后，促进贸易便利化逐渐成为 RTAs 的一大重要特征，反映出政府对消减“繁文缛节”，以及实施便利化贸易措施政策的需要的不断关注。但在 2004 年之前，贸易便利化涵盖的范围相对有限。2004 年之后，WTO 贸易便利化谈判的深化加速了在多边和区域水平上的贸易便利化改革、相互影响和融合。

与 TFA 的贸易便利化措施相比，不同的 RTAs 涵盖的贸易便利化措施的范围也有很大不同。有些 RTAs 仅涵盖了很少的贸易便利化措施，而有些 RTAs 则涵盖范围较广，不仅涵盖了 TFA 的贸易便利化措施，还包括 WTO 框架下其他协定中的贸易便利化措施（如《进口许可证》、《原产地规则》、《实施卫生与植物卫生措施协议》以及《技术性贸易壁垒协定》等），甚至还包括非 WTO 体系下的贸易便利化措施，如标准与一致化、贸易安全等内容。

与 TFA 对于发展中国家和最不发达国家赋予特殊和差别待遇相比较，RTAs 中缺少对这类国家的考虑，没有或很少对弱国的技术援助和能力建设作出安排。同时，有约束力的争端解决机制的缺失使得 RTAs 中的贸易便利化义务不具有强制执行力。

此外，相比于其他措施（如关税减让和原产地规则）仅适用于区内成员，RTAs 中的大部分贸易便利化措施具有非歧视性属性，① 从而导致 RTAs 的区内优惠在此意义上不明显。此外，从贸易便利的角度看，TFA 的实施将减缓由 RTAs 所带来的“意大利面碗”效应②。

随着贸易便利化改革的不断推进，在 WTO 成员众多、TFA 影响力广泛的背景下，RTAs 间及其与 TFA 间的贸易便利化推进路径相互影响、相互融合。TFA 由各国政策制定者、专业国际机构以及专家团队历时 20 余年打造，立法水平高，平衡了经济效益、发展问题、贸易安全以及监管政策，其以发

---

① 贸易便利化措施，尤其是海关程序和手续相关的措施，具有技术性的特点，比如贸易法律法规和文件的公开和获取（透明度义务）、使用国际标准简化海关程序和单据提交、信息化的利用以及“单一窗口”制度等，均无差别地适用于所有贸易伙伴，而非仅仅针对区域贸易协定的成员。

② 美国经济学家巴格沃蒂于 1995 年出版的《美国贸易政策》中提出了“意大利面碗”一词，指数量众多的双边自由贸易协定和区域贸易协定中的不同的优惠待遇和原产地规则就像碗里的意大利面条一样，一根根地绞在一起，剪不断，理还乱。

展为导向的贸易便利化条款可以广泛适用到 RTAs 中去。同一缔约方一直通过系列协定获得利益，也就导致了存在类似的，有时甚至是统一的文本（比如欧盟和美国在 RTAs 和 WTO 谈判中所坚持的立场通常是一致的）。因此区域和多边贸易便利化的发展就具有了交叉区域，尽管理论上存在冲突的问题，但更多的是相互积极的影响。

四、小结

WTO 并不是处理贸易便利化议题的最初场所和唯一机制，世界海关组织、亚太经合组织、联合国欧洲经济委员会、联合国贸易和发展会议以及世界银行等全球或区域国际组织等都进行过贸易便利化的制度探索和实践。WTO《贸易便利化协定》的实施也得到了这些国际组织的联合支持或援助。成员众多的 WCO 很早就在贸易便利化领域展开工作，通过制定国际性文件以简化协调各国海关手续和制度，改进进出境活动的监管，帮助各成员海关提高工作效率和效益，增强海关在贸易管理、贸易便利化、税收、社会保护、供应链安全等方面的能力。APEC 通过《茂物宣言》和“茂物目标”，对发达成员和发展中成员贸易便利化制度建设规定了时间表。APEC 对于贸易便利化议题的推进过程中，所有的原则和行动计划涉及的是广义的贸易便利化促进措施，甚至包括了知识产权、政府采购以及竞争政策等方面，但其贸易便利化义务具有非约束性，各成员，尤其是发展中国家成员对于以单边行动计划推进贸易便利化进程有所懈怠，另外，还存在基础设施和人力资源开发相对滞后、APEC 成员法律法规的一致性有待加强、成本与收益核算比较困难等问题。

第三章
《贸易便利化协定》的法律解读

世界贸易组织所界定的贸易便利化是指“改善进出口贸易透明度、可信度及提升进出口效率的边境管理措施改革”。根据 2005 年 12 月 18 日世界贸易组织总理事会通过的《多哈工作计划》(部长宣言译本)①，贸易便利化谈判的目的有三方面：第一，改善和厘清 GATT 1994 第 5 条（过境自由）、第 8 条（进出口规费和手续）和第 10 条（贸易法规的公布和实施）的建议措施，以期进一步加速包括过境货物在内的海关通关效率；第二，加强贸易便利化领域的技术援助和能力建设支持，促进海关之间和其他主管当局之间在贸易便利化和海关执行事宜上的有效合作；第三，深化和推进有关特殊和差别待遇议题的谈判，以期制定明确、有效和可行的特殊和差别待遇条款。②

在《贸易便利化协定》谈判中，针对 GATT 1994 第 5 条、第 8 条和第 10

① 有关宣言的英文版本，请参阅世界贸易组织官网《多哈行动计划》附件 E。

② 《贸易便利化》协定序言部分重申了贸易便利化谈判的目的：“各成员，虑及根据《多哈部长宣言》启动的谈判；忆及并重申《多哈部长宣言》[WT/MIN（01）/DEC/1] 第 27 段、总理事会于 2004 年 8 月 1 日通过的《关于多哈工作计划的决定》（WT/L/579）附件 D，以及《香港部长宣言》[WT/MIN（05）/DEC] 第 33 段和附件 E 所含授权和原则；期望澄清和改善 GATT 1994 第 5、第 8 和第 10 条的相关方面，以期进一步加快货物，包括过境货物的流动、放行和结关；认识到发展中，特别是最不发达成员的特殊需要及期望增强在此领域能力建设方面的援助和支持；认识到成员间需要在贸易便利和海关守法问题上的有效合作。”

条，以及海关合作和技术支持等，世界贸易组织成员提出了近 160 份提案。我国全面参与并积极推进谈判，先后提交和参与联署了 8 份提案，涉及便利化手续、后续稽查和风险管理以及优惠待遇等方面。此外，结合我国贸易便利化现状、需求和改革方向，对提案措施争取了灵活处理方式（例如进出口手续中国际标准的使用等），或者将某些措施最终剔除出协定文本。因此，从最终文本内容来看，协定既表达了我们的利益诉求，也有利于我国未来进行国际贸易时获得 WTO 在贸易便利化方面的帮助。①

本章将在对《贸易便利化协定》的结构和法律性质进行分析的基础上，对协定的相应条款进行法律解读。

第一节 《贸易便利化协定》的结构和法律性质

一、《贸易便利化协定》的结构

总体而言，《贸易便利化协定》的核心内容 24 个条款共涉及三部分内容。（参见表 3-1）

第一部分（第 1—12 条）规定了推进贸易便利化的具体措施，其内容不乏亮点，更能体现进出口商或政府对贸易便利化的需求。包括促进贸易通关的简化、快捷和低成本，确保透明度、效率、海关合作、消除官僚主义及促进技术进步等。② 该部分规定了各国应承担的促进贸易便利化的义务，即贸易便利化措施条款。这些条款旨在澄清与改善 GATT 1994 第 5、8、10 条的相

① 余丽《世界贸易组织〈贸易便利化协定〉研究》，人民法院出版社，2016 年，第 179 页。

② 黄志瑾《WTO 贸易便利化协定评述——多哈回合的突破》，《上海对外经贸大学学报》2014 年第 5 期，第 5 页。

关方面，以及加强成员在贸易便利和海关守法问题上的有效合作。① 第一部分条款的排序并不是以 GATT 第 5、8 和 10 条的先后顺序进行，而是以谈判中各条款提案的提交顺序来排序。②

表 3-1 WTO《贸易便利化协定》的主要亮点措施

<table>
<tr><th>章节</th><th>对应的
GATT 1994 条款</th><th>便利化措施主要亮点</th><th>TFA 协定
条款</th></tr>
<tr><td rowspan="8">第一部分</td><td rowspan="2">第 10 条
贸易法规
的公布和实施</td><td>各国应保持海关程序及管理的透明度，及时（以网络方式）提供与通报信息，并建立咨询点</td><td>第 1 条</td></tr>
<tr><td>应及时就进口货物的税则归类及原产地待遇向申请人提供预裁定③</td><td>第 3 条</td></tr>
<tr><td rowspan="6">第 8 条
（进出口
规费和手续）</td><td>允许贸易商在货物抵达前提交进口相关文件以便进行处理，从而加速货物通关放行</td><td rowspan="6">第 7 条</td></tr>
<tr><td>允许选择电子支付方式支付进出口关税、国内税、规费和费用，并将货物放行与关税、国内税、规费和费用的最终确定相分离</td></tr>
<tr><td>应将海关监管及其他相关边境监管措施集中在高风险货物上，加快对低风险货物的放行</td></tr>
<tr><td>鼓励成员国定期计算并公开其平均货物放行时间</td></tr>
<tr><td>应向满足特定标准的运营商提供额外的与进出口或过境手续和程序相关的贸易便利化措施</td></tr>
<tr><td>采用或设立程序以至少允许对申请快运货物的人员快速放行通过航空货运设施入境的货物，同时维持海关监管；如一成员国采用限制申请人的标准，需在标准中公布申请人应满足的条件</td></tr>
</table>

① 与 GATT 1994 协定和其他 WTO 协定不同，《贸易便利化协定》为成员规定的义务采取了灵活的“弹性”处理方式。

② 由于“透明度”分歧不大且重要，GATT 第 10 条的提案最先提交，随后，与 GATT 第 8 条相关的“进出口规费和手续”被广泛讨论，最后提交的才是第 5 条“过境自由”提案。

③ 《贸易便利化协定》是发达国家和发展中国家妥协的产物，如第三条有关预裁决的规定，原则上申请人只要有合理理由即可，但各成员国亦可在国内法中限定申请人的范围。

（续表）

章节	对应的 GATT 1994 条款	便利化措施主要亮点	TFA 协定条款
第一部分		简化进出口和转口贸易的文件要求	第 10 条
		鼓励使用相关的国际标准及其部分作为进出口和转口贸易的手续和程序	
		应尽力建立“单一窗口”，使得贸易方能够通过单一接入点向相关机构提交进出口或过境货物的材料或数据要求，并尽力保证使用信息技术支持“单一窗口”	
		在一国境内使用通用的边境程序和标准统一的单证要求	
	第 5 条（过境自由）	加强过境运输自由	第 11 条
		鼓励各成员国分享在海关合规管理方面的最佳实践信息与经验，加强海关信息交换	第 12 条
		确保国内各监管机构之间相互合作与协调	第 8 条
		边境相邻的国家之间应相互合作以实现商品跨境流动时程序的一致与简化	
第二部分		为发展中成员和最不发达成员执行协定相关内容的能力建设提供援助与支持	
		发展中成员和最不发达成员可根据各自的需求自行指定实施协定的条款范围、时间和过渡期	
第三部分		成立贸易便利化委员会，委员会应在自协定生效起 4 年内及此后定期审议协定的运用和实施情况	
		每一成员均应设立一国家贸易便利化委员会或类似机构	

《贸易便利化协定》第二部分则规定了对发展中成员和最不发达成员的灵活性安排（或称“特殊和差别待遇”）（第 13 至 23 条）。该协定首先规定了三

种不同义务性质的措施[①]，给予此类国家灵活选择的空间和充分的过渡期；其次在争端解决方面更是予以特殊照顾[②]，规定争端解决机制不统一适用于所有成员，而是在给予ABC三类措施不同限期的前提下，依据成员的通报结果适用不同条款；最后，协定对发展水平较低、贸易便利化实施状况不佳、能力建设基础薄弱的国家规定了相关能力建设援助和技术支持。这些规定意味着WTO促进全球贸易便利化的决心，但也充满了妥协的色彩。[③] 对于消除WTO成员在贸易便利化实施现状和实施能力方面的显著差异具有重要意义。

第三部分是机构安排和最终条款（《贸易便利化协定》第23和24条）。机构安排中规定："特此设立贸易便利化委员会"；"委员会应与贸易便利化领域中的其他国际组织，如WCO，保持密切联系，旨在获得关于实施和管理本协定的最佳建议，并保证避免不必要的重复工作。为此，委员会可邀请此类组织或其附属机构的代表"。同时规定，各成员应在本国设立国家贸易便利化委员会处理讨论贸易便利化相关条款的进一步实施。最后条款中规定了"本协定全部条款对所有成员具有约束力"，表明协定是一揽子实施的。

二、《贸易便利化协定》的法律性质

WTO法专家约斯特·鲍威林先生在参考了J·H·杰克逊、乌尔里克·彼得斯曼、唐纳德·麦克雷等国际学者的观点之后认为：WTO法不是一个僻

---

① 据此，有关措施相应分为：A类措施，即该协定生效后发展中成员即须执行，而最不发达成员可在协定生效后1年内执行的措施；B类措施，即不论发展中成员还是最不发达成员，都可在该协定生效后再经过一定过渡期后才实施的措施；C类措施，不论发展中成员还是最不发达成员，都可在该协定生效后经过一个过渡期，并通过能力建设援助获得实施能力后再实施的措施。

② 对A类承诺，其他成员不得对发展中成员在2年之内提起争端解决程序，不得对最不发达成员在6年之内提起争端解决程序；对B与C类承诺，其他成员对发展中成员与最不发达成员均在8年之内不得提起争端解决程序。

③ 宋亚鹏《〈贸易便利化协定〉分析及中国进路选择》，《海关与经贸研究》2016年第6期，第43页。

静的小岛，而是国际法领域中的一个部分。① WTO法是国际法的一部分，WTO协定是国际法律规则或法律，是具有法律约束力的规则，这已被《维也纳条约法公约》所确认。

TFA是一项国际条约，而关于国际条约的缔结程序，《维也纳条约法公约》规定了4种情形："以签署表示承受条约拘束之同意"（公约第12条）、"以交换构成条约之文书表示承受条约拘束之同意"（公约第13条）、"以批准接受或赞同表示承受条约拘束之同意"（公约第14条）以及"以加入表示承受条约拘束之同意"（公约第15条）。② 结合2014年11月27日《马拉喀什建立世界贸易组织协定》修订议定书的规定，TFA的生效应通过《条约法公约》第14条的方式进行，即各成员签署协定后还需国内相关有权机关批准或者提交批准书后，才能够受协定义务的拘束。修订议定书第3条决议规定："议定书应按《WTO协定》第10条第3款规定生效。"结合上述规则，TFA的生效需要获得三分之二以上成员完成国内批准程序后方可生效。2017年2月22日，卢旺达、阿曼、乍得和约旦四国向WTO递交了协定批准文件后，批准成员已达112个，超过WTO现有164个成员总数的三分之二，协定正式生效。

1.《贸易便利化协定》属于WTO法律体系中的协定

WTO法律构成一个开放的法律体系，"一套构成体系并治理一个特殊社会或群体的法律规则体系"。"WTO法律体系是崭新的，但却源远流长"，其起源可以回溯至1947年《关税与贸易总协定》、GATT临时适用期间达成的各种协议及部长级会议决议等组成的体系。当前WTO法的主体是1995年1月1日生效的《乌拉圭回合谈判最终文件》，包括《建立WTO协议》及其4个附件，货物贸易协议属于附件1，包括GATT 1994和其他12个具体的货物

① 刘会春《试论WTO法律的国际公法属性》，《特区经济》2008年第1期，第244页。

② 有学者将《维也纳条约法公约》规定的条约缔结程序分为两种：简易程序和普通程序。TFA的生效应适用普通程序。参见徐泉、林卯：《〈贸易便利化协定〉在WTO争端解决中的适用问题论析》，《西南政法大学学报》2016年第4期，第56页。

贸易方面的协议。根据《WTO 协定》2014 年 11 月 27 日修订议定书第 1 条："本议定书一经生效，《WTO 协定》附件 1A 应增加《贸易便利化协定》，并依据本议定书附件，列于《保障措施协定》之后。"由此，TFA 不是一个单独的国际条约，是在 WTO 多边贸易谈判体系中达成的协议，从其被授权谈判起就决定了其一旦通过生效就会被纳入 WTO 法律体系当中（列入《WTO 协定》的附件 1A），成为 WTO 法律体系的组成部分。

TFA 在序言部分明确规定"期望对 GATT 1994 第 5、第 8 和第 10 条的规定进一步的澄清和增强，以提高货物移动、放行和清关的速度，其中亦包括货物过境情况"。由此，TFA 是"多哈回合"谈判的产物，而"多哈回合"谈判并不是对《乌拉圭回合谈判最终文件》的更新，而是针对一套全新议题的谈判。TFA 作为"多哈回合"谈判的成果，将属于《多哈回合谈判最终文件》，属于新 WTO 规则体系的组成部分。①

2.《贸易便利化协定》属于"一揽子协议"

就协定性质而言，TFA 属于多哈回合"早期收获"② 一揽子协定的一部分。"一揽子承诺"是 WTO 多边贸易体制下特有的谈判模式、谈判工具和法律原则，其纳入多边谈判有着深刻的历史、政治和经济背景，已成为一个既涉及 WTO 规则体系稳定，又关乎 WTO"多哈发展回合"谈判走向的重要问题。③ 这里的"一揽子承诺"是指任何谈判成果都属于整体不可分割的一部分，成员方只能选择一体接受或不接受谈判成果，而不能单独就某项议题表

---

① 徐泉、林卯《〈贸易便利化协定〉在 WTO 争端解决中的适用问题论析》，《西南政法大学学报》2016 年第 4 期，第 56 页。

② 《多哈宣言》第 47 段指出，早期达成的协议可以临时实施，也可以在最终基础上实施。2013 年 WTO 贸易谈判委员会将谈判议题分成三组，进入快速通道的议题谈判为"早期收获计划"。巴厘部长会议达成了包括贸易便利化、农业和发展三个部分的《巴厘一揽子协定》。《巴厘一揽子协定》是 WTO 多哈回合的"早期收获"，作为其一的《贸易便利化协定》不必等到多哈回合所有议题都取得一致后才实施。

③ 徐泉《WTO"一揽子承诺"法律问题阐微》，《法律科学（西北政法大学学报）》2015 年第 1 期，第 147 页。

示接受。除争端解决外，多哈谈判议题都属于“一揽子承诺”的范围。[①]《贸易便利化协定》自生效时起应对接受修正的成员生效，并在此后对接受修正的每一其他成员自其接受时起生效。[②] TFA 按照《WTO 协定》第 10.3 条实施的规定说明了其“一揽子承诺”的性质。

另外，《贸易便利化协定》第 24 条也表明其“一揽子承诺”的性质：“在本协定生效后接受本协定的成员应在实施其 B 类和 C 类承诺时计入自本协定生效之日起的时间”，“GATT 1994 项下所有例外和免除应适用于本协定。根据《马拉喀什建立世界贸易组织协定》第 9.3 和第 9.4 款及截止本协定生效之日的任何修正给予的、适用于 GATT 1994 或其一部分的豁免，应适用于本协定的规定”。“未经其他成员同意不可对本协定的任何条款提出保留”。

三、《贸易便利化协定》义务的性质

从表 3-1 可以看出，TFA 24 个条款共分为三个部分，其中第一部分涉及贸易便利化的实质性义务。这个部分主要是对 GATT 第 5 条（过境自由）、第 8 条（进出口规费和手续）和第 10 条（贸易法规的公布和实施）的澄清和完善，以及加强成员在贸易便利和海关守法问题上的有效合作。TFA 实质义务的履行不是仅通过 WTO 成员修改相关国内法或者新设某项贸易便利化措施就可以迅速实现的，而是需要成员从政策法律框架、程序、机构安排、人力资源和培训、信息通信技术、基础设施建设等方面来综合完善。[③] 不同发展阶段的国家，实施能力和实施意愿有很大的不同，对此，TFA 在帮助发展中

① 陈立虎、李睿莹《试论中国自贸园区立法中的贸易便利化制度》，《东吴学术》2017 年第 1 期，第 150 页。

② 《建立世界贸易组织协定》第 10 条第 3 款：“对本协定条款的修正或对附件 1A 和附件 1C 所列多边贸易协定条款的修正，除第 2 款和第 6 款所列条款外，如其具有改变各成员权利和义务的性质，则经成员的三分之二多数接受后，应对接受修正的成员生效，并在此后对接受修正的每一其他成员自其接受时起生效。”

③ 参见余丽《〈贸易便利化协定〉在我国的实施研究》，《国际经济法学刊》2016 年第 3 期，第 217—218 页。

国家和最不发达国家对技术援助和能力建设需求进行自我评估的基础上，在义务性质上做出了弹性化和灵活化的处理方式。协定中包括“有法律约束力的承诺”（binding commitments）和“尽最大努力的承诺”（best endeavors commitments）。其中，透明度、费用与程序等由海关当局执行的条款适用于“有法律约束力的承诺”，而涉及对发展中国家和最不发达国家的能力建设、技术援助和资金支持以及海关合作、信息互换等敏感性议题，则适用“尽最大努力的承诺”。前者可称为约束性义务，后者可称为弹性约束性义务。此外，TFA 对于成员使用“国际标准”和“定期公布和确定放行时间”采用“鼓励”等用词表明这些措施为非约束性义务。这主要是由于《贸易便利化协定》并非“自我执行协定”（self-enforcing agreement），它更强调通过贸易便利化的援助措施、早期预警机制、专家组对成员国执行状况的评估、贸易便利化委员会进行信息及经验的共享等措施形成政府间的合作与对话机制。[①] 因此，TFA 第一部分实质性义务根据措辞的不同可分为三类性质（参见表3-2），即约束性义务、弹性的约束性义务、非约束性义务。

表 3-2 《贸易便利化协定》中义务性质分类表[②]

义务涵盖范围	措施分类	义务性质
增强公正性、非歧视性及透明度义务（第1—5条）	信息的获得与公布（第 1 条）	约束性义务（其中互联网公布与设立咨询点具有灵活性）
	评议机会、生效前信息（第 2 条）	弹性的约束性义务
	预裁定（第 3 条）	约束性义务（其中预裁定范围具有灵活性）
	上诉和审查程序（第 4 条）	约束性义务（其中海关外其他机构具有灵活性）
	增强公正性、非歧视以及透明度的其他措施（第 5 条）	约束性义务

① 盛斌《WTO〈贸易便利化协定〉评估及对中国的影响研究》，《国际贸易》2016 年第 1 期，第 5 页。

② 参见余丽：《〈贸易便利化协定〉在我国的实施研究》，《国际经济法学刊》，2016 年第 3 期，第 217—218 页。

（续表）

义务涵盖范围	措施分类	义务性质
进出口手续和费用（第6—10条）	进出口费用和收费（第6条）	约束性义务
	进出口和过境手续（第10条）	非约束性义务（“国际标准的使用”）和弹性的约束性义务（其他措施）
	货物放行和结关（第7条）	非约束性义务（“确定公布放行时间”）和弹性约束性义务（其他措施）
	边境机构的合作（第8条）	弹性的约束性义务
	受海关监管的货物的移动（第9条）	弹性的约束性义务
过境自由（第11条）	强化非歧视原则	约束性义务
	限制过境收费	约束性义务
	简化过境手续	约束性义务（其中“提供单独基础设施”具有灵活性）
	设置过境担保	约束性义务
	加强过境合作	弹性的非约束性义务
海关合作（第12条）	促进守法和合作的措施	约束性义务
	信息请求、提供和使用	弹性的约束性义务

第二节 《贸易便利化协定》的条款解读[①]

正如前文所述，WTO开展贸易便利化工作的任务就是建立一个协定来澄清和改进GATT第5条、第8条以及第10条。如果不参照GATT，TFA的谈判将由于缺少条约基础而更加艰难。在TFA的谈判中，各谈判成员充分运用了GATT三个条款的历史起源（《哈瓦那宪章》第33条、第36条和第38

① 本节所提及的《贸易便利化协定》条款引用自《贸易便利化协定》的商务部译本，以及青岛出入境检验检疫局译著的《WTO贸易便利化协定》一书，该书由中国质检出版社和中国标准出版社于2017年3月出版。

条分别对应于 GATT 第 5、第 8、第 10 条）以及相关的判例法资料，对 GATT 的谈判历史进行了重新整理，从《哈瓦那宪章》中借鉴了部分具体的覆盖面更广的建议性措辞，使之在 70 多年后终于成为 WTO 体系的一部分。另外，制定专门的 WTO 协定来解释和澄清 GATT 相关条款是 WTO 的经验做法，例如，《保障措施协定》《补贴与反补贴措施协议》《反倾销协定》和《与贸易有关的投资措施协议》分别是对 GATT 第 19 条、第 16 条和第 6 条，以及第 3 和第 6 条的解释和澄清。这种解释和澄清扩展了相关条款的适用范围，带来的是一个更加开放，涵盖内容更广的国际贸易规则体系。同时，由于争端解决机制的存在提高了 TFA 的执行力，其对于贸易便利化的促进将显示出巨大的潜力。

值得注意的是，除了 TFA 以及 GATT 1994 第 5 条、第 8 条和第 10 条外，WTO 体系下与贸易便利化相关的规则还见于《技术性贸易壁垒协定》《装船前检验协定》《实施动植物卫生检疫措施协定》《与贸易有关的知识产权协定》《进出口许可证程序协定》《海关估价协定》等协定中。TFA 第一部分 12 条实质性义务条款涉及约 30 项措施，将与上述协定内容产生交叉和影响。从 TFA 与这些协定的关系来看，一方面，TFA 中的大部分贸易便利化措施可以在不影响其他 WTO 协定项下权利和义务的前提下，通过增加贸易便利化要求的方式实施；另一方面，TFA 中的贸易便利化措施可能会同其他 WTO 协定产生适用冲突①。

限于篇幅，本节仅对 TFA 中第一部分贸易便利化实质性义务进行解读，以期对我国自贸试验区贸易便利化的推进提供帮助。

一、增强公正性、非歧视性及透明度义务

① 例如，关于易腐货物，根据 TFA，成员应该在尽可能短的时间内放行易腐货物；而此种快速放行又有可能妨碍成员国按照 SPS 协定（《实施动植物卫生检疫措施的协议》）规定采取必要措施保护人类及动植物安全。

(一) GATT 1994 第 10 条“贸易法规的公布和实施”的条文解析

贸易法规和海关程序的透明和可获取是贸易便利的基础和前提，GATT 1994 第 10 条题目是“贸易法规的公布和实施”，涉及各成员的透明度义务，其主要内容如下：

1. “普遍适用”的贸易政策应“迅速公布”

第 10 条第 1 款规定，“任何缔约方实施的关于下列内容的普遍适用的法律、法规、司法判决和行政裁定应迅速公布，使各国政府和贸易商能够知晓：产品的海关归类或海关估价；关税税率、国内税税率和其他费用；有关进出口产品及其支付转账的规定、限制和禁止，以及影响其销售、分配、运输、保险、仓储、检验、展览、加工、混合或其他用途的要求、限制或禁止。任何缔约方政府或政府机构与另一缔约方政府或政府机构之间实施的影响国际贸易政策的协定也应予以公布。本款的规定不得要求任何缔约方披露会妨碍执法或违背其公共利益或损害特定公私企业合法商业利益的机密信息”。

2. “普遍适用”的贸易政策应“实施前公布”

第 10 条第 2 款规定，“任何缔约方不得在产生以下结果的普遍适用的措施正式公布之前采取此类措施：根据既定统一做法提高进口产品的关税或其他费用的征收率，或对进口产品及其支付转让实施新的或更难于负担的要求、限制或禁止”。

3. “普遍适用”的贸易政策应“统一、公正和合理地实施”

第 10 条第 3 款第 1 项规定：“每一缔约方应以统一、公正和合理的方式管理本条第 1 款所述的所有法律、法规、判决和裁定。”

4. 设立独立程序“迅速审查和纠正与海关事项有关的行政行为”

第 10 条第 3 款第 2 项规定：“每一缔约方应维持或尽快设立司法、仲裁或行政庭或行政程序，目的主要在于迅速审查和纠正与海关事项有关的行政行为。此类法庭或程序应独立于受委托负责行政实施的机构，它们的决定应由此类机构执行，并应适用于此类机构的做法，除非进口商在规定的上诉时间内向上级法院或法庭提出上诉；但是如有充分理由认为该决定与既定法律原则或事实不一致，则该机构的中央管理机构可采取步骤在另一诉讼程序中审查此事项。”

5. 协定订立之前已实施的“非完全独立审查程序”的保留

第 10 条第 3 款第 3 项规定：“b 项的规定不得要求取消或代替本协定订立之日一缔约方领土内已实施的程序，尽管此类程序不能完全或正式独立于受委托进行行政管理的机构，但事实上为行政行为提供了客观和公正的审查。应请求，使用此类程序的任何缔约方应向缔约方全体提供所有有关信息，以便它们确定此类程序是否符合本项的要求。”

(二)《贸易便利化协定》对 GATT 第 10 条的澄清和完善

透明度是 WTO 的重要原则，也是《贸易便利化协定》贯穿始终的原则。在贸易便利化的谈判过程中，各 WTO 成员的提案主要集中于“信息的公布与获得”“评议机会和生效前信息和磋商”“预裁定”“上诉或审查程序”“增强公正、非歧视和透明度的其他措施”等方面。最后通过的《贸易便利化协定》正式文本采纳了其中的大部分贸易便利化措施①，分别规定在《贸易便利化协定》第 1 条至第 5 条中。与 GATT 1994 第 10 条相比，《贸易便利化协定》为成员增加了五方面的约束性义务。

1. 扩大信息公布范围，明确互联网公布途径

与 GATT 1994 第 10 条相比，在信息的公布方式方面，TFA 第 1 条第 1 款规定了应以“非歧视和易获取的方式”迅速公布；信息的公布范围方面，增加了以下 10 项内容：进口、出口和过境程序（包括港口、机场和其他入境点的程序）及需要的表格和单证；对进口或出口征收的，或与进口或出口相关的任何种类的关税和国内税适用税率；政府部门或代表政府部门对进口、出口或过境征收的，或与之相关的规费和费用；用于海关目的的商品归类或估价规定；与原产地规则相关的普遍适用的法律、法规及行政裁决；进口、出口或过境的限制或禁止；针对违反进口、出口或过境程序行为的惩罚规定；

① 公开政策目标信息、上诉期间货物放行、贸易规章的统一管理、政府人员间保持和加强联合与道德权衡等措施未被纳入。参见余丽：《世界贸易组织〈贸易便利化协定〉研究》，人民法院出版社，2016 年 8 月，第 33 页。

申诉程序；与任何一国或多国缔结的与进口、出口或过境有关的协定或协定部分内容及与关税配额管理有关的程序。

该条第 2 款对信息公布的语言作了规定，即除了第 2.2 条之外[①]，成员可以以本国语言文字公布。

信息公布途径方面，GATT 1994 对利益相关方及其他成员方如何有效地获取这些法律法规缺乏规定。《贸易便利化协定》明确提出将“通过互联网提供信息”作为新的便利化措施。而对于互联网公布的信息内容，协定区分为“可行的限度内”应通过互联网更新（公布）的信息和“鼓励”通过互联网公布的信息两类。前者又称为“灵活性的约束性义务”，包括：（a）关于其进口、出口和过境程序的说明，包括申诉或审查程序，从而使政府、贸易商和其他利益相关方获悉进口、出口和过境所需的实际步骤；（b）对该成员进口、自该成员出口和经该成员过境所需的表格和单证；（c）咨询点的联络信息。后者又称为“非约束性义务”，包括其他有关信息和第 1 条要求公布的信息。

信息获取的咨询点方面，与 GATT 1994 第 10 条中未规定“咨询点”不同，《贸易便利化协定》第 3 条第 1 款规定：“每一成员应在其可获资源内，建立或设立一个或多个咨询点，以回答政府、贸易商和其他利益相关方就第 1.1 款所涵盖事项提出的合理咨询，并提供第 1.1（a）项中所指需要的表格和单证。”[②]

2. 增加“拟议或修正政策”的评议机制

《贸易便利化协定》第 2 条以“评论机会、生效前信息及磋商”为题，对有关贸易便利化的贸易政策的拟议或修正提出三方面的义务要求。一是评议机会。该条第 1 款第 1 项规定：“每一成员应在可行的范围内，以与其国内法律和法律体系相一致的方式，向贸易商及其他利益相关方提供机会和适当时

① 第 2.2 条规定：在可行的情况下，关于其进口、出口和过境程序的说明，包括申诉或审查程序，以及使政府、贸易商和其他利益相关方获悉进口、出口和过境所需的实际步骤的信息在互联网公布时，还应以 WTO 官方语言文字之一提供相关文本。

② WTO《实施卫生与植物措施协定》和《技术性贸易壁垒协定》中也规定了成员方设立“咨询点”的义务。相比而言，TFA 关于咨询点的规定更具灵活性。

限，就与货物（包括过境货物）的流动、放行和结关相关的拟议或修正的普遍适用的法律法规进行评论。”二是生效前信息的可公开获得。该条第 1 款第 2 项规定：“每一成员应在可行的范围内，以与其国内法律和法律体系相一致的方式，保证与货物相关的，包括与过境货物的流动、放行和结关相关的，新立或修正的普遍适用的法律法规，在生效前尽早公布或使相关信息可公开获得，以便贸易商和其他利益相关方能够知晓。”① 三是定期磋商。该条第 2 款规定：“每一成员应酌情规定边境机构与其领土内的贸易商或其他利害关系方之间进行定期磋商。”

3. 增设“预裁定”制度

“预裁定”是指在货物抵达前，贸易商就货物的税则归类、原产地等海关事项向海关部口书面申请预先裁定。②《贸易便利化协定》第 3 条第 9 款 a 项也对“预裁定”作了定义，“预裁定是指一成员在申请所涵盖的货物进口之前向申请人提供的书面决定，其中规定该成员在货物进口时有关下列事项的待遇：货物的税则归类、货物的原产地以及其他海关事项”。③

据此，预裁定是一项海关给予申请人的书面预先决定，针对的是货物的税则归类和货物的原产地。通过预先裁定，不仅能够提高海关执法的透明度，还能减少交易延误、贸易摩擦及可能的贸易纠纷。相较于 GATT 1994 第 10 条对此未做出规定，《贸易便利化协定》第 3 条“预裁定”属于新增措施。

关于预裁定的事项范围，《贸易便利化协定》就不同的预裁定海关事项规定了不同的义务类型，对于“货物的税则归类和货物的原产地”事项的预裁定属于约束性义务；而对于“(i) 根据特定事实用于确定完税价格的适当方法或标准及其适用；(ii) 成员对申请海关关税减免要求的适用性；(iii) 成员关

① 《贸易便利化协定》第 2 条第 1 款第 3 项规定了评议机制和生效前信息的例外情况，即“关税税率的变更、具有免除效力的措施、如遵守第 1.1 和 1.2 款则会影响其效力的措施、在紧急情况下适用的措施或国内法律和法律体系的微小变更，均不在第 1.1 和 1.2 款适用范围内”。

② 余丽《〈贸易便利化协定〉在我国的实施研究》，《国际经济法学刊》2015 第 3 期，第 213 页。

③ 《贸易便利化协定》第 3 条第 9 款。

于配额要求的适用情况，包括关税配额；及（iv）成员认为适合做出预裁定的任何其他事项”①，则赋予了成员灵活性，仅鼓励成员方设立这一制度。

关于预裁定的程序，《贸易便利化协定》除了对成员预裁定实体事项作出规定外，第3条还规定了预裁定申请、拒绝、撤销、修改和废止以及信息公开和范围等程序性事项。具体可见于《贸易便利化协定》第3条第1款至第8款：

（1）每一成员应以合理的方式并在规定时限内向已提交包括所有必要信息的书面请求的申请人做出预裁定。如一成员拒绝做出预裁定，则应立即书面通知申请人，列出相关事实和做出决定的依据。

（2）如申请中所提出的问题出现下列情形，则一成员可拒绝对一申请人做出预裁定：（a）所提问题已包含在申请人提请任何政府部门、上诉法庭或法院审理的案件中；或（b）所提问题已由任何上诉法庭或法院做出裁决。

（3）预裁定在做出后应在一合理时间内有效，除非支持该预裁定的法律、事实或情形已变化。

（4）如一成员撤销、修改或废止该预裁定，应书面通知申请人，列出相关事实和做出决定的依据。对于具有追溯效力的预裁定，该成员仅可在该预裁定依据不完整、不正确、错误或误导性信息做出的情况下撤销、修改或废止该预裁定。

（5）对于寻求做出该裁定的申请人而言，一成员所做预裁定对该成员具有约束力。该成员可规定预裁定对申请人具有约束力。

（6）每一成员应至少公布：（a）申请预裁定的要求，包括应提供的信息和格式；（b）做出预裁定的时限；（c）预裁定的有效期。

（7）应申请人书面请求，每一成员应提供对预裁定或对撤销、修改或废止预裁定的复审。

（8）每一成员应努力公布其认为对其他利益相关方具有实质利益的预裁定的任何信息，同时考虑保护商业机密信息的需要。

① 《贸易便利化协定》第3条第9款。

4. 建立有效的上诉或审查程序

上诉或审查作为一项监督类的行政行为，是保障利益相关人合法权益的重要救济手段。世界贸易组织法律框架下，对行政机关管理多边贸易的行政行为提供有效的法律救济机制是其重要法治内容之一。[①] 有效的上诉或审查程序在保障贸易公平，规范海关权力的行使方面发挥的作用不可估量。较之于GATT 1994 第 10 条对此仅有原则性规定，且未对能提起上诉和审查的主体作出规定，TFA 第 4 条以“诉讼或复议程序”为题规定了以下约束性义务：

“1.1 每一成员应规定海关做出的行政决定[②]所针对的任何人在该成员领土内有权：(a) 向级别高于或独立于作出行政决定的官员或机构提出行政申诉或复查，或由此类官员或机构进行行政申诉或复查；及（b）对该决定进行司法上诉或审查。

1.2 一成员的立法可要求在司法上诉或审查前开始进行行政申诉或复查。

1.3 每一成员应保证其上诉或审查程序以非歧视的方式进行。

1.4 每一成员应保证，如根据第 1（a）项做出的上诉或审查决定：(a) 未在其法律或法规所规定的期限内做出，或（b）未能避免不适当拖延，则申诉人有权向行政机关或司法机关进一步上诉或由此类机关进一步审查或向司法机关寻求任何其他救济。

1.5 每一成员应保证向第 1 款所指人员提供作出行政决定的理由，以便使其能够在必要时提出上诉或审查。

1.6 应鼓励每一成员将本条规定适用于海关以外的相关边境机构所作出的行政决定。”

5. 需要“增强公正性、非歧视性及透明度”的其他措施

---

① 余丽《世界贸易组织〈贸易便利化协定〉研究》，人民法院出版社，2016 年 8 月，第 36 页。

② 根据 TFA 注释 4：“本条中的行政决定指影响一案件中特定人员权利和义务的具有法律效力的决定。各方理解，本条中的行政决定涵盖 GATT 1994 第 10 条范围内的行政行为或一成员国内法律和法律制度中所规定的行政行为或决定未予履行的情形。为处理此类未予履行的情形，各成员可设立替代性行政机制或司法权，指示海关迅速作出行政决定以代替第 1.1（a）项下的上诉权或审查权。”

协定第 5 条的“其他措施”主要涉及卫生检疫，重点在于减少隐形贸易壁垒。协定对这些措施和义务非常重视，将其规定为“binding commitments”（有约束力的承诺）。

（1）增强监管或检查的通知

如果为保护领土内人类、动物或植物的生命或健康，成员采用或保持一个向有关机构发布通知或指南的系统，用于加强对通知或指南所涵盖食品、饮料或饲料的口岸控制或提高查验水平，则通知或指南的发布、终止或暂停应适用以下纪律：（a）该成员可酌情根据风险评估发布通知或指南；（b）该成员可仅对符合通知或指南所涉及卫生与植物卫生情况的入境点发布通知或指南；（c）如据以做出通知或指南的情形不复存在，或情况已经变化并且可以采用对贸易限制较少的方式加以应对，则该成员应迅速终止或暂停该通知或指南；（d）如该成员决定终止或暂停通知或指南，则应酌情以非歧视和易获取的方式，迅速公布终止或中止声明，或迅速通知进出口商。

（2）扣留

如申报的进口货物因海关或任何其他主管机关查验而扣留，则该成员应立即通知承运商或进口商。

（3）检验程序

在取自申报进口货物样品首次检验为不利结果的情况下，各成员应请求给予第二次检验的机会；成员应以非歧视和易获取的方式公布可以进行检验的实验室的名称和地址，或在其提供第 1 项所规定机会的情况下，向进口商提供这一信息；成员在货物放行和结关时应考虑根据第 1 项进行的第二次检验的结果，如可行，可接受此次检验的结果。

二、进出口费用与手续义务

（一）GATT 1994 第 8 条“进出口规费和手续”的条文解析

GATT 1994 第 8 条“进出口规费和手续”对进出口规费及征收手续做出以下规定：

1. (a) 各缔约方对进出口或有关进出口征收的任何性质的所有规费和费用（进出口关税和属第 3 条范围的国内税除外），应限制在等于提供服务所需的近似成本以内，且不得成为对本国产品的一种间接保护或为财政目的而对进出口产品征收的一种税。(b) 各缔约方认识到，有必要削减 (a) 项所指规费和费用的数量和种类；(c) 各缔约方还认识到，有必要最大限度地减少进出口手续的影响范围和复杂程序，并减少和简化进出口的单证要求。

2. 经另一缔约方或缔约方全体请求，一缔约方应按照本条的规定审议其法律和法规的执行情况。

3. 缔约方不得对轻微违反海关法规或程序要求的行为进行实质性处罚。特别是，对于海关单证中任何易于改正和显然不是因欺骗意图或重大过失而造成的遗漏和差错所给予的处罚不得超过警告所必需的限度。

4. 本条的规定应适用于政府主管机关实施的有关进出口的规费、费用、手续和规定，包括与下列内容有关的规费、费用、手续和规定：(a) 领事事务，如领事发票和证书；(b) 数量限制；(c) 许可程序；(d) 外汇管制；(e) 统计服务；(f) 文件、单证和证明；(g) 分析和检查；(h) 检疫、卫生和熏蒸消毒。

(二)《贸易便利化协定》对 GATT 第 8 条的澄清和完善

《贸易便利化协定》对 GATT 第 8 条的澄清和完善体现在第 6 条至第 10 条规定上，涉及“进出口费用和手续、货物清关以及边境机构合作”等方面的内容。在 GATT 1994 第 8 条的基础上，对进出口费用的征收规定了一般纪律、特定纪律和处罚纪律。对货物的放行与结关，规定了抵达前业务办理、电子支付、货物放行与税费相分离、风险管理、后续稽查、对经认证的经营者的贸易促进措施以及快运货物和易腐货物的相关义务。同时，协定还对进出口手续、边境机构合作以及受海关监管的进口货物的移动作了规定。

1. 与进出口相关的规费和费用相关的义务

关于“进出口相关的规费和费用”在 GATT 1994 中体现在第 8 条第 1 款 (a) 项和 (b) 项。从条文措辞来看，所有征收的规费和费用应限制在提供服务所需的近似成本以内，且不得成为对国内产品的一种间接保护或为财政目的而对进出口产品征收的一种税。同时有必要削减规费和费用的数量和种类。[①] 在该规定的基础上，《贸易便利化协定》第 6 条新增以下义务要求：

（1）对进出口征收或与进出口相关的海关业务办理规费和费用的一般纪律。

一般纪律涉及规费和费用的范围以及公布。“有关规费和费用的信息应依照第 1 条予以公布。该信息应包括将适用的规费和费用、征收此类规费和费用的原因、主管机关以及支付时间和方式。”“新增或修订的规费和费用的公布与生效之间应给予足够的时间，但紧急情况除外。此类规费和费用在有关信息公布前不得适用。”“每一成员应定期审查其规费和费用，以期在可行的范围内减少数量和种类。”

适用一般纪律的进出口相关的规费和费用范围很广，涵盖了“除进出口关税和 GATT 1994 第 3 条范围内的国内税外的，各成员对进出口征收或与进出口相关的所有规费和费用”。

（2）对进出口征收或与进出口相关的海关业务办理规费和费用的特定纪律。

特定纪律涉及规费和费用的关联性。海关业务办理规费和费用：（a）应限定在对所涉特定进口或出口操作提供服务或与之相关服务的近似成本内；且（b）如规费和费用针对与办理货物海关业务密切相关的服务而收取，则无须与特定进口或出口作业相关联。

（3）对进出口征收或与进出口相关的海关业务办理规费和费用的处罚纪律。

处罚纪律规定在该条第 3 款，就该款而言，“处罚”应指一成员的海关针对违反其海关法律、法规或程序性要求而做出的处罚。

每一成员应保证对违反海关法律、法规或程序性要求行为的处罚仅针对其法律所规定的违法行为责任人实施。

处罚应根据案件的事实和情节实施，并应与违反程度和严重性相符。

---

① GATT 1994 第 8 条第 1 款。

每一成员应保证采取措施以避免：(a) 在处罚和关税的认定和收取方面发生利益冲突；(b) 形成对认定或收取与前款不符的处罚的一种激励。

每一成员应保证对违反海关法律、法规或程序性要求进行处罚时，应向被处罚人提供书面说明，列明违法性质和据以规定处罚金额或幅度所适用的法律、法规或程序。

如一当事人在一成员海关发现其违反行为前自愿向海关披露其违反海关法律、法规或程序性要求的行为，则鼓励该成员在确定对其处罚时适当考虑将此事实作为可能的减轻因素。

最后，该条第 3 款第 7 项规定，处罚纪律的有关条款应适用于对过境运输的处罚。①

2. 与“与进口、出口和过境相关的手续”相关的义务

《贸易便利化协定》注意到，简化和协调与进出口和过境相关的手续和程序是贸易便利化的核心要素和重要环节，为此，在 GATT 1994 第 8.1 条 (c) 项对简化进出口手续作了原则性规定②的基础上，第 10 条特设 9 个款项，从手续和单证要求、副本的接受、国际标准的使用、设立国际贸易“单一窗口”、取消部分装船前检验及逐步取消报关代理的强制使用等方面设立了可操作的贸易便利化纪律。

第一，手续和单证要求。

为使进口、出口和过境手续的发生率和复杂度降到最低，并减少和简化进口、出口和过境的单证要求，同时考虑到合法政策目标及情形变化、相关新信息和商业惯例、方法和技术的可获性、国际最佳实践及利益相关方的意见，每一成员应审议此类手续和单证要求，并根据审议结果酌情保证此类手续和单证要求：

(a) 以货物，特别是易腐货物的快速放行和结关为目的而通过或适用；

① 《贸易便利化协定》第 6 条。

② “各缔约方还认识到，有必要最大限度地减少进出口手续的影响范围和复杂程序，并减少和简化进出口的单证要求。”

(b) 以旨在减少贸易商和经营者的守法时间和成本的方式而通过或适用;

(c) 如存在两种或两种以上为实现政策目标或有关目标的可合理获得的措施，则选择对贸易限制最小的措施;

(d) 如现有手续和单证（包括部分要求）已无必要，则不再维持。[①]

第二，副本的接受。

海关监管部门接受商业副本的法律效力，比如卫生检疫证书或原产地证书副本，能提高货物通关速度，很大程度上减少贸易商递交材料的时间成本和货物滞留的仓储费用支出成本。《贸易便利化协定》第 10 条第 2 款分别从积极义务和消极义务两方面对此做出了规定：每一成员应酌情努力接受进口、出口或过境手续所要求的证明单证的纸质或电子副本。如一成员的政府机构已持有此单证的正本，则该成员的任何其他机构应接受来自持有单证正本部门的纸质或电子副本以替代正本。一成员不得要求将提交出口成员海关的出口报关单正本或副本作为进口的一项要求。[②] 但这不得妨碍一成员要求针对监管或管制货物的进口提供证书、许可或执照等文件。[③]

第三，鼓励国际标准的使用。

世界贸易组织成员以国际标准作为其进出口和过境程序及手续的依据，能有效便利货物在成员间的流动，减少成员间海关等边境机构合作的障碍。[④] 贸易便利化国际标准涉及范围相当广泛，其中仅联合国贸易便利化和电子商务中心（UN/CEFACT）就针对贸易单证样式、贸易商业发票样式等相继发布了 35 个建议书。[⑤] 由于各国际组织制定的国际标准并无强制的约束力，《贸易便利化协定》第 10 条第 3 款仅为成员设定了鼓励性的非约束性义务：除非协定另有规定，鼓励各成员使用或部分使用相关国际标准作为其进口、出口

---

① 《贸易便利化协定》第 10.1 条。

② 《贸易便利化协定》第 10.2 条。

③ 《贸易便利化协定》脚注 11。

④ 张磊、王茜《多哈回合谈判 2013 年年度报告：投资与贸易便利化专题》，法律出版社，2015 年，第 53 页。

⑤ 胡涵景、张荫芬、李小林《国际贸易便利化与单一窗口概论》，中国工信出版社和电子工业出版社，2015 年，第 24—36 页。

或过境手续和程序的依据；鼓励成员在其资源限度内适当参加国际组织对国际标准的制定和定期审议。[①]

第四，设立“单一窗口”。

“单一窗口”是指参与国际贸易和运输的各相关方在单一接入点提交标准化的信息和单证，满足所有与进口、出口和转口相关的监管要求。[②] 建立国际贸易单一窗口是实现贸易便利化的重要措施，它能有效提高市场和政府间信息交换的效率，从而大幅度降低交易费用和节约交易时间。联合国贸易便利化和电子商务中心（UN/CEFACT）自1981年发布第一个推荐标准“联合国贸易单证样式”开始，一共发布了35个建议书、7套标准和5套技术规范，构成了一套解决国际贸易技术壁垒、简化贸易程序、促进贸易发展的标准体系，该体系是构建单一窗口的基础。[③] TFA第10条第4款以灵活的约束性义务的形式规定了“单一窗口”措施，要求各成员方员应努力建立或设立单一窗口，使贸易商可通过单一接入点向相关政府机构或代理提交货物进出口或过境所需单证及（或）数据。相关的机构和部门审核完单证及（或）数据信息后，应通过该单一窗口及时将信息反馈给申请人。[④]

第五，装船前检验的限制。

WTO多边贸易体制下的装运前检验制度的出发点在于防止商业欺诈和逃避关税，多由海关力量薄弱的发展中成员及最不发达成员采取。但由于没有明确的标准，强制性的装运前检验制度容易构成一个非必要的、昂贵的非技术性贸易壁垒。据联合国贸易和发展会议调查，装运前检验影响了几乎20%的贸易和产品，尽管其对货物的质量和计税依据提供了一定的保障，但许多强制性的装船前检验很容易带来增加交易成本和延长通关时间的不良后果，

---

① 《贸易便利化协定》第10.3条。

② 殷飞、冯赟《新加坡国际贸易“单一窗口”制度经验及启示》，《中国经贸导刊》2015年第6期，第27页。

③ 张明洲《国际贸易单一窗口模式、演进及关键要素》，《对外经贸》2014年第7期，第57页。

④ 《贸易便利化协定》第10.4条。

成为变相的贸易保护，扭曲国际贸易。

为此，《贸易便利化协定》出于提升通关效率的目的，同时又考虑到了某些装船前检验对于发展中国家和最不发达国家有存在的必要，协定第 10 条第 5 款赋予 WTO 成员取消部分装船前检验的禁止性义务，[①] 成员方在关税分类和海关估价方面不得要求装运前检验。在不损害各成员使用税则归类和海关估计外的其他形式的装运前检验权利的前提下，鼓励各成员对装运前检验不再采用或适用新的要求。但不排除为卫生与植物卫生目的所进行的装运前检验。[②]

第六，逐步取消报关代理的强制使用。

报关代理是指专门或兼营报关服务的企业接受进出口贸易商的委托，代为办理报关手续的行为。强制的报关代理会增加中小企业的贸易负担，构成隐形的贸易壁垒。因此，《贸易便利化协定》第 10 条第 6 款规定：在不影响一些成员目前对报关代理维持特殊作用的重要政策关注的前提下，各成员自协定生效时起不得要求强制使用报关代理。同时规定每一成员应将其关于使用报关代理的措施向委员会做出通知并予以公布，任何后续修改均应迅速做出通知并予以公布。以透明、客观的方式规定报关代理的许可程序。

第七，共同边境程序和统一单证要求。

世界贸易组织诸成员如果都能够在其全部领土内实施共同边境程序和统一单证要求，对于各国进出口贸易商而言，可以提高其对海关或边境程序的可预见性，加快贸易和通关效率，降低贸易成本；对于各成员边境机构而言，会督促和便于其对于法规的遵照和执行。

据此，《贸易便利化协定》第 10 条第 7 款第 1 项规定，每一成员应在其全部领土内对货物放行和结关适用共同海关程序和统一单证要求。考虑到各成员的边境管理程序和方式的不同，该款第 2 项规定，上述措施仅在不得妨碍一成员享有以下权利的前提下实施：（a）根据货物的性质和类型或其运输

① 《贸易便利化协定》第 10.5 条。

② 《贸易便利化协定》脚注 12。

方式区分程序和单证要求；（b）根据风险管理区分货物的程序和单证要求；（c）区分程序和单证要求以提供进口关税和国内税的全部或部分免除；（d）使用电子方式提交或办理业务；（e）以与《实施卫生与植物卫生措施协定》相一致的方式区分其程序和单证要求。

第八，拒绝入境货物。

依《贸易便利化协定》第 10 条第 8 款，若拟进境货物因未能满足规定的卫生或植物卫生法规或技术法规而被某 WTO 成员主管机关拒绝，则该成员应在遵守和符合其法律法规的前提下，允许进口商将退运货物重新托运或退运至出口商或出口商指定的另一人。如进口商未能在合理时间内行使此种选择权，则主管机关可采取另一种方法处理此种违规货物。

第九，货物临时准入许可和进出口加工。

依《贸易便利化协定》第 10 条第 9 款，货物临时准入许可是指：如货物为特定目的运入关税区，并计划在特定期限内复出口，且除因该货物的用途所造成的正常折旧和消耗外未发生任何变化，则各成员应按其法律、法规规定，允许该货物进入海关监管区，并有条件全部或部分免除其关税和国内税。进出口加工是指：各成员应依照法律法规规定，允许货物进行进口或出口加工。进行出口加工的货物复进口时，允许其依照该成员有关法律法规，全部或部分免除进口关税和国内税。

3. 简化货物放行和结关手续

货物结关即货物清关，是指进出口或过境货物出入一国关境时，必须向海关申报，办理海关规定的各项手续，履行各项法规规定的义务。只有在履行各项义务，办理海关申报、查验、征税、放行等手续后，货物才能放行，货主或申报人才能提货。建立统一、标准化的货物结关和放行程序，可以杜绝海关操作的随意性（如“灰色清关”），缩短货物平均通关时间，而且增加通关的透明度和可预见性。GATT 1994 第 8 条并未对货物清关和放行这一能加快货物流通速度、节约贸易成本的程序进行制度设定，《贸易便利化协定》将简化货物放行和结关手续作为一项重要的贸易便利化措施规定在协定第 7 条中。

第一，预清关制度。“预清关”又称“（货物）抵达前业务办理”，即进出口或转运货物出入一国关境前，办理好依照各项法律法规和规定应当履行的手续。该制度能够缩短货物在海关滞留的时间，加快口岸通关速度，在很大程度上节约时间和仓储支出成本。预清关制度是 GATT 1994 中所未涉及的贸易便利化措施，而依《贸易便利化协定》第 7 条第 1 款，各成员应采用或保持适当程序，允许在货物抵达前提交包括舱单在内的进口单证和其他必要信息，以期在货物抵达后加快放行速度。另外，各成员应酌情考虑实行电子单证预申报，以便在货物抵达前处理此类单证。

第二，电子支付制度。协定要求以电子方式进行通关支付，各成员应尽可能采用或保持相关程序，允许选择以电子方式支付海关收取的各类税收和规费。

第三，特别放行制度。依《贸易便利化协定》第 7 条第 3 款，“特别放行制度”实际上是一种将货物放行与关税、国内税、规费及费用的最终确定相分离的制度，是指海关在接受担保、合同或定金保证的基础上，将海关监管下的货物在缴税之前或在一些海关问题解决之前予以放行的制度。[①] 该制度设立的目的就是要加快货物的放行，促进贸易便利化。

对此，该款第 1 项做出规定：每一成员应采用或设立程序，规定如关税、国内税、规费及费用的最终确定不在货物抵达前或抵达时做出或不能在货物抵达后尽可能快地做出，则可在最终确定做出前放行货物，条件是所有其他管理要求均符合。该款第 2 项对“特别放行”的条件作了规定：（a）支付在货物抵达前或抵达时确定的关税、国内税、规费及费用，对尚未确定的任何数额以保证金、押金等形式或其法律法规规定的另一适当形式提供担保；或（b）以保证金、押金等形式或其法律法规规定的另一种形式提供担保。对于担保的金额，该款第 3 项规定：此类担保不得高于该成员所要求的担保所涵盖货物最终应支付的关税、国内税、规费及费用的金额。另外，对于担保的

① 何文珂、刘文纲、杨浩雄、陈高宏《贸易便利化与过境运输》，知识产权出版社，2008 年，第 101 页。

对象，该款第 4 项规定：如已发现应予以货币处罚或罚金的违法行为，则可要求对可能实施的处罚和罚金提供担保。同时，第 5 项规定：如果担保（第 3.2 和 3.4 款所列）不再需要，应退还贸易商。最后，该款第 6 项规定：本条规定不得影响一成员对货物进行审查、扣留、扣押或没收，或以任何与其 WTO 权利和义务不相冲突的方式处理货物的权利。

第四，设立风险管理制度。建立风险管理制度是海关实现依法行政职能的系统工程，该制度能够使海关通过对风险的评估、预判和控制来提高监管效率，保障贸易安全。依《贸易便利化协定》第 7.4 条，各成员应尽可能采用或保持以海关监管为目的的风险管理制度，在进行风险管理时应避免任意或不合理的歧视或构成对国际贸易变相限制。风险监管制度应集中在高风险货物上，低风险货物应加快放行，也可随机选择货物进行此类监管。各成员应通过使用适当的选择性标准，将风险管理建立在风险评估的基础上。此类选择性标准可包括：（尤其是）HS 编码、性质与描述、原产国、启运国、货值、贸易商守法记录以及运输类型等。

第五，建立后续稽查制度。后续稽查是指海关在对进出口货物快速放行之后，对货物进行补充查验的制度。该制度在加快口岸货物流通速度的同时，能够有效弥补前期风险管理的漏洞，补充查验应查而未查的货物。后续稽查制度的设立目的在于平衡货物放行速度加快与贸易安全的关系。《贸易便利化协定》第 7 条第 5 款要求成员建立后续稽查制度，各成员应在风险管理的基础上选择一当事人或货物实施后续稽查，并以透明的方式进行。应及时通知被稽查人稽查结果、权利义务和做出结果的理由。

第六，确定和公布平均放行时间。该项贸易便利化措施属于非约束性义务，依《贸易便利化协定》第 7.6 条，鼓励各成员以一致的方式定期测算和公布其货物平均放行时间，使用特别包括《世界海关组织货物放行时间测算指南》等评估工具。鼓励各成员与委员会分享其在测算平均放行时间方面的经验，包括所使用的方法、发现的瓶颈问题及任何影响效率的因素。

第七，制定“授权经营者”计划。“授权经营者”（Authorized Economic Operator，AEO）计划是指对于信用良好、满足一定标准的经营者，海关为其提供额外的贸易便利化服务。AEO 计划是 WCO《全球贸易安全和便利标准框架》所倡导的“海关与企业合作伙伴关系”的具体实践，通过建立国际化的企业信用认证体系倡导守法便利。作为海关与经营者合作的一项贸易便利化制度，AEO 能够提高海关监管效率和服务水平，同时兼顾贸易安全和防止税收流失。各成员向授权经营者提供的贸易便利化措施应至少包括以下措施中的 3 条：(a) 酌情降低单证和数据要求；(b) 酌情降低实际检查和审查比例；(c) 酌情加快放行时间；(d) 延迟支付关税、国内税、规费和费用；(e) 使用总担保或减少担保；(f) 在特定时间内对所有进口或出口进行一次性海关申报；(g) 在经认证的经营者的场所或经海关批准的另外地点办理货物结关。此外，鉴于各国海关间在 AEO 制度相互认可方面的合作是开启海关间整体合作的重要契机，也能为授权经营者提供更多的贸易便利化措施。“为加强向经营者提供的贸易便利化措施，各成员方应向其他成员提供通过谈判对授权经营者计划进行互认的可能性。”[①]

第八，快运货物。快运货物即快速通关的货物，依《贸易便利化协定》第 7.8 条，各成员应采用或设立程序，在维持海关监管的同时，应申请人申请，至少允许快速放行通过航空货运设施入境的货物。如成员采用一定标准对申请人进行限制，则该成员应公开申请人标准，作为申请第 8.2 款所需快运货物待遇资格的条件：(a) 提供与处理快运货物相关的充足基础设施并支付海关费用，如申请人满足该成员关于此类处理在一特定设施中进行的要求；(b) 在快运货物抵达前，提交放行所需的信息；(c) 所确定的费用限于为提供第 8.2 款所述待遇所提供服务的近似成本内；(d) 通过使用内部安保、物流和自提取到送达的追踪技术，对快运货物保持高度控制；(e) 提供自提取到送达的快速运输；(f) 承担向海关支付货物全部关税、国内税、规费及费用的责任；(g) 在遵守海关和其他有关法律法规方面拥有良好记录；(h) 遵守与有效执行成员法律法规和程序性要求直接相关的，特别与第 8.2 款中所述待遇相关的其他条件。

---

① 《贸易便利化协定》第 7.5 条。

在符合第 8.1 和 8.3 款的前提下，各成员应：(a) 最大限度减少依照第 10 条第 1 款放行快运货物所需的单证，并在可能的情况下，规定对某些货物根据一次性提交的信息予以放行；(b) 规定在正常情况下当快运货物抵达后尽快放行，但条件是放行所需信息已提交；(c) 努力将 (a) (b) 项中所述的待遇适用于任何重量或价值的货物，同时认可允许一成员要求额外入境程序，包括申报、证明单证及支付关税和国内税，并根据货物种类限制此种待遇，但条件是此种待遇不仅限于如文件等低值货物；及 (d) 在可能的情况下，除某些特定货物外，规定免于征收关税和国内税的微量货值或应纳税额。与 GATT 1994 第 3 条一致的方式适用于进口的国内税，如增值税和消费税等，不受本条约束。

第 8.1 和 8.2 款不得影响一成员对货物进行查验、扣留、扣押、没收或拒绝入境或实施后续稽查的权利，包括使用风险管理系统相关的权利。此外，第 8.1 和 8.2 款不得妨碍一成员作为放行的条件，要求提交额外信息和满足非自动进口许可程序要求的权利。

第九，易腐货物。为防止易腐货物可避免的损失或变质，在满足所有法规要求的前提下，《贸易便利化协定》第 10.9 条规定了成员应履行的约束性义务：(a) 在通常情况下在可能的最短时间内对易腐货物予以放行；及 (b) 在适当的例外情况下，在海关和其他相关主管机关工作时间之外予以放行。

每一成员在安排任何可能要求的查验时，应适当优先考虑易腐货物。每一成员安排或允许一进口商在易腐货物放行前予以正确储藏。该成员可要求进口商安排的任何储存设施均已经相关主管机关批准或指定。货物运至该储藏设施，包括经认证的经营者运输该货物，可能需获得相关主管机关的批准。应进口商请求，在可行并符合国内法律的情况下，该成员应规定在此类储藏设施中予以放行的任何必要程序。如易腐货物的放行受到严重延迟，应书面请求，进口成员应尽可能提供关于延迟原因的信函。

4. 边境机构的合作

加强海关等边境机构的合作与协调对于提升边境机构管理水平和通关效率具有重要作用。依《贸易便利化协定》第 8 条，每一成员应保证其负责边境管制和货物进口、出口及过境程序的主管机关和机构相互合作并协调行动，以便利贸易。每一成员应在可能和可行的范围内，与拥有共同边界的其他成员根据共同议定的条款进行合作，以期协调跨境程序，从而便利跨境贸易。此类合作和协调可包括：（a）工作日和工作时间的协调；（b）程序和手续的协调；（c）共用设施的建设与共享；（d）联合监管；（e）一站式边境监管站监管的设立。

5. 受海关监管的进口货物的移动

贸易便利化首先应是货物流动的便利化，依《贸易便利化协定》第 9 条，每一成员应在可行的范围内，在所有监管要求均得到满足的前提下，允许进口货物在其领土内在海关的监管下进行移动，从入境地海关移至予以放行或结关的其领土内另一海关。

三、过境自由义务

（一）GATT 1994 第 5 条“过境自由”的条文解析

GATT 1994 第 5 条在“过境运输”的定义、非歧视性、过境自由、合理收费、最惠国待遇等方面作了规定：

1. 货物（包括行李）及船舶和其他运输工具，如经过一缔约方领土的一段路程，无论有无转船、仓储、卸货或改变运输方式，仅为起点和终点均不在运输所经过的缔约方领土的全部路程的一部分，则应被视为经该缔约方领土过境。此种性质的运输在本条中定义为“过境运输”。

2. 对于通过国际过境最方便的路线、来自或前往其他缔约方领土的过境运输，应具有经过每一缔约方领土的过境自由。不得因船籍、原产地、始发地、入港、出港或目的地，或与货物、船舶或其他运输工具所有权有关的任何情况而有所区分。

3. 任何缔约方可要求通过其领土的过境运输自专门的海关入境，但是，除未能符合适用的海关法律和法规的情况外，此种来自或前往其他缔约方领土的运输不得受到任何不必要的迟延或限制，并应免除关税和所有过境税或对过境征收的其他费用，但运输费用或与过境所必需的管理费或提供服务的成本相当的费用除外。

4. 各缔约方对来自或前往其他缔约方领土的过境运输所征收的所有费用和实施的所有法规应合理，并应注意运输的条件。

5. 对于有关过境的所有费用、法规和程序，每一缔约方对来自或前往其他任何缔约方领土的过境运输所给予的待遇不得低于对来自或前往任何第三国的过境运输所给予的待遇。

6. 每一缔约方给予经由其他任何缔约方领土过境产品的待遇，不得低于此类产品在不经该其他缔约方领土而自其原产地运至目的地的情况下所应给予的待遇。但是，任何缔约方有权维持在本协定订立之日已实施的直接交货要求，如直接交货是货物享受优惠关税税率进口的必要条件或与缔约方为征税目的而进行估价所规定的办法有关。

7. 本条的规定不得适用于航空器的过境，但适用于空运过境货物（包括行李）。

（二）《贸易便利化协定》对 GATT 第 5 条的澄清和完善

GATT 1994 第 5 条关于过境自由的相关内容概括性有余，可操作性不足。鉴于过境运输在国际贸易中的突出地位，《贸易便利化协定》第 11 条共 13 个条款对过境自由进行了澄清和完善，在强化非歧视原则的基础上，对简化过境程序和规费进行了规定。

具体而言，依《贸易便利化协定》第 11 条，各成员实施与过境运输有关的任何法规或程序不得对过境运输构成变相限制；不得对过境征收除运费、行政费用或服务费用等的额外费用；各成员不得寻求、采取或设立对过境运输的任何自愿限制；每一成员应给予从其他成员领土过境的产品不低于此类产品不需过境应享受的待遇；鼓励各成员在可行的情况下为过境运输提供实际分开的基础设施（如通道、泊位及类似设施）。各成员不得对过境货物适用《技术性贸易壁垒协议》范围内的技术法规和合格评定程序；各成员应允许并规定货物抵达前提前提交和处理过境单证和数据；一旦过境运输抵达该成员领土内出境地点海关，如符合过境要求，则该海关应立即结束过境操作；过境运输的担保应仅以保证过境运输所产生的要求得以满足为限，并在确定其过境要求已得到满足后应立即解除担保；允许为同一经营者的多笔交易提供总担保或将担保展期转为对后续货物的担保而不予解除；应使公众获得其用以设定担保的相关信息；高风险情况下，成员可要求对过境运输使用海关押运或海关护送；各成员应努力指定一国家级过境协调机构，其他成员提出的有关过境操作良好运行的所有咨询和建议均可向该机构提出。[①]

① 《贸易便利化协定》第 11 条。

第四章 全球主要自贸区贸易便利化制度的比较研究

自由贸易园区由来已久，最初起源于欧洲大陆以转口贸易为主要功能的自由港。二战后世界各国（地区）大力发展经济建设，自贸区的形式从注重贸易的自由港转向吸引投资、创造就业机会和发展工业制成品的出口加工区。进入 21 世纪，由于国际贸易的形式和规模都发生了翻天覆地的变化，围绕国际贸易链细化和港口功能升级，自贸区向综合化发展。伴随着自贸区功能的升级和形式的多样化，建立自贸区的热潮已经从欧美国家逐步向亚洲和拉丁美洲地区扩散，逐渐成为各国（地区）对外贸易发展的重要战略依托。

一、全球自贸区的发展概况

世界上的第一个真正意义的自由贸易园区是建立于 1959 年的爱尔兰香农自由贸易园区（Shannon Free Zone）。[①] 该园区依托爱尔兰香农国际机场建立

① 有学者认为，自由贸易园区起源于欧洲大陆以转口贸易为主要功能的自由港，1547 年在欧洲贸易发展前沿的意大利西北部热那亚湾（现托斯卡纳区，毗邻比萨市）出现了世界上第一个自由港——雷格亨自由港。当时自由港的基本功能是吸引外国商船，从事转口贸易，即外国商品进口后未经加工又输到外国，对往来船只货物提供关税豁免，主要起到货物集散的作用。参见陆夏：《世界自由贸易园区的历史沿革与现状》，《政策》2016 年 12 月，第 36 页。

并得以拓展，设立之初的目的是促进爱尔兰西部农村地区的就业并增加税收。1960年，爱尔兰政府成立了香农自由港开发公司，该公司围绕香农机场进行深层开发，在紧邻香农国际机场600英亩（约242.8万平方米）土地的范围内建立了世界上最早以从事出口加工为主的自由贸易区，以其免税优惠和低成本优势吸引了外国特别是美国企业的投资。① 这正是香农自由区与早期自由港的重要区别之一。至20世纪中后期，自贸区的数量快速增加。目前在世界上约有3500个自由贸易园区分布在135个国家。② 截至2015年3月，美国已有292个自贸区（对外贸易区，Foreign-Trade Zone，缩写为FTZ），遍布50个州和波多黎各。③ 而韩国已有8个自贸区，新加坡的国土面积虽仅有716.1平方公里，但却拥有8个自贸区。

（一）《京都公约》关于自贸区的规定

《关于简化和协调海关制度的国际公约》即《京都公约》最初于1973年5月18日在日本京都召开的原海关合作理事会上通过，该公约历经2000年、2006年两次修改，在简化海关程序，创设具有透明性、可预见性的贸易便利法律环境方面进行持续不断的努力。公约的内容囊括了各项海关业务制度，被公认为国际海关领域的基础性公约，与《商品名称及编码协调制度公约》《关于防范、调查、惩处违反海关法行为的海关行政互助公约》《关于暂准进口的海关公约》形成世界海关组织的四大支柱性公约。④ 作为全球唯一全面规范海关制度和做法标准的国际性法律文件，公约在附约D“海关仓库和自由区”中对自贸区（公约用语为“自由区”）进行了界定：“‘自由区’一词，是

① 韩永红《国外主要自由贸易园区及其法律规制：评析与启示》，《政法学刊》2015年第4期，第35页。

② 陆夏《世界自由贸易园区的历史沿革与现状》，《政策》，2016年12月，第36页；Susan Tiefenbrun，“U. S. Foreign Trade Zones，Tax-free Trade Zones of the world，and Their Impact on the U. S. Economy”，*Journal of International Business and Law*，2013. P. 151。

③ 美国自贸区的具体名录及分布情况参见 http://enforcement. trade. gov/ftzpage/letters/ftzlist-map. html，2018年3月15日。

④ 李志鹏《中国建设自由贸易园区内涵和发展模式探索》，《国际贸易》2013年第7期，第4页。

指一国的部分领土，在这部分领土内运入的任何货物，就进口税和其他各税而言，被认为在关境以外，并免于实施惯常的海关监管制度。”① 《京都公约》规定了自由区 18 个标准条款和 3 个建议条款。例如，对于自由区的设置，公约规定：自由区一般设于海港、内河港、航空港以及具有同样地理优势的地方。自由区可按国内法令规定，由海关当局、其他当局或由自然人或法人经营管理。海关当局可要求在自由区四周设置围墙，也可对进入区内的各种交通工具实行限制并规定办公时间。

在海关监管方面，公约确立了成员政府在简化海关程序方面的标准，阐明自贸区所适用的特殊关税政策，并就国内法的适用等问题进行了规定。具体来说，公约规定：为了实施监管，海关可以把进入区内的交通工具置于持久或间歇的监管下；要求运货进入自由区的人建立账册以便监管其货物的流通；对区内货物进行抽查，以保证货物只能按照核准的作业加工，并保证不运入未经核准的货物。不应以运入和储存一定数量的货物作为货物运入自由区的条件。自由区不仅应准许货物从国外直接运入，亦应准许从有关国家的关境运入。不应仅以货物的原产国、起运国或指运国为理由拒绝货物进入自由区。从国外运入自由区的货物，除因维护公共道德或治安，公共保健或卫生，实行动植物检疫，保护专利权、商标权和版权所实行的禁止和限制外，不应仅以货物受其他禁止或限制为理由予以拒绝。当货物从有关国家的关境或在转运途中经过该关境运入自由区时，该国除通常需呈交的用以证明货物的出口、复出口和转运的货物报单外，不应索取其他额外单证。海关对进入自由区的货物不应要求出具担保。海关当局如对拟运入自由区的货物实行监管，其所采取的措施应以保证海关负责执行的法规得到遵守所必要者为限。货物在自由区的存储期不应加以限制。对无须经过有关国家的关境，从自由区直接运往国外的货物，如有必要出示单证时，除载有货物主要项目的商业或官方单证（商业发票、运单、发货通知等）外，海关当局不应提出其他额外要求。准许从自由区运到有关国家关境的货物，应有权按照国外直接进口

① 《京都公约》附约 D“海关仓库和自由区”。

货物所适用的条件，享受有条件免税或加工等现行制度提供的便利。[①]

中国于1988年5月交存《京都公约》加入书，同年8月正式生效。1999年新修订的《京都公约》包括三个层次，即主约、总附约、专项附约[②]，缔约方仅被要求在加入时必须加入主约并接受总附约，对于10个专项附约（A—K）的内容可以选择接受或做出保留，但至少要接受一个专项附约中的一章。我国仅承诺有保留地接受附约D的第一章和附约G的第一章。其中专项附约D“海关仓库及自由区”部分对自贸区（海关特殊监管区）给予了明确的规定。我国只接受了专项附约D的第一章“海关仓库”（customs warehouse），而没有接受专项附件D第二章“自由区”的相关内容。《京都公约》中规定的“海关仓库”制度的内涵与我国保税仓库、出口监管仓库、保税物流中心等海关特殊监管区内容基本一致。而对于第二章“自由区”部分，81个缔约方仅有12个对自由区部分有承诺。其中完全没有保留的承诺有7个（分别为阿尔及利亚、埃及、哈萨克斯坦、马达加斯加、瑞士、乌克兰、津巴布韦），另外5个为有保留的承诺（韩国、美国、毛里求斯、菲律宾、乌干达）。[③]《京都公约》列明了自由区的重要设置和监管标准，但该部分作为条约的法律约束力不足，因为大多数缔约方并未对该部分做出承诺，即便做出承诺，缔约方也都有所保留，在履行承诺时各缔约方有更多的选择性和更大的发挥空间。

因此，严格而言，公约自贸区的规定对中国并不具有约束力，但与多数缔约方一样，我国在自贸区建设和监管中吸收和借鉴了公约的大量内容。总的来说，公约通过标准条款和建议条款两种形式对自由区的设置、货物的进入与监管、货物的免退税、货物的保存、区内货物的消费、存储期间、货物的报单等内容做了规定，其中多数规定与我国类似，仅仅有少数条款不同。

---

① 《京都公约》附约D“海关仓库和自由区”。

② 总附约包括最基础的海关制度和监管标准及定义，而专项附约由原先的31个整理归纳为10个，根据不同的海关制度或监管标准在专项附约下设若干章。每一个专项附约即是某一类海关制度，而每个章对应一个专门的海关制度或监管标准。

③ 李志鹏《中国建设自由贸易园区内涵和发展模式探索》，《国际贸易》2013年第7期，第4页。

就公约“自由区”意义上的海关贸易便利化制度而言，随着我国自由贸易试验区战略的进一步机制创新与稳步推进，我国各种海关特殊监管区域会逐渐达到公约规定的各种海关监管和货物流动标准，并且应该还会有所创新。

（二）全球自由贸易园区发展的主要模式

《京都公约》在其《关于自由区的附约》中，将自由区区分为商业自由区和工业自由区两种模式。商业自由区内准许进行的作业一般只限于保存货物、改进包装或销售质量、准备装运等惯常作业。工业自由区内准许进行加工作业。[①] 但事实上，根据本国的产业发展条件和经济发展水平或者不同的合作对象或地理区位甚至具体运营主体，又对应着多种类型的发展模式。

1. 以主体功能区分

第一种是转口集散模式。该模式的主体功能包括港口装卸、货物存储、货物商业性加工与转运。代表地区包括巴拿马科隆自由贸易区、热那亚自由区等。利用其优越的航运和地理条件等区位优势，将港区设为自由港，进行货物的集散转运，并将发展目标定位为贸易枢纽。以巴拿马科隆自贸区为例，巴拿马科隆市位于巴拿马运河的大西洋入海口，扼守南美、北美、欧洲的转口通道，优越的区位使科隆港口具有经营转口贸易的天然优势。

第二种是出口加工兼容物流集散模式。该模式的主体功能是发展以出口为导向的制造业。以一些加工制造业国家和地区的自由贸易园区为代表。比如爱尔兰香农自贸区、菲律宾出口加工区等。该模式在二战以后在发展中国家蓬勃发展，作为承接国际产业转移的重要基地，多数亚非等发展中国家的自由贸易园区主要以从事加工为主，以转口贸易、国际贸易、仓储运输服务为辅。当然发达国家同样也存在此种模式，比如香农自贸区。在建设初期，香农自贸区的主要功能是以简单的出口加工业为主，产业包括收音机、电器仪表、钢琴、纺织机械制造等；到 20 世纪七八十年代，开始倾向技术密集型

---

① 《关于自由区的附约》对“自由区”定义的注释部分作了进一步解释。运入商业自由区的货物系供以后进行处理的，至于加工或制造通常是禁止的。运入工业自由区的货物可以进行经核准的加工作业。

工业制造转变；20 世纪 90 年代以后，现代服务业、信息技术产业开始迅速发展。①

第三种是贸工结合、以贸为主的发展模式。此种模式以某些美国对外贸易区、中国台湾高雄自贸区为代表，主要功能是以从事进出口贸易为主，兼从事一些简单的加工和装配制造，区内严禁进行零售贸易活动。以美国的对外贸易区为例，对外贸易区分为主区（或通用区）和分区（或次区域），两者在产生方式、地理区位、空间形式以及功能定位上各有特点。某些对外贸易区利用便捷的物流方式和便利措施开展商贸流通，但同时也兼有保税仓库、加工制造等功能。

第四种是保税仓储模式。此种模式的自贸区主要以仓储及保税为主，免除外国货物进出口手续，较长时间处于保税状态，例如罗马保税仓库和荷兰阿姆斯特丹港自由贸易区等。此种模式易成为大型商户对全球出口的分销中心。

第五种是商业零售型模式。此模式的主要功能是零售，以智利伊基克自由贸易区为代表。经过 40 多年发展，该自由区已成为本国乃至南美最大的商品集散地，是智利北部唯一的免税商业购物中心，商品销售至智利本国以及多个周边国家。该自贸区的特点是区内有批发贸易中心和零售商业区，允许在自贸区内开展零售业务。该区域设立了三个展示零售厅，用于外国货物的展示和零售。消费者在展示零售厅内可任意购买，但须支付 6%的消费税。购买的货物如带出国或仅在伊基克布所在的第一行政大区使用，没有关税。② 该自贸区在 20 年间领军智利，名扬国内外。

第六种是综合发展模式。此模式的主要功能包括了上述各种自贸区发展模式，以新加坡和中国香港为代表。能够建立综合发展型自贸区的经济体一般都是市场高度开放、贸易高度便利的国家或地区，因此对于在自贸区内的

① 夏瑾瑶、付磊、马小晶《自由贸易区国际案例研究》，《自由贸易区规划研究》，2014 年，第 48—55 页。

② 张娟《深度剖析——智利伊基克自由贸易区》，《国际市场》2014 年第 3 期，第 36 页。

外国产品原则上都不征收关税，无论是供当地消费或是转口输出。

2. 按专注产业区分

按照所关注的产业类型，各经济体自贸区可以分为两类。一类是综合性的或多元化的产业领域模式。此种模式下，自贸区不专注某一或某些产业，而是根据园区的比较优势，促进园区内多元化的产业发展。比如中国香港自贸区。

第二类是单个领域专业集聚模式。在实践中，一些国家根据自身的产业发展需求，往往单独针对某个需要重点发展的产业划定区域设置单个产业聚集的自由贸易园区。如日本北海道食品国际战略综合特区①，该自贸区的设立目标是建成与荷兰相媲美的世界级食品出口基地。再如尼日利亚石油天然气自由贸易园区和提纳帕旅游自由区，② 前者全力聚焦天然气产业，力争打造西非的迪拜，后者大力发展和扶持旅游产业，规定外国人来园区休闲度假无须办理签证，并且在园区内经营零售商业同样享受其他企业的免税待遇，在区内购买个人消费品无须缴纳关税，进入尼日利亚关境时也无须补交。③

3. 从覆盖区域区分

第一种是港城融合发展模式。自贸区将所在城市全部划入，该模式以中国香港、新加坡为代表。园区由若干工业区组成，兼具转口贸易、出口加工及金融、商业、旅游等多种功能。园区内居民可享受免税进口消费品。

第二种是港城分离发展模式。自贸区将所在城市的一部分划入，以汉堡为代表。对于此类区域，只有将外国商品运入这一区域才能享有免税等优惠

---

① 日本的自由贸易园区又称为国家战略特区，日本战略特区地域分布非常广阔，从北海道一直延伸到九州岛，范围涵盖东京大都市圈，还有日本最主要的科创中心筑波以及航空航天产业集聚带等，总共有七个特色产业区。参见陈建勋：《日本战略特区对上海自贸区建设的启示》，《浦东开发》，2016 年 9 月。

② 尼日利亚自由贸易园区就分为一般自由贸易园区和专业自由贸易园区两类。参见李志鹏：《中国建设自由贸易园区内涵和发展模式探索》，《国际贸易》2013 年第 7 期，第 4 页。

③ 李志鹏《中国建设自由贸易园区内涵和发展模式探索》，《国际贸易》2013 年第 7 期，第 4 页。

待遇，并不受海关监督。该模式通常都不允许居民居住、生活、娱乐，并不可享受免税进口消费品。比如，美国对外贸易区在区内不允许有人居住，除非委员会认为联邦、州或市政府官员或机构居住区内有必要者。凡是进区的所有人员都要受到委员会或对外贸易区经营者所公布的条例约束。

第三种是跨境园区发展模式。这种模式下相互接壤的国家或地区在形成合作共事的前提下，依相互间条约共同划出相应面积的接壤土地，整合成一个相对封闭的空间，建立自贸园区，比如美墨边境马魁拉多工业园区即是一种典型的跨境园区。

第四种是主副园区发展模式。少数自由贸易园区由于空间以及产业布局的需要，对园区采用主副园区的发展模式。比如，美国的对外贸易园区，其允许为特别用途的企业建立对外贸易区的“分区”或“专用区”（subzone）。[①]

4. 从运营主体区分

自贸园区的运营主体既可以是中央政府直属的分支机构，也可以是地方政府或是其派出机构；既可以由政府机构来运营，也可以由企业来申请运作；既可以由本国主体来运营，也可以由别国主体来进行运营。

（三）各国自由贸易园区的设立特征

1. 具有优良的区位优势和较好的市场接近程度

国外建立自贸区的选址大多位于海港、空港毗邻区等具有便利地理区位的地方，这样做的目的是为了降低国际贸易的运输和监管成本，促进货物进出口。以美国为例，美国自贸区的地点均位于美国海关及边防局（CBP）的报关港内及毗邻区域——距美国海关及边防局的报关港外围 60 英里（约

---

① 美国的自贸区分为两类：总区和分区。前者由多个企业共用，后者为单一企业专用。总区、分区制度是美国对外贸易区的一大特色。分区的设计提升了对外贸易区的灵活性，使一些因用地成本、环保、固定投资较大等原因不宜落户于总区的企业也可利用对外贸易区的政策优势。参见韩永红：《国外主要自由贸易园区及其法律规制——评析与启示》，《政法学刊》2015 年第 4 期，第 35 页。

96.56公里）或90分钟车程以内的区域。[①] 比如美国芝加哥对外贸易区因地制宜，建设在卡鲁梅特湖畔和奥黑尔国际机场旁，覆盖以芝加哥市为中心半径60英里的区域，包括2个总区和12个分区。芝加哥对外贸易区的地理区位优越，除了临近港口和国际机场外，还与多条主要铁路和高速公路相连。新加坡[②]和中国香港本来就是港口国家或城市，其自贸区的选址也是在便利海上货物运输的海港内或毗邻海港区，以及便利航空货物运输的国际机场。韩国釜山自贸区同样如此，其所在的釜山港是韩国最主要的天然港口和连接日本和韩国济州岛的航运码头。

因此，纵观国外大多数自由贸易区，都与航海、航空、公路或铁路等重要交通线路相连，拥有国际机场或重要港口，物流便捷，交通方便。这些使得园区内企业能够便捷地开展国际贸易，可以极为便利地获得贸易所需货物、人员、信息等，也可以将这些要素迅速地运达贸易所需地。

值得注意的是，并非优越的地理区位只能是港口或临海地区，有些国家基于多种多样的自贸区设立的战略定位（如解决地区经济发展不平衡的问题），将自贸区设立于远离海岸的内陆腹地。比如我国重庆、四川、河南、陕西等自贸园区，国外如巴西的玛瑙斯自由贸易区[③]等等。但是，尽管设立于内陆腹地，为了吸引外资，促进地区经济发展，这些自贸区的交通和其他基础设施也都比较完善，因为这是贸易便利的基本要素之一。

2. 以促进经济发展为基本目标

---

① 如果申请设立的分区处于海关及边防局报关港60英里或驾车90分钟里程之外，也可能获得批准，但需分区经营者和海关与边防局合作确保监管措施到位。参见韩永红：《国外主要自由贸易园区及其法律规制——评析与启示》，《政法学刊》2015年第4期，第35页。

② 新加坡具有天然的地理优势，其地处扼守马六甲海峡和新加坡海峡的重要战略要塞。1819年英国人莱佛士登陆以后便决定把这一优良的深水港开辟成完全自由的港口。独立后，新加坡以自由贸易港立国，并依赖转口贸易发展出炼化、船舶修造、电子电器等众多优势产业。

③ 位于巴西亚马孙州首府玛瑙斯市。玛瑙斯市位于亚马孙森林腹地，到首都巴西利亚直线距离2200公里，到圣保罗直线距离2700公里。目前该自贸区已发展成为拉丁美洲规模最大和发展最为全面的自贸区之一。

国外自贸区的设立并非都类似于我国自贸试验区的“先行先试”“制度创新”“体制改革”或者“京津冀协同发展”等战略定位，但这些自贸区均以获取经济利益为基本目标，尽管会有所侧重。

美国自贸区的设立与发展源于1934年。为应对当时经济的大萧条，美国试图通过建立自由贸易区来促进和鼓励对外贸易、工业发展，并增加就业。[①]由于政府的鼓励和政策的支持，目前，美国共建有250多个自贸区和500多个分区。政府通过设立自贸区为美国本土企业降低贸易各环节的相关成本，提升其包括价格竞争优势在内的国际竞争力。与此同时，设立自贸区还可以吸引外国投资，促进美国本土制造业的发展，以创造更多的就业机会。

新加坡和中国香港是世界知名的转口贸易地，由于地理区域的优越，与美国不同，其设立自贸区的目的主要是为了促进转口贸易，并带动仓储、运输、旅游、金融等产业的发展，帮助两地成为贸易中心、金融中心和物流中心，以带动整体经济的发展。

巴西属于发展中国家，经济发展水平较低，而且地区发展不平衡。巴西最著名的自贸区是玛瑙斯自贸区，其设立目标与大多数发展中国家自贸区类似，即通过吸引外资促进当地（亚马孙地区）的经济发展。玛瑙斯自贸区的发展过程也是巴西逐渐加快对外开放的过程，以及促进贸易便利化的过程。为了引进外资、促进加工和其他工业制造业发展以及增加就业机会，除了烟酒、汽车、化妆品以及武器等有限的消费品或其他商品外，其他外国商品一律可以免税进入自贸区。另外，巴西玛瑙斯自贸区逐渐成为一个庞大的免税超级市场和购物中心，本国的游客可以免税带出在自贸区采购的商品。此举对玛瑙斯自贸区的初期基础设施建设和当地投资者的资本积累都起到了很大的作用，从而为该自贸区的成功奠定了基础。1976年，巴西联邦政府通过了一项行政法规，该法规对离开玛瑙斯自贸区的游客行李限额作了规定，此举在一定程度上减少了纯购物目的的客流，从而将玛瑙斯自贸区的发展重心转

① 夏瑾瑶、付磊、马小晶《自由贸易区国际案例研究》，《自由贸易区规划研究》，2014年，第48—55页。

为工业区建设。截至 2013 年，玛瑙斯自贸区共创造了约 14 万个工作岗位，其中西亚马孙地区有约 10 万个工作岗位与玛瑙斯自贸区直接相关。最近 3 年玛瑙斯自贸区内新获批了 126 个项目，提供了 52000 个新工作岗位。①

3. 在信用分级的基础上以企业为监管对象

不同于传统的海关监管模式，国外成熟的自贸区从传统的以货物为监管对象转换为以企业为监管对象。主要就是以企业为监管单元，利用风险管理方式，在信用分级的基础上据企业信誉实行松紧有别的监管。具体来说，海关根据企业以往的通关记录，对企业进行信誉分级，实施分级监管和以对账目的监管代替对实物的监管。如在香港自由贸易区，据货主以往的记录来决定对其进出口货物是否放行或抽检。荷兰的鹿特丹港则对企业实行定期检查，企业的信誉越好，检查的时间间隔越长，检查越少，且主要以对仓储文件的监管来代替对货物实物的监管，只有必要时才进行实物盘查。②

与之相对应，自贸区海关监管的重点放在企业仓库，以免影响其装运业务或生产作业。

4. 在贸易、投资、金融等领域实行自由政策

为了促进国际贸易的发展，国外自贸区均在贸易、投资、金融等领域实行自由政策，以降低自贸区内企业的生产和经营成本，吸引投资。

贸易便利化方面，除由成文法明文禁止的货物外③，其他货物均可自由进入自贸区。在自贸区内，企业有充分的生产和经营自由，包括制造、包装、存储、运输、转运、安装、销售、分拣、混合等等。自贸区一般都实行关税和国内税优惠措施，比如原材料和设备进口免税，货物转口零关税的政策，并且实施较低的企业所得税和个人所得税等优惠税收政策。另外，在海关手

① 参见韩永红：《国外主要自由贸易园区及其法律规制——评析与启示》，《政法学刊》2015 年第 4 期，第 35 页。

② 刘水林《中国（上海）自由贸易试验区的监管法律制度设计》，《法学》2013 年第 11 期，第 116 页。

③ 国外自贸区一般为基于国家安全、社会公共利益和文化原因，禁止进口某些种类的货物。如巴西玛瑙斯自贸区法规规定，除武器、弹药、烟酒、小汽车、香水、奢侈品和化妆品外，其他外国商品一律可以免税进口。

续方面，许多贸易便利化的制度在普及和推广，比如“单一窗口制度”“AOE企业认证制度”“贸易安全风险控制制度”“海关担保制度”等等。以美国对外贸易区贸易便利化为例，区内实行诸如延迟缴纳进口关税之类的税收减免政策，企业可在支付原料税率和支付成品税率之间进行选择，以获得更低支付。在国际退货情况下，企业亦无须承担进口关税。采取多种税收优惠政策，对再出口商品的关税豁免。自贸区内的企业不必向所在的州或地方缴纳库存税。搭建信息共享平台，提供一站式服务。精简海关监管模式，采取便捷的监管方式。

新加坡自贸区同样如此，自贸区对除汽车、石油产品、烟酒等之外的其他进口商品不征收关税。商品如不会供应新加坡国内市场，则会被免除消费税。关税递延方面，新加坡自贸区同美国对外贸易区一样，都适用于进口至自贸区并再出口或转运的商品。自贸区对进出口的常规货物和集装箱货物提供优惠力度非常大的免费仓储服务（72 小时），如果该商品转运或再出口，那么免费仓储时间延长到 140 天。新加坡税制简单，个人和企业的税费水平都很低，且不征收遗产税，是众多企业愿意投资新加坡的重要原因。新加坡对内外资企业实行统一的企业所得税政策，自 2010 年起，所得税税率调整为 17%，并且所有企业可享受前 30 万新元（约合 24 万美元）应税所得的部分免税待遇；居民个人所得税率也为 0%至 20%的超额累进税率。除此以外，新加坡政府还适时推出系列税收优惠政策助推该国贸易相关行业的发展。国内税制简单，对内外资企业实行统一的企业所得税政策，来自岸外公司的红利收入免征所得税。①

投资方面，韩国为吸引外商投资，规定市长和道知事必要时可在韩国外商投资委员会审议后指定外国投资者有意向投资的区域为外商投资区。如有必要，外商投资区可开发成地方产业综合体。同时在外商投资区及在韩国境内将外国人投资方式改为申报投资，并实施外商投资自由化原则。除韩国相

---

① 参见《新加坡：自贸区助推整体经济升级》，http://world.cankaoxiaoxi.com/2014/0514/388197_2.shtml，2017 年 3 月 10 日。

关法律有特别规定外①，外国人可不受限制地在韩国国内开展各类投资业务。新加坡实施全方位的投资开放和优惠政策。对外商投资限制很少，完全开放商业、外贸、租赁、直销广告、电信市场。同时新加坡政府大力鼓励企业“走出去”，实施海外企业奖励计划，并通过企业基金、国际贷款计划等对企业进行融资支持。

国外自贸区一般都实行金融便利化政策，金融是经济的血液，金融的便利化有利于投融资、金融、保险等金融活动的繁荣，也有利于提高贸易活动中资金的周转速度，降低资金成本和汇率风险，同时也给各国的人员在自由贸易区内的生活提供了便利。大多国外自贸区都实施外汇自由管理制度，以及自由程度很高的金融自由政策。以新加坡为例，从 1968 年起，新加坡就开始逐步放宽外汇管制，并在 1978 年全面取消了外汇管制。外汇管制的取消使新加坡能够快速地建立多边结算体系，提高了出口企业的创汇积极性，提升了贸易自由度。

5. 实行境内关外的海关监管制度

世界上成功的自由贸易区监管的基本原则可概括为：“一线放开、二线管住、区内自由（有称区内最低干预）。”所谓“一线”，是指自由贸易区与境外的通道口或连接线。“一线放开”② 是指除基于国家安全、社会公共利益、文化等原因排除在外的个别货物外，境外的所有货物可以免税、不受海关监管地自由进入自贸区，自贸区内的货物也可以免税、不受海关监管地运出境外。

---

① 除外的情况包括：对国家安全和公共秩序造成威胁的；对公共卫生或环境造成破坏的，或有违社会公德和败坏社会风俗的；韩国法律及其法规、公告中允许相关行政机关首长限制外商投资的。参见《韩国外商投资促进法》第 4 条。

② “一线”原则上自由，并非完全不受海关监管，但海关监管受到以下限制：第一，从境外运入自由贸易区的货物如有必要向海关交验单证时，仅限于出示载明货物主要项目的商业或官方单证以及确认单证与货物具有一致性和合法性。第二，海关对运入自由贸易区的货物不应要求出具担保。第三，海关禁止或限制从境外运入自由贸易区的货物其理由必须限于以下情况，即维护公共道德或治安的需要，公共保健或卫生的需要，实行动植物检疫的需要，保护专利、商标权和版权的需要。也就是说除这几种情况外，海关不得以禁止或限制为由拒绝货物运入自由贸易区。参见刘水林：《中国（上海）自由贸易试验区的监管法律制度设计》，《法学》2013 年第 11 期，第 116 页。

所谓“二线”是指自由贸易区与境内的通道口或连接线。“二线管住”就是指货物从自由贸易区进入国内非自由贸易区或货物从国内非自由贸易区进入自由贸易区时，必须依据本国海关法的相关规定接受海关监管，并征收相应的关税。“区内自由”即区内不干预，是指在区内的货物可以进行任何形式的储存、展览、组装、制造和加工，自由流动和买卖，这些活动无须海关批准，只需备案。①

6. 独立、权威的监管机关

按照现代规制理论，良好的规制（监管）需要权威的监管机关，正因为如此，国外的自由贸易区都设有独立性、权威性的管理机构。②以世界上有代表性的四个自由贸易区（或港区），即美国纽约港自由贸易区、荷兰阿姆斯特丹港自由贸易区、德国汉堡港自由港区，以及阿联酋迪拜港自由港区为例，四国在自由贸易区管理机构的授权上大体相近，都是港区合一。“成立经联邦政府授权的专门机构，负责管理和协调自由贸易区的整体事务，投资建设必要的基础设施，有权审批项目立项。特别是着眼于自由贸易区与城市功能的相互促进，超前进行整体规划和建设，极富特色和成效，带动了周边城市经济发展，尤其是在金融、保险、商贸、中介等第三产业发展上成效显著。”③

二、全球先进自贸区及其立法模式

目前，随着自贸区建立和监管的理论基础与实践经验日益扎实和丰富，世界多数发达国家均已建立了各具本国特色的自贸区。其中尤以美国和新加坡的自贸区发展更为成熟和先进。美国无疑是世界经济大国，根据近十年世界经济论坛每年公布的《全球贸易促进报告》，美国的贸易促进指数全球排名第13—16位，贸易便利化水平较高。新加坡也凭借完善的自贸区贸易便利化

①② 刘水林《中国（上海）自由贸易试验区的监管法律制度设计》，《法学》2013年第11期，第116页。

③ 仇燕芋、宣昌勇《国外自由贸易区的发展对我国保税区转型的启示》，《云南财贸学院学报》（社会科学版）2007年第1期，第25页。

制度，在《全球贸易促进报告》中第五次排名第一。[①] 两国日臻完善的自贸区立法，以及在建立自贸区的道路上积累的丰富经验，对我国自贸区法律制度建设以及管理模式构建将起到重要的借鉴作用。限于篇幅，本章就国外自贸园区便利化制度进行研究时，仅主要就美国和新加坡两国的情况进行分析。

（一）美国对外贸易区

1. 美国对外贸易区概况

在世界各国各具特色的自贸区中，美国的自由贸易区（被称为对外贸易区）是最成功的自由贸易区之一。早在 1894 年美国就开始关注对外贸易区的立法，但是由于受美国国会中的贸易保护主义思想阻碍，自贸区建设并未实际展开。为了消除《斯穆特——霍利关税法案》阻碍对外贸易的负面影响以及重振 1929 年“大衰退”之后的美国经济，1934 年美国国会通过了《对外贸易区法案》，并于 1936 年 1 月 30 日由对外贸易区委员会授权在纽约成立了第一个对外贸易区。在此之后，《1934 年互惠贸易法》授权总统在对外贸易方面更大的自主权，比如无须国会批准可通过对外谈判将某类产品的关税最多降低 50%。二战之后，国际贸易逐渐进入美国所推动的 GATT/WTO 多边贸易体制，双边和多边的贸易自由化努力使得各国（地区）的贸易壁垒日益减少，客观上降低了美国对外贸易区在关税上的吸引力，美国对外贸易区的发展缓慢。

时代更迭，一些国际国内因素促使美国对外贸易区发展速度加快。国际方面，科学技术的发展和国际分工的细化促进了生产全球化，国际价格竞争日趋激烈，设立自贸区可以使美国企业节省制造成本，主动参与全球贸易链；国内方面，美国对外贸易区的变革性立法增强了市场主体进入自贸区的吸引力，例如国会通过《1950 年 6 月 17 日法》（“博格斯修正案”）授权在对外贸

① 根据《全球贸易促进报告 2016》，2016 年，新加坡第五次在贸易促进指数的排行中位列第一。归其原因，《报告》指出，首先，新加坡的国内市场被评价为全球最开放的市场之一，99.7%的外国货物可以免税入境；其次，新加坡的海关效率和通关程序也是全球最好的，不像其他经济体的海关管理好似贸易的绊脚石；再次，新加坡有良好的交通运输服务和总体社会政治环境，包括极其高效和受人信赖的公共机构。

易区内开展制造与展示业务，改变了原先区内只能“加工”，不能“制造”或“展示”的规则。此外，美国财政部分别于1980年和1982年出台了两项行政决定，澄清了区内的制造商不用支付与进口商品有关的增值税或代理、运输费用。更值得一提的是，1999年原《对外贸易区法案》经过修订，允许特定企业专门建立对外贸易区分区（也译作“子区”或“辅区”）进行加工制造。美国对外贸易区主区和分区模式的最大优势主要包括两点：一是开放性，凡是公共或公益性公司均可申请设立对外贸易区主区，同时在地理区域上只要在90分钟车程以内有海关机构的地方就可以申请设立；二是灵活性，主区和分区都有完备的准入和退出机制，即可暂时“休眠”（停止运营），直至“终止”（完全取消），又可根据需要在一定期限内重新“激活”（恢复运营管理），从而消除了对外贸易区的“闲置”或“不足”等不经济状态，实现了对外贸易区发展的动态自由配置。① 美国的上述立法和行政规定促使美国自由贸易区数量激增，经济效益也明显看好。②

美国商务部属下的对外贸易区委员会负责对外贸易区的运作管理，其授权的对外贸易区营运商负责承担必要的区域管理，比如对区内货物的票据、样本、生产、安全存储等情况进行监管。而美国海关与边境局主要负责促进发挥对外贸易区的功能，对区域实施保护，控制应纳税商品进出，保护税收，保证不存在逃税或违反美国法律法规的进出口商品，并保证免于恐怖活动。③

法律性质上讲，美国对外贸易区属于缴纳关税意义上的境内关外区域，除此之外，它属于境内关内，且这个“关”指的是一般关税法律适用的范围。④ 我国很多学者主张对外贸易区是境内关外的典型代表，这个“关”指的

① 陆夏《世界自由贸易园区的历史沿革与现状》，《政策》2016年12月，第36页。

② 姜作利《美国发展对外贸易区的经验与启示》，《山东师范大学学报》（人文社会科学版）2014年第2期，第99页。

③ 匡增杰《加快推进中国（上海）自由贸易试验区海关监管制度创新：贸易便利化视角》，转引自于春晖主编：《中国（上海）自由贸易试验区海关监管与制度改革发展报告》，法律出版社，2016年，第119页。

④ 《联邦行政法规》第19卷第146.1明确规定，“海关关境”是指美国一般关税法律所适用的美国领土。

是海关法律适用的领域，这种理解存在误区。事实上任何一国的海关法律制度的范围都远远大于关税法律制度。① 美国对外贸易区设立的目标在于降低美国本土企业的生产、交易和物流等相关成本，提升其国际竞争力。另一方面也借此激励企业将制造环节留在美国，从而创造更多本土就业机会并吸引国外投资。② 因此，美国对外贸易区的性质定位十分明确，即明确以放松监管、加快各种要素的流动与传递为自贸区服务的核心。

2. 美国对外贸易区的立法模式

美国设立对外贸易区的做法与国际惯例相符，都是先立法后设区。③ 在漫长的发展过程中，逐步形成了以《1934 年对外贸易区法》为核心，以行政法规、州与地方法律法规、联邦判例法、海关国际条约等为补充的多层次严密法律体系。

从法律层面上讲，主要依靠作为美国自贸区基本法的《1934 年对外贸易区法》和其他相关海关法律。《1934 年对外贸易区法》是对外贸易区的联邦专门立法，依美国法律编纂的惯常做法，被编入《美国法典》（Unites States Code，缩写为 U. S. C.）第 19 卷“关税”第 1A 章第 81 条（a）款至 81（u）款，内容涉及相关定义、对外贸易区的设立、入区货物海关法律的例外、出入区的船舶和沿海贸易、设区与扩区的申请与批准、对外贸易区委员会的规则制定、委员会同其他机构间的合作、设施维护、对外贸易区的居民、授予权的转让和撤销等。迄今美国的《对外贸易区法》已前后修订了 10 次，以不断拓展对外贸易区的功能和改进自贸区的管理体系。④ 比如 1950 年 6 月 17 日

① 周阳《美国对外贸易区法律问题研究》，法律出版社，2015 年，第 16—19 页，转引自马敏：《从美新自由贸易园区立法看中国自贸区立法的改进》，《黑龙江政法管理干部学院学报》2016 年第 3 期，第 113 页。

② 韩永红《国外主要自由贸易园区及其法律规制——评析与启示》，《政法学刊》2015 年第 4 期，第 35 页。

③ 武康平、吴蓉《自由贸易区功能特征与法律保障》，经济科学出版社，2004 年，第 235 页。

④ 韩永红《国外主要自由贸易园区及其法律规制——评析与启示》，《政法学刊》2015 年第 4 期，第 35 页。

美国国会通过"博格斯修正案"授权在对外贸易区内开展制造与展示业务；1999年，美国国会再次修订《对外贸易区法》，允许为特定企业（如汽车制造、石油精炼）专门建立对外贸易区分区（特殊目的分区，Special－Purpose Subzones）[①]，以进一步鼓励区内的加工制造项目。U.S.C.第19卷除了收录《对外贸易区法》之外，还包括其他海关法律。除非另有规定，通常情况下其他海关法律在对外贸易区内并不适用。然而，对于那些被许可通过关境运入对外贸易区或者自对外贸易区内输出的货物而言，却是适用的。其他适用于对外贸易区的海关法律还有《美国法典》第18卷"犯罪与刑事程序"第541—552条。

在联邦行政法规方面，适用于对外贸易区的主要是《联邦行政规则法典》（Code of Federal Regulations，缩写为CFR）第15卷"商业与对外贸易"第400部分，以及第19卷"关税"第146部分。前者共包括7节内容，主要规定了对外贸易区委员会的权力、对外贸易区主区与分区的设置条件与申请的审批、区内公共设施的运营以及处罚和申诉等内容；后者分为8节，主要内容包括作为对外贸易区委员会代表的口岸海关关长、海关监督、经营人的责任与监督、启用的程序，货物入区的许可、存放、查验、经营人许可的责任，以及货物在区内的四种不同的地位等等。

在判例法方面，基于专业性的考虑，"康诺克公司诉美国对外贸易区委员会案"和"迈阿密自由区公司诉对外贸易区委员会案"确立了美国国际贸易法院（CIT）对于美国对外贸易区案件的专属管辖权。[②] 联邦巡回上诉法院是二审法院。它们有关对外贸易区事务的判例构成了对外贸易区监管和运营活动的法律渊源，成为对外贸易区法律制度的组成部分。

---

① 分区主要为单一企业的所有或部分活动专门设立，通常情况下，企业在与美国海关保持直接联系的前提下，自己作为"营业者"管理分区的事宜。分区一般是为企业的单一行为提供的，不得与总区进行合并管理。参见姜作利：《美国发展对外贸易区的经验与启示》，《山东师范大学学报》（人文社会科学版）2014年第2期，第99页。

② Scott H. Segal，Stephen J. Orava，*Playing the Zone and Controlling the Board*：*The Emerging Jurisdictional Consensus and the Court of International Trade*，44 Am. U. L. Rev. 2393，1995.

在国际条约方面，与对外贸易区有关的国际条约主要是两大全球海关条约，即《关于简化和协调海关制度的公约》与《商品名称及编码协调制度的国际公约》。修改后的《京都公约》议定书及其文本于 2006 年 2 月 3 日正式生效。美国于 2005 年 12 月 6 日正式加入该公约。《京都公约》专项附约 D 第二章是关于“自由区”的制度，是美国对外贸易区的立法中最重要的国际法渊源。《商品名称与编码协调制度的国际公约》及其附件于 1988 年 1 月 1 日正式实施。美国于 1988 年 10 月 31 日加入公约，1989 年 1 月 1 日起正式实施该公约。[①] 此外，美国缔结或参加的许多双边贸易协定中也有关于对外贸易区的规定，通过立法转发的方式纳入在 U. S. C. 第 19 卷第 1A 章第 81 条（c）款（a）项中。

总的来讲，美国对外贸易区的立法体系较为完整和严密，从立法模式的角度看，呈现出一条从早期“变革性立法”到后期“自治性立法”逐步转型的进程。虽然近些年来美国在全球化进程中的主导地位有所下降，发展中国家和新兴经济体在国际贸易格局中的地位日益凸显，但包括美国对外贸易区制度在内的美国法仍然对自贸区国际法治有较大的渗透和影响力，当然也对中国自贸区的立法有宏观和整体层面上的借鉴意义。

（二）新加坡自由贸易园区

1. 新加坡自由贸易区概况

凭借优越的地理位置，新加坡有 500 多条航线连接世界 600 多个港口，成为亚太地区重要的航运中心。自 1959 年独立之后，为了保持海港的贸易活力，新加坡将自身功能定位于国际自由港，把应征关税的商品项目和关税税率控制在合适的范围之内。1966 年新加坡国会颁布了“自由贸易区条例”，并于 1969 年在裕廊工业区的裕廊码头内划设了第一个自贸区，之后又陆续开辟了七个自贸区，这些自贸区分别由新加坡港务集团有限公司、裕廊海港私人有限公司和樟宜机场集团管理。除了新加坡樟宜国际机场是空运货物自贸区

① 周阳《论美国对外贸易区的立法及其对我国的启示》，《社会科学》2014 年第 10 期，第 90 页。

外，其他七个自贸区属于海运货物自贸区。新加坡的自由贸易区并非单纯依靠关税优惠来吸引外资进行加工制造的生产基地，而主要是通过便利的地理区位、免税区[①]的政策红利以及国际金融中心地位[②]等几大特殊优势而成为世界知名的自由贸易区。

新加坡自贸区的政府管理体制是典型的双层级管理模式，即中央政府和自贸区内特定企业进行管理。中央政府负责宏观规划、自贸区设立、指定经营管理机构等，发挥引领规划作用；区内日常经营则由区内企业负责。新加坡自贸区属于自由港型自由贸易区域，具有以下几个特点：第一，税负低、税制简易。[③] 2008 年在全球 178 个国家中，交税简易度新加坡仅次于马尔代夫，排名第二。新加坡于 2001 年 6 月推出的全球贸易商计划，对政府批准的“国际贸易商”给予 5—10 年的税率为 5％或 10％的企业所得税优惠。在最少税务国家排名榜上新加坡位列前 10 名。公司每年平均只需办理 5 项税务，处理税务工作仅需花 49 个小时。新加坡为吸引航运企业集聚也推出了诸多特殊优惠政策，如船舶注册登记制度、国际船运企业优惠、新加坡海事金融优惠计划、核准船务物流企业计划、核准国际船务企业计划等。第二，货物贸易以转口贸易为主。由于国内市场小、需求低，超过 80％的货物要转口运往世界其他地方，因此转口贸易是新加坡自贸区的一大特点。作为转口贸易的重要区域，新加坡自贸区对区内企业和货物实行“一线放开，二线管住，区内

---

① 新加坡自贸区政策规定，当外国货物首次进口入区时可以暂免缴纳消费税，一直到该货物进入海关区域，在新加坡国内市场销售时才会被征收消费税。

② 1968 年，新加坡抓住欧洲货币市场对美元需求大增的时机，创建亚洲美元市场（亚太地区，特别是新加坡国际银行从事境外美元及其他可兑换货币的存贷款业务的市场），对待外国商务实行自由主义的门户开放政策，为其提供逃逸货币的庇护所。经过三十几年的改革发展，加上一同发展的外汇市场和证券市场，渐进的金融自由化模式促使新加坡成为亚太地区最成熟的金融中心之一，为自贸区的发展奠定了金融基础。参见冯臣：《新加坡自贸区启示录》，《现代国企研究》2017 年 5 月，第 81 页。

③ 参见郑燕：《新加坡模式的经验及其对上海自贸区建设启示》，《商业经济研究》2015 年第 10 期，第 38 页。

自由”① 的贸易便利化政策。同时，为那些利用新加坡作为再出口的公司提供便利，即如果公司自区内再出口，可以享受缓缴消费税的待遇，从而省掉了向新加坡以外的地方出口时申请退还已缴消费税的时间和金钱成本。第三，高效的物流体系和完善的基础设施。新加坡是全球最先启动国际贸易单一窗口的国家，从 1984 年开始推出的港口网（PortNet，连接相关卡车运输业和货主集装箱中转站、船舶公司或其代理行、政府职能部门等，使港口用户获得集装箱实时跟踪、起重机布置、指定泊位、预订舱位、货物在港所处的状态、舱位安排、船只进出港等信息），到 1989 年建立贸易网（TradeNet，全球首次用于贸易文件综合处理的全国性电子数据交换网络，链接 35 个公共部门组织和贸易社区，形成为企业服务的单一窗口），再到 2007 年推出 TradeXchange（TradeNet 的升级版，是中立、安全的交易平台，能够方便商业、企业及政府部门之间咨询交流，且可接入港口网、贸易网、货运社区网、裕廊海港互联网和官方港务网，以及链接其他用户增值服务系统，提供整个供应链的无缝信息交换）②，持续投资于基础设施建设及广泛应用先进技术使新加坡始终保持竞争力。

新加坡自贸区拥有现代化海港和空港支持体系，自由通航、自由贸易，境外货物和资金自由流通、大部分货物免征关税、暂缓缴纳消费税以及高效的海关通关程序等诸多贸易便利化优势。尽管新加坡自贸区也存在人力成本、运输成本等物流成本相对比较高，国内消费市场小、内需动力不足等弊端，但相对于美国对外贸易区和其他类型的自贸区，新加坡自贸区的自由化程度更高，是世界著名的自由港型自由贸易区。

---

① “一线放开”就是区内进出货物一线完全放开，海关无检验；“二线管住”是指海关虽然依法对进出非自由贸易区的货物检查和征收关税，但尽量做到减少或最低限度地开箱验货甚至不开箱验货。而所谓“区内自由”，就是海关对自贸区内货物的储存、展览、分级、组装、挑选、分装、制造和再加工，任其自由流动、买卖并不干预，同时外币可自由兑换及出入。

② 孙浩《对标国际，促进上海自贸区国际贸易单一窗口发展》，转引自干春晖主编：《中国（上海）自由贸易试验区海关监管与制度改革发展报告》，法律出版社，2016 年，第 40 页。

2. 新加坡自由贸易区的立法模式

新加坡能够成为全球著名的国际贸易中心和第四大国际金融中心，主要得益于政府所致力推行的经贸自由、航运自由、金融自由的国家经济政策，重要的表现之一即是自由区的设立、发展和逐渐成熟。至今稳健高效运营的自贸区离不开较为完备的自贸区法律制度，其中1965年《自由贸易区法》[①]是新加坡现行自贸区法律制度中最为重要的国家层面立法和核心法律。该法共分为七个部分，二十四项条款，重点是第二和第三部分。第二部分是该法的核心，对自贸区允许开展的经营活动进行了规定（第5至第10条），包括可在区内进行交易和处置的货物、可在区内处理或制造货物的条件、关税的计算、零售贸易和使用消费应税货物以及制造业务的禁止等。上述规定体现了自贸区对于加工制造业有着较为严格的限制，原因在于自贸区的主要功能是以贸易为中心的仓储和物流，加工业务主要在新加坡工业园区进行，从产业发展的整体功能定位、合理分工、提升效率等视角考量，新加坡政府现对于区内加工制造业依然有较多的约束和限制。[②] 第三部分有关行政机关的职责和功能（第11—14条），规定了行政机关提供相关设施的义务、特殊情况下排除区内特定货物和经营、提交年度报告等内容。该职责和功能部分的规定很详细，突出体现了政府提供设施的服务角色定位。此外，1969年颁布的《自由贸易区条例》细化了《自由贸易区法》的重要内容。《自由贸易区条例》主要有7条，规定了安保问题、行政机关设施维护的补充说明、非法建筑物类型的划分、不可转移的应税货物种类、运营记录保存、区内自然人出入等。

新加坡政府秉持“小政府”的理念，除了上述《自由贸易区法》和《自

---

① 该法是新加坡实施自由贸易区的专门性立法，该法对新加坡自贸区的功能、优惠政策、管理体制和监督制度等进行了全面的规定，并授权新加坡总理在必要时制定实施条例。所有条例将在政府公告中予以公布。该法已前后进行过9次修订，最近一次修订于2014年。参见韩永红：《国外主要自由贸易园区及其法律规制——评析与启示》，《政法学刊》2015年第4期，第35页。

② 李猛《中国自贸区法律制度建立与完善研究》，人民出版社，2017年，第156页。

由贸易区条例》的管理规定之外，对区内市场主体的经营活动不做过多的政府干预。私主体的经营活动主要由区内相关执法部门依据新加坡现行《公司法》《环境保护法》《商品对外贸易法》《商品及税收服务法》《劳工就业法》《海关法》《商船运输法》等法律法规进行监管。

与其管理模式相适应，新加坡自贸区的法律体系采取了双层级的立法模式，即《自由贸易法》和《自由贸易区条例》，分别调整国家部门与自贸区管理机构的管理职责。基于国土面积狭小以及自贸区数量较少的原因，新加坡没有形成所谓中央机关授权地方政府进行自贸区单独立法的立法模式。此种双层级的立法模式为自贸区的发展乃至整个城市国家的经济发展提供了制度保障，造就了稳定、健全的贸易便利化法治环境，保障了投资者合法权益，吸引了更多投资，营造出了亚洲乃至世界范围内优异的营商环境，使得自贸区的贸易便利化程度非常之高，大大促进了贸易繁荣，并带动了国际金融的高速发展。

（三）美新自由贸易园区立法比较

通过上述分析可以发现，美国对外贸易区和新加坡自贸区的法律制度存在诸多相同之处：一是均采取“先立法、后设区”的自贸区发展模式，具有较为完备的国家层面自贸区立法，法律制度构建均较为完善、先进和统一；二是均由中央政府授权区内特定企业负责区内日常事务管理，体现了自贸区运行的高度市场化；三是均以贸易投资自由和便利化、金融自由、简政放权以及提高效率为宗旨和目标，同时均具有发达的基础设施以及信息共享、单一窗口等贸易便利化措施。

美国对外贸易区和新加坡自贸区的立法形式和内容均存在较大差异。美国的对外贸易区立法有成熟的体系，从制定法到判例法，从国内法到国际法，立法层次分明。而新加坡具有完备的经济法律制度，1965 年的《自由贸易区法》是自贸区法律制度中的核心法律；1969 年的《自由贸易区条例》是其内容的细化。立法构成相对单一。从立法内容上看，两者都只涉及货物贸易，两者的核心法律都对与货物贸易有关的出入监管、存储、税收、基础设施等内容进行了详细的规定。美国立法比较特别的是，设立了专门的对外贸易区委员会制度，该委员会对自贸区的准入、行政规章和规则的制定拥有广泛的权力。从法律性质来看，对外贸易区委员会是商务部的“部内独立”机构，拥有完整的立法、司法和行政的综合职能，也是全面的自贸区准入主体。而新加坡自贸区立法的特点在于从产业发展的整体功能定位、合理分工、提升效率等视角考量，其对于区内加工制造业依然有较多的约束和限制，目的是要突出自贸区以贸易为中心的仓储和物流的主要功能。

三、贸易便利化水平的国际比较

考察和比较世界主要国家的贸易便利化水平，比较普遍的选择是利用世界经济论坛的年度《全球贸易促进报告》所确立的贸易促进指数（ETI）评估方法进行。《全球贸易促进报告》从2008年开始每年发布一次，2010年之后每两年发布一次。2014年之前的ETI评估体系分为四个分支和十个子项目。四个分支包括市场准入、边境管理、基础设施和商业环境，十个子项目包括关税与非关税壁垒、贸易倾向、海关效率、进出口程序效率、边境透明度、交通基础设施质量和实用性、运输服务质量和实用性、自动化系统使用和有效性、监管环境和人身安全等。2014年报告开始将关税与非关税壁垒、贸易倾向两个子项目更名为国内市场准入和国外市场准入，将海关效率、进出口程序效率和边境透明度合并成海关效率和透明度，将监管环境和人身安全合并成商业环境，这样十个子项目减少到七个子项目。

表4-1 贸易促进指数结构

分支	市场准入		边境管理	基础设施			商业环境
子项目	国内市场准入	境外市场准入	边境管理的效率和透明度	交通设施的可获性及质量	交通服务的可获性及质量	信息技术的可获性及使用	商业环境
指标数	6	2	13	7	6	7	16

（一）新加坡的贸易便利化水平

表 4-2 新加坡贸易便利化水平指标

指 标	2009 年		2010 年		2012 年		2014 年		2016 年	
	得分	排名	得分	排名	得分	排名	得分	排名	得分	排名
市场准入	5.63	2	6.25	1	6.20	1	5.50	2	5.5	5
边境管理	6.49	1	6.56		6.53	1	6.4	1	6.4	1
基础设施	5.64	3	5.74		6.06	1	6.1	1	6.2	2
商业环境	6.13	3	6.00		5.75	5	5.8	2	5.8	2
整体评估	5.97	1	6.13	1	6.14	1	5.8	1	5.97	1

注：根据世界经济论坛 2009 年、2010 年、2012 年、2014 年、2016 年《全球贸易促进报告》整理。

从表 4-2 可以看出，新加坡的 ETI 整体评估排名连续 5 次在报告版本中均排名世界第一，除了个别子项目 ETI 指数排名较低（国外市场准入第 84 位）之外，所有的分支和子项全部名列前茅。新加坡长期以来积极实行开放自由的贸易政策，其国内市场是世界上最开放的市场之一，99.7%的进口货物免税。另外，新加坡的边境清关程序世界一流，在高效、可预见以及透明度方面得分很高。新加坡以在全球最先实施海关“单一窗口”制度而闻名于世，大大节省了贸易通关的时间和成本。新加坡交通基础设施的质量和可用性全球排名第三，拥有全球领先的航空运输、港口和道路基础设施。得益于优异的贸易监管制度、反腐败措施以及投资环境，新加坡的营商环境全球排名第二。据新加坡海关估算，2012 年每新加坡元的贸易成本仅收取 1.15 分的关税。新加坡作为世界领先的贸易平台，2012 年进出口商品总额是其 GDP 的 2.9 倍。新加坡具有全球优异的贸易便利化措施和营商环境，是公认的全球最成功的贸易国家。

（二）中国香港的贸易便利化水平

表 4-3 中国香港贸易便利化水平指标

指　标	2009 年		2010 年		2012 年		2014 年		2016 年	
	得分	排名	得分	排名	得分	排名	得分	排名	得分	排名
市场准入	4.75	20	5.12	14	5.08	10	4.1	37	4.6	70
边境管理	5.89	7	5.96		6.02	4	5.8	11	6.0	12
基础设施	5.57	5	5.79		5.85	3	6.0	2	5.9	8
商业环境	6.08	4	5.94		5.75	7	5.77	3	5.86	1
整体评估	5.57	2	5.70	2	5.67	2	5.47	7	5.66	3

注：根据世界经济论坛 2009 年、2010 年、2012 年、2014 年、2016 年《全球贸易促进报告》整理。

从表 4-3 可以看出，中国香港贸易促进指数 ETI 整体水平连续三次在全球排名第二，2016 年紧随新加坡和荷兰，排名全球第三。

香港是世界上最开放的国际市场，香港的 GDP 全球排名第 39 位，而每年通过香港的商品交易额达到其 GDP 的 4 倍。其国内市场准入 2014 年和 2016 年皆得分 7.0，均排名全球第一。香港不征收任何进出口海关关税，也没有关税配额或附加费，没有增值税或一般服务税。然而香港的出口商品在境外继续面临其他国家较高的贸易壁垒，境外市场准入指数 2.15，2014 年和 2016 年均为第 130 位（倒数第 7 位）。综合市场准入得分 4.6，2016 年排名全球第 70 位。香港高效的边境管理程序和海关政策的可预测性有利于进行高效的商贸活动。伴随着日渐成熟的“电子单一窗口”的发展，边境合规要求更加容易满足，24 小时之内即可完成海关文件提交和实时状态追踪。香港的交通基础设施指数排名世界第一，交通服务可获得性排名世界第二，反映了香港的国际贸易核心角色定位。香港一流的交通基础设施可用性表现在四个主要运输方式：全球排名第二的航空运输、排名第三的海洋运输、铁路运输和排名第九的陆路运输。作为国际金融中心，香港整体营商环境排名世界第一。

（三）日本的贸易便利化水平

表 4-4　日本贸易便利化水平指标

指　标	2009 年		2010 年		2012 年		2014 年		2016 年	
	得分	排名	得分	排名	得分	排名	得分	排名	得分	排名
市场准入	3.1	115	3.77	108	3.79	98	3.2	111	3.7	113
边境管理	5.63	13	5.65		5.83	8	6.0	5	6.1	11
基础设施	5.38	15	5.45		5.51	14	5.9	5	6.1	4
商业环境	5.02	31	4.91		5.18	26	5.1	22	5.3	14
整体评估	4.78	23	4.94	23	5.08	18	5.14	21	5.28	16

注：根据世界经济论坛 2009 年、2010 年、2012 年、2014 年、2016 年《全球贸易促进报告》整理。

从表 4-4 可以看出，日本的贸易便利化整体水平很高，在最近 5 次报告中分别排名第 23、23、18、21 和 16，处于全球贸易便利化水平前列，在亚洲位列第 3，同时也是贸易便利化水平最高的人口大国（美国第 1、中国第 3）。就贸易便利化水平的细分指标而言，日本在 7 个子项目中有 6 个表现优异，但境外市场准入指数位于第 133 位，表现非常差，也就是说其出口产品面对的进口国的关税优惠幅度很低。针对国内市场准入而言，一方面日本进口关税较低，而且近 80％的产品免征进口关税，另一方面日本的进口关税结构仍然很复杂，有超过 750 种不同的关税。总体国内市场准入指数位于全球第 47 位，相对较好。日本贸易便利化环境整体而言非常积极，尽管相对于其他发达经济体，日本的边境合规检查的时间和成本仍较高，但其贸易效率和透明度表现较好。日本的边境管理（第 5 位）及交通和通信设施（第 5 位）水平较高，排名位于世界前列。但日本在招聘外国劳工与限制性规定外商直接投资（第 83 位）方面也非常严格，这是日本急需改进的两项指标。

（四）韩国的贸易便利化水平

表 4-5 韩国贸易便利化水平指标

指　标	2009 年		2010 年		2012 年		2014 年		2016 年	
	得分	排名	得分	排名	得分	排名	得分	排名	得分	排名
市场准入	3.47	106	3.36	115	3.42	115	3.1	120	4.1	99
边境管理	5.28	22	5.24		5.19	25	5.66	24	5.7	28
基础设施	4.99	21	5.37		5.55	11	5.8	7	5.8	10
商业环境	5.16	26	4.65		4.42	57	4.38	56	4.6	47
整体评估	4.73	26	4.72	31	4.65	34	4.86	34	5.04	27

注：根据世界经济论坛 2009 年、2010 年、2012 年、2014 年、2016 年《全球贸易促进报告》整理。

从表 4-5 可知：韩国的全球贸易促进指数于 2009 年至 2016 年分别排在第 26、31、34、34 和 27 位。韩国具有世界一流的基础设施（第 10 位），其中尤以港口设施及其联通性、政府和私人部门易于使用的互联网服务为最。尽管运输和通关成本仍然昂贵，但韩国拥有亚洲最高效的边境管理制度（第 28 位），电子政务在世界领先，信息通信技术发达，高效和透明的边境管理使得进口通关程序平均只需 7 个小时。值得注意的是，影响韩国 ETI 指数的消极因素也较多：一是韩国保持相当高的关税税率，例如农产品平均税率超过 60%，在 136 个 ETI 指数评估国家（地区）中是最高的；二是尽管政府在推动电子政务方面处于领先地位，但从国外引进技术仍然是困难的，政府规章制度合规性审核也同样困难，导致其国内市场准入排名第 85 位，境外市场准入排名第 105 位；三是其狭窄的商业操作环境（第 47 位）严重限制了贸易便利化前进的步伐。韩国在融资便利（第 72 位）以及外资开放（第 80 位）等方面表现不佳。

（五）美国的贸易便利化水平

表 4-6 美国贸易便利化水平指标

指　标	2009 年		2010 年		2012 年		2014 年		2016 年	
	得分	排名	得分	排名	得分	排名	得分	排名	得分	排名
市场准入	4.16	49	4.17	62	3.2	111	3.5	70	3.9	105

（续表）

指 标	2009 年		2010 年		2012 年		2014 年		2016 年	
	得分	排名	得分	排名	得分	排名	得分	排名	得分	排名
边境管理	5.58	15	5.60		6.0	5	5.7	21	5.9	17
基础设施	5.48	10	5.49		5.9	5	5.8	8	5.9	8
商业环境	4.85	36	4.86		5.1	22	5.0	24	5.2	22
整体评估	5.02	16	5.02	21	5.1	13	5.14	22	5.24	22

注：根据世界经济论坛 2009 年、2010 年、2012 年、2014 年、2016 年《全球贸易促进报告》整理。

根据表 4-6，美国具有相对较低的关税税率（第 33 位）、高效透明的边境管理（第 17 位）、完备的交通基础设施（第 7 位）、广泛使用的信息技术（第 15 位）以及开放的营商环境（第 22 位），其贸易便利化全球排名第 13—22 位，水平较高但各指数不均衡。美国关税结构复杂（第 103 位）及其他因素导致的市场准入表现不佳（第 105 位）。① 与北美自由贸易区（NAFTA）其他成员或欧盟成员不同，美国在自己的贸易区内的整合程度较低，对世界其他地区的伙伴相对开放。2014 年，NAFTA 仅占其进口的 28%和出口的 30%，与加拿大的 60%和 75%、墨西哥的 53%和 79%的数字对比鲜明。而亚洲和欧洲合计占美国进口的 63%和出口的 55%，这使美国与这些地区谈判贸易协定显得尤为重要。境外市场准入方面表现不好（排名第 120 位），美国产品进入外国市场面临全球第七高的平均关税税率以及非常低的贸易优惠（全球第 108 位）。在国内市场准入方面，只有 77%的进口产品没有关税，而加拿大和墨西哥分别为 89%和 93%。其他分支方面，美国有世界上最好的交通和通讯基础设施（第 7 位）与相关服务（15 位），美国的海关透明度（第 1 位）、海关管理的效率（16 位）、可用航空座位里程（第 1 位）以及道路质量（第 1 位）等方面均属于世界先进水平。美国海关非常高效和透明，其商品的出口和进口过程分别只有 6 天和 5 天，然而成本很高（第 65 位），进口每集装箱

① 美国和瑞士分别是欧洲及北美地区境外市场准入和国内市场准入表现最差的国家。参见《2016 年全球授权贸易报告》，第 24 页。

成本需1315美元。此外，由于商业市场安全以及外资开放两方面表现不佳，影响了商业环境的整体水平。

（六）中国的贸易便利化水平

中国是世界上最大的贸易出口国，占全球出口量的12.4%，明显高于美国（8.6%）和德国（8.0%），[①] 但贸易便利化整体水平却居于全球排名的中等的位置。根据表4-7，2009年至2016年中国的贸易促进指数排在全球第49、51、56、54和第61位。

表4-7 中国贸易便利化水平指标

指 标	2009年		2010年		2012年		2014年		2016年	
	得分	排名	得分	排名	得分	排名	得分	排名	得分	排名
市场准入	3.60	103	3.87	107	3.42	108	3.1	119	3.4	126
边境管理	4.43	43	4.53		4.42	45	4.9	48	4.9	52
基础设施	4.16	38	4.13		4.27	48	4.6	36	5.1	27
商业环境	4.58	49	4.74		4.63	45	4.6	37	4.6	42
整体评估	4.19	49	4.29	51	4.22	56	4.3	54	4.49	61

注：根据世界经济论坛2009年、2010年、2012年、2014年、2016年《全球贸易促进报告》整理。

2016年报告显示中国贸易促进指数是全球第61位，大大高于其他金砖国家，但是各ETI分支发展不均衡，且有相当大的改善空间。中国表现最突出的是其优良的交通运输基础设施和交通服务易得性，特别是航空和港口连通性（全球第12位），但其他分支指标的不佳表现拖累了中国整体ETI排名。在市场准入方面，中国仍然是最封闭的市场之一（国内市场准入排名第101位，境外市场准入排名第124位，市场准入排名第126位），进口货物平均适用关税税率高达11.1%（第117位），免税进口货物比例太低（第95位）。同时其出口货物在目的地市场税收优惠幅度狭窄（第129位），面临较高的，大约4.5%的关税税率（第114位）。作为国际贸易领先者，中国贸易便利化方

① 参见《2015年世界贸易报告》，第26页。

面表现出色，但整体海关程序的合规性成本，特别是进口方面仍然很高（每集装箱 950 美元），完成这些程序所需的时间也长达 21 到 24 天，而新加坡只需要 3 至 5 天。另外，中国的边境管理效率较低（文件合规排名第 88 位，程序合规排名第 101 位），透明度也比较差，非常规支付和清廉指数排在全球第 53 位。

经过数据对比分析发现，新加坡贸易便利化整体水平和几乎所有的子项目指标都领先于其他经济体，而除了新加坡之外的其他国家或地区在市场准入方面的表现都不是很好，尤其是境外市场准入指数均非常低，即出口产品在目的地市场的准入困难。另外，在国内市场准入方面，日本存在进口关税结构复杂、关税种类繁多的问题；韩国存在关税税率，特别是农产品税率过高以及政府规制合规性成本昂贵的问题；美国存在免税比例较低、商业安全成本高等问题；中国更是被世界经济论坛称为“最封闭的市场之一”。

从中国角度看，我国贸易促进指数在很多方面都要低于新加坡、中国香港等贸易便利化水平发达的国家或地区，即便是引以为傲的交通和通信基础设施建设相对于这些发达经济体也没有突出优势。总的来说，以贸易便利化整体水平排序，新加坡＞香港＞美国＞日本＞韩国＞中国。以四个分支水平分别排序，一是市场准入分支水平，新加坡＞香港＞美国＞日本＞韩国＞中国；二是边境管理分支水平，新加坡＞香港＞日本＞美国＞韩国＞中国；三是基础设施分支水平，新加坡＞香港＞美国＞日本＞韩国＞中国；四是商业环境分支水平，香港＞新加坡＞日本＞美国＞韩国＞中国。

四、世界主要自贸区贸易便利化制度介绍

世界各国在设立自贸区时皆将贸易便利化作为一个重要的政策目标，为实现该目标所采取的激励措施主要有六类：其一，基础设施投入，如航空、港口、铁路、公路等交通物流硬件设施以及通讯、居住、仓储等交通物流公共服务的升级；其二，税收激励政策，如对入区货物免征关税、区内企业从事国际服务免征增值税等；其三，海关通关程序优化，例如“单一窗口”“一

站式服务”以及“绿色通道”等措施，这是贸易便利化改革的关键，即打破垂直部门管理缺乏有效沟通的局面，建立部门间协调、高效的管理模式；其四，放松社会监管，如降低劳动保护标准或实施力度以获取不正当竞争优势；其五，放松知识产权保护，以促进国际转口贸易或境内企业的出口；其六，其他出口促进服务，包括商业顾问服务、营销支持、出口信贷在内的融资支持。①

(一) 美国对外贸易区的贸易便利化制度

美国对外贸易区是世界对外贸易区的一种重要模式，尽管在整体规模、监管制度、税收优惠、具体形式上与其他对外贸易区存在较大差异，但也是在正常海关监管之外通过简化通关流程和减免区内零部件和原材料关税来促进贸易发展的特殊海关监管区域。美国对外贸易区的贸易便利化水平较高，其海关服务、海关管理的效率和进出口程序都位于世界先进水平，体现了其相对开放的对外贸易政策理念。美国对外贸易区主要实施的贸易便利化制度包括以下几方面：

1. 美国“单一窗口”制度

美国海关与边境保护局一直致力于贸易流程处理现代化的改革，以协调确保边境安全，快放守法货物以及甄别违规货物等三大边境监管目标。“自动化商业环境（ACE）/国际贸易数据系统（ITDS）”提供了一个单一的、集中的接入点连接海关与边境保护局、合作政府机构和贸易社区，是上述改革的关键技术驱动。

20 世纪末，美国边境通关流程及风险管理程序主要是基于冗长重复的纸质材料，贸易商需要向多达 104 个不同机构经由不同的系统多次提交相同的信息，涉及进出口关税、货物申报、移民局申报、安全性申报和其他监管问题，包含各种表格近 200 种。贸易商提交的数据超过 90%是多余的，而且尽管各监管机构都有电子化系统，但通常不相联通，不能共享数据。

---

① 郑丽珍《自贸园区的国际法律规制与中国自贸试验区的应对——以贸易公平为视角》，《福建师范大学学报》（哲学社会科学版）2016 年第 3 期，第 1 页。

美国政府意识到这样一个合规处理流程与现代商业环境是相对立的，并且贸易效率提升与政府电子化系统工作效率间的依存度也与日俱增。在1993年海关现代化法案的支持下，CBP着手对贸易流程进行现代化改革。同年9月，美国政府“自动化商业环境”（ACE）工作组发布了《未来自动商务环境工作报告》，以检查政府的国际贸易处理流程，并对海关自动化提出建议。国际贸易数据系统最初的概念即源自该报告，工作组专门针对“单一窗口”的建议是，对进口和出口手续使用同样的数据，并对国际贸易程序的政府监督进行一体化处理。

经过1996年在NAFTA支持下开发的有限ITDS原型设计，以及2001年在美国进行的ITDS试点，2006年《美国港口安全法》规定经过许可或批准经办国际贸易的联邦机构都要加入ITDS，[①] 由此开始了美国单一窗口的发展之路，即通过合并ITDS需求，提供一个电子接口，贸易商以此向各个政府机构提供全部所需的资料，包括预检和监控、货物放行（运输及货物申报）、支付税费以及申报后续处理的所有手续。[②] 因此，作为ACE现代化计划的一部分，ITDS是ACE的前端，ITDS提供给进口商一个单一的接口，通过这个接口与许多收集、使用和发送贸易数据的联邦机构相连接。交易的效率来自跨越多家机构共享通用数据。

2. 美国对外贸易区的特别关税措施

美国对外贸易区实施的特别关税措施包括：第一，对再出口商品进行关税豁免。企业进口原料或零件，在自贸区内加工、组装后，最终产品出口至

---

① 美国《海关法》第1411条规定“原则上所有联邦机构因货物进口和出口结关或许可需要文件资料的均应加入ITDS系统”。ITDS的成员包括财政部、美国海关与边境保护局、移民局、交通部、联邦汽车运输安全管理局、美国食品和药品管理局等机构。为此，美国政府成立了“边境跨部门执行委员会”，负责制定政策和流程来加强跨海关、运输安全、卫生安全、贸易，以及动植物检验检疫与边境管理部门的协调，并有责任明显改善供应链流程以及提高识别非法出口的能力。

② 孙浩《对标韩国，促进上海自贸区国际贸易单一窗口发展》，转引自干春晖主编：《中国（上海）自由贸易试验区海关监管与制度改革发展报告》，法律出版社，2016年，第47页。

美国以外地区，则不需缴纳进口税。第二，对入区商品延缓收缴关税。待进口商品从自贸区运出并在美国当地销售时才需补交进口税。第三，转换关税。当最终产品的进口税率低于原料或零件的进口税率时，进口商可选择以最终产品的税率作为进口税课税的基础。第四，库存税豁免。自贸区内的企业不必向所在的州或地方缴纳库存税。①

3. 直通程序和周报关制度

直通程序和周报关制度是美国对外贸易区实施的极具代表性的简化海关监管的制度，也是美国海关对区内企业实行的两大物流便利政策。直通程序是指由区内进口货物的企业以自己的名义向所在地口岸海关关长提出直通程序申请，获准后该企业的货物无论在哪个口岸抵达，都可以直接按保税方式运入对外贸易区。获批直通程序的货物的平均运输时间有效缩短1—2天。周报关制度是指对外贸易区使用者对运往区外需要报关的货物不必次次申报，可以申请一周集中申报一次，从而使企业减少繁杂的申报手续，并节约相当于货值0.21%的报关费用。②

4. 与贸易安全有关的措施

此外，2001年“9·11”恐怖袭击之后，美国还实施了一系列的贸易安全与便利的措施：

（1）“集装箱安全倡议”和“24小时规定”

在预先防御理念的指引下，美国针对复杂的外部环境和可能发生的海上恐怖主义袭击，于2002年实施了“集装箱安全倡议”（CSI）。作为美国全球反恐战略部署的重要组成部分，CSI的目的在于防止恐怖组织或恐怖分子利用海运集装箱袭击美国。CSI所追求的核心内容可以简单概括为：①确定高度危险集装箱；②在集装箱装运前对其进行甄别；③使用技术手段快速排查高危集装箱；④使用更智能化、更安全的集装箱，以保证预先检测的实际效

---

① 韩永红《国外主要自由贸易园区及其法律规制——评析与启示》，《政法学刊》2015年第4期，第40页。

② 吴敏《美国对外贸易区的贸易便利化制度及对我国保税港区的启示》，《法制与社会》2010年3月，第38页。

果。同时，还明确了加入 CSI 计划的港口必须满足的条件、带来的利益和相关的配套措施。①

美国海关署长 2002 年 8 月宣布该法规，并于同月公布在美国的《联邦宪法》上，同年 12 月生效，次年 2 月正式实行。根据“24 小时规定”，美国海关有权强制要求集装箱班轮运输公司和无船承运人必须要于境外港口装船前 24 小时用电子方式向美国海关预先申报所有集装箱内装载货物的舱单资料，否则将面临罚款以及货物不许在美国港口卸泊的后果。②

（2）“海关—商界反恐伙伴计划”

“海关—商界反恐伙伴计划”（C-TRAT）是海关与商界之间的一项自愿性计划，旨在构建伙伴关系，全面加强与改善国际供应链与美国边境安全。③因为通关便利化改革最直接的受益者是作为国际供应链参与者的各类企业，例如进口商、承运人、货运代理商、海关许可报关代理人以及制造商等，这些企业的积极配合和参与既是通关便利化改革成功的关键，也能为贸易领域的反恐合作构筑良好的环境基础。通过审核的申请公司将成为 C-TPAT 认证的合作伙伴，从而获得多种通关便利，如：在 CBP 的风险目标搜索系统中享有“信誉”记录，提高预测通过时间的能力，减少供应链中断的概率，减少通关货物的查验次数，减少通关放行的时间和成本，有资格在美加、美墨边境上的“自由和安全贸易计划”通道上快速通关，其 C-TPAT 地位在与美国

---

① 庄慈芯、刘珂《从集装箱安全倡议看美国海上反恐制度》，《陕西理工学院学报》（社会科学版）2009 年第 2 期，第 60 页。

② 鉴于“9·11”恐怖袭后果严重，世界海关组织于 2005 年 6 月通过了《全球贸易安全与便利标准框架》以研究海关对于协调国家安全和贸易便利的作用，规定各成员可依该框架制定相应的国内法律。为此，美国（2002 年）、加拿大（2004 年）、墨西哥（2007 年）、欧盟（2011 年）、中国（2009 年）等主要贸易成员先后实施了电子舱单预申报制度，基本都将海运集装箱货物的申报期限规定为装运前 24 小时，主要作用是为了考虑恐怖活动以及自然灾害对海运的影响，以便海关进行风险分析，保证贸易安全。参见薛敬孝：《WTO 新议题对 APEC 贸易投资自由化、便利化的影响》，南开大学出版社，2009 年，第 219 页。

③ 周阳《试论美国海关贸易便利化制度的特点——以美国海关 C-TPAT 制度为视角》，《海关与经贸研究》2010 年第 2 期，第 77 页。

海关签署互相承认协议的国家获得承认，等等。

美国对外贸易区贸易便利化制度的指导思想是“安全由于便利”，在全球反恐形势日益严峻的今天，随着诸多贸易安全政策的制定实施，这种“贸易安全更为重要”的理念更加凸显。在美国优良的贸易便利化制度安排和贸易商较高的守法水平的背景下，强调贸易安全和反恐需求并不会导致美国的通关便利受到大的负面影响。

（二）新加坡自贸区的贸易便利化制度

新加坡自贸区的成功因素有很多，比如得天独厚的自然条件、优惠的税收制度、完善的法律体系、高效的管理体制、全方位的开放和优惠政策、发达的基础设施，以及离岸金融服务。除此之外，新加坡自贸区还采取了如下的贸易便利化措施。

1. 新加坡“单一窗口”：从 TradeNet 到 TradeXChange

20 世纪 70 年代末，随着劳动力密集产业竞争的加剧，新加坡原先的加工贸易比较优势逐渐丧失，对外贸易受到冲击。在应对经济危机、改善贸易条件的过程中，新加坡政府意识到了诸多贸易“非便利”已严重影响了贸易的发展。比如贸易商需要向多个机构提交多份复杂冗长的纸质材料，任何审核延误将推迟货物通关，由此增加贸易商额外的仓储、银行、违约以及时间成本。由此，1989 年 1 月，新加坡政府在全球率先推出贸易管理电子平台（TradeNet），将海关、税务、安全等 35 个政府机构连接在一个网络中，为企业提供一站式通关服务。新加坡的这种“单一窗口”采取了“联合国贸易便利化与电子商务中心”的 33 号建议书中的第三种模式。① TradeNet 遵循政府推动、企业运作结合的原则，坚持第三方服务的中立性，强调利益共享、风险共担。系统实施后给企业带来了切实的便利，减少了贸易单据的种类、数量以及处理周期。35 个政府部门超过 8000 个具体业务流程得到整合。企业可

① 2005 年“联合国贸易便利化与电子商务中心”发布的第 33 号建议书《建立单一窗口建议和指南》认为，常见的国际贸易“单一窗口”可以分为三类：一是单一机构，由单一机构统一接受信息，并发送至相关的政府主管部门；二是单一自动化系统收集并发送信息；三是单一自动化信息处理平台。

以在电脑端 7 天 24 小时随时向“单一窗口”进行申报，只需递交一份电子文件，获得反馈的时间也从原来的 4—7 个工作日缩短至 10—15 分钟，关税支付由传统的支票和现金改为可电子转账，企业每次申报的成本由原来的 10 新加坡元降低为平均 3 新加坡元。①

2006 年新加坡海关牵头，联合经济发展局和新加坡资讯通信发展管理局共同发起 TradeNet 的升级版 TradeXchange，并交由劲升逻辑私人有限公司独立开发、运营。2007 年 10 月 TradeXchange 上线，它以 TradeNet4.0 贸易网作为核心组件，是一个全新的全国性贸易及物流 IT 平台，既可方便商业、企业及政府部门之间的资讯交流，提升新加坡境内外的货物流通效率，又可接入 TradeNet 贸易网、各港口系统（如海港服务网）、货运社区网络、裕廊海港互联网及官方港务网。② 与 TradeNet 相比，TradeXchange 不仅提供进出口贸易申报及信息许可服务，而且使主要产业企业与其客户及供应商相互连接，实现商业单证的交换。除此之外，TradeXchange 还与国外网络相连，实现了向美国、加拿大、澳大利亚、马来西亚、韩国、中国台湾等国家和地区发送电子清关数据，成为真正的多系统单一接口。③

2. 聚集跨国物流公司区域总部

为吸引航运企业集聚，新加坡推出了多种特殊优惠政策，比如船舶注册登记制度、国际船运企业优惠、新加坡海事金融优惠计划、核准船务物流企业计划、核准国际船务企业计划等。2017 年，新加坡港集装箱吞吐量增加 8.9%，至 3370 万标准箱，而港口货运总量也达到了 6.26 亿吨，打破了纪录。这些便利条件促使新加坡的物流快速发展，吸引更多跨国公司设立亚太区的区域总部。新加坡也成为世界主要物流公司的所在地，在全球前 25 家物

---

① 殷飞、冯赟《新加坡国际贸易“单一窗口”制度经验及启示》，《中国经贸导刊》2015 年 6 月，第 27 页。

② 刘恩专、王伟《浅析新加坡单一窗口建设对我国的启示》，《科技管理研究》2014 年第 24 期，第 195 页。

③ 孙浩《对标韩国，促进上海自贸区国际贸易单一窗口发展》，转引自干春晖主编：《中国（上海）自由贸易试验区海关监管与制度改革发展报告》，法律出版社，2016 年，第 41 页。

流公司中有20家在新加坡开展业务，其中敦豪、德迅、山九空运、辛克物流等公司在新加坡设立了区域或全球总部。

3. 更亲密的海关—企业合作关系

新加坡自贸区强调更亲密的海关—企业合作关系，贸易监管以交易为基础，而贸易便利化以账户为基础。2011年1月，新加坡推出了独特的Trade-First（贸易优先）贸易便利化框架，在实施WCO《全球贸易安全与便利标准框架》AEO制度的基础上，追求贸易便利、公平和安全，将监管模式由之前的根据贸易商申请的计划进行审查，改变为将安全要求融入更广泛的框架中。所有方案遵循一套评价标准，便于新加坡关税局对企业进行全面了解，以同时满足企业的贸易便利需求和监管当局的风险管理目标。框架包含“账户经理”制度，该制度为成员公司指定一个特定的海关官员作为其专属的“账户经理”来指导其如何在规定范围内行事。用一套标准评估公司，将其归入某一信用段级（分为Premium、Enhanced、Intermediate、Standard、Basic五级），每一段级对应不同的方案和便利化措施。随着段级的提高，公司因为更强有力的系统和内部措施享受更高段级的贸易便利化措施。该框架的贸易便利化优势在于：一是评估标准透明化使公司可在实际评估前努力改进；二是单一联系点（账户经理）对企业的贸易便利化服务更加高效；三是新加坡关税局主动参与，给出针对公司具体运营和需要的意见和建议；四是关税局和贸易商通过共同开发解决方案实现互利共赢。

4. 优惠幅度较大的税收政策

依普华永道联合世界银行共同发布的《世界纳税指数2018》测算，新加坡的低税负排名全球第五，是世界上税负最低、缴税最高效的国家，公司平均每年税务申报只有5项，仅需耗费64个小时。新加坡自贸区在一定期限内免除公司所得税和增值税，为吸引国际级金融机构进入，还取消了非居民的利息所得税。新加坡于2001年6月推出的全球贸易商计划，对政府批准的“国际贸易商”给予5—10年的税率为5%或10%的企业所得税优惠。新加坡签署了大量的双边投资协定，使有跨国业务需求的企业乐于将总部公司设在新加坡，享受税务优惠。自贸区内基本不征收进出口关税，允许全球超过

90%的货物免关税自由进出，应税货物只有酒类、烟草产品、石油产品以及车辆等四大类商品。此外，新加坡给予制造业和服务业、研究与发展业、建筑业以及减少饮用水消费的项目投资进行补贴。

（三）主要发达国家自贸区贸易便利化的特点

1. 海关程序和规则政策的简化和标准化

建立“单一窗口”是保障国际贸易供应链安全和促进贸易便利化的一项关键制度，也是提高国家对外贸易竞争力的有效途径，对一国或地区的经济发展和经济融合有极大的促进作用。2005 年联合国贸易便利化和电子商务中心第 33 号建议书《建立国际贸易单一窗口》为各国的单一窗口建设提供了建设的标准和模板。据此，各主要发达国家自贸区都建立了不同形式的单一窗口制度，促进了海关程序和规则政策的简化和标准化。简化了的海关程序和规则政策能够使贸易商以更低的成本、更高的效率完成通关；而标准化了的海关程序和规则政策可以促使各国和地区间按照统一标准进行口岸通关程序和单证手续，会大大降低国际贸易的关境障碍。

2. ICT（信息）技术的大量应用

无纸化是当前国际贸易的热点议题之一，应归属于 ICT 技术以及互联网技术在海关程序中的应用。利用 ICT 技术可最大幅度的简化海关手续、提升通关效率。例如已经广泛实施的智能化管理系统、数字化海关应用等，不仅提高了通关效率，也进一步保证了服务水平、管理能力和检验检疫的标准化，对风险监督有了明显帮助。近些年，世界各经济体均加快了口岸通关、物流、仓储、商检等监管的信息化平台建设，2017 年 APEC 主要经济体信息化建设与 2010 年相比均有明显提升。基于较强的财力和人力资源优势，发达经济体如美国、新加坡和中国香港，在贸易便利化领域大量运用信息通信技术，一致保持领先地位。

3. 贸易便利化与贸易安全协调发展

一般而言，发达经济体自贸区在追求贸易便利化的同时，也通过各种制度设计实现贸易安全，以实现贸易便利、贸易公平和贸易安全的整体发展。例如，新加坡一方面通过精简海关和贸易程序，TradeNet 和 TradeXchange

等信息化、标准化平台建设，企业支撑项目、国际合作等制度设计推进贸易便利化；另一方面，通过对知识产权边境执法、战略物资和化学武器控制、供应链安全、缉私、诈骗调查、合规检查、国家安全等方面确保国家贸易安全。

第五章
中国自贸试验区的发展进程

如果说1980年深圳经济特区的诞生是新中国历史上的一个重大事件——它标志着一个时代的结束和另一个时代的开始，以先行先试的实践引领中国改革开放，那么2013年起开始推进的中国自由贸易试验区战略，作为新的历史条件下中国经济特区的一种新形式，将继续以其先行先试的率先实践和时代赋予的崭新功能，承担起中国深化改革、走向制度开放的时代使命。[①] 中国自贸区战略的推进标志着中国改革开放的深化，标志着由外向型经济向开放型经济的转型以及新一轮更加深刻的制度型开放的开启，同时更意味着以厘定政府权力为核心的法制的社会主义市场经济体系已经开始纵深发展。[②]

设立和发展自贸试验区有利于我国政府深入进行管理制度创新和实现贸易投资的自由化，是我国在新的历史时期构建开放型经济新体制的重要窗口和试验田。2013年上海自贸试验区的建设和发展孕育了新的市场经济环境，贸易自由化、投资自由化、金融国际化的程度得以迅速提升。2015年5月，天津、广东、福建自贸试验区开始了进一步的拓展性探索。2016年8月，辽宁、浙江、河南、湖北、重庆、四川、陕西等7个省（市）的自贸试验区上马建设，进一步推动了全面深化改革开放中贸易和投资的自由化、便利化进

①② 陶一桃《从特区到自贸区——中国自贸区的特殊使命》，《中国经济特区研究》2016年第1期，第2页。

程。[①] 中国自贸区既具有国际上自由贸易园区的一般属性，同时受国内外历史和现实因素影响，又具有自身的特点和运作规律。

我国著名国际经济法学者陈安教授曾指出：“对中国而言，未来的中美双方投资协议（BIT）谈判就像过河，在不知道河水深度、流速流向和漩涡的情况下，应该小心翼翼地过河，并且不能认为一切理所当然地随大流。”[②] 这个描述对于我国自贸试验区对接国际经贸高标准尤为确切。欧美等发达国家在制定国际投资贸易法律上有着丰富的经验和较高的人才优势，我们要对接国际经贸高标准，参与国际规则的制定，从长远来看，中国自贸试验区的实践将有着非常重要的作用。

第一节　肩负战略重任的中国自贸试验区

一、国际国内经济形势分析

经济全球化是大势所趋，但随着全球经济下行压力加大以及贸易保护主义兴起，近些年来逆全球化有所抬头，对包括中国在内的新兴市场经济国家和发展中国家的未来发展有着直接的影响。

（一）复苏迹象显现，但总体形势依然严峻

当前，全球经济仍未走出 2008 年金融危机的阴影，增长率一直在低位徘徊（3.4%以下）。经济不景气导致各国，尤其是发达国家贸易保护主义和反

① 夏红、韩涛《我国自贸试验区法治建设经验梳理》，《辽宁师范大学学报》（社会科学版）2018 年第 1 期，第 50 页。

② AnChen，Distinguishing Two Types of Countries and Properly Granting Differential Reciprocity Treatmend，8J. World Investment & Trade. 771，777（2007）. 转引自黄洁：《TPP 视野下的中国自由贸易区战略研究》，上海人民出版社，2016 年，第 339 页。

全球化趋势抬头，国际贸易和投资自由化受到冲击，全球金融市场波动性和脆弱性加大，从而使世界经济面临更多的不确定性和负面影响。从表 5.1 可以看出，2016 年美国和欧元区 GDP 增速都有了较大程度的下滑，分别从 2015 年的 2.6%大幅降至 1.6%，从 2%下降至 1.7%。这两大经济体的经济增速的下降使得全球经济增长缺乏动力，导致国际贸易增速的下滑，也进一步导致 WTO 多边贸易体制受到冲击，阻碍新议题和自由化的进一步推进。

进入 2017 年，全球经济活动在投资、制造以及贸易领域正逐渐实现周期性的复苏。世界经济增长率预计在 2017 年由 2016 年的 3.1%提升到 3.5%，在 2018 年预计提升至 4.6%，稍微高于世界经济展望 2016 年所预计的水平。[①] 更强劲的经济活动和对更强劲的全球需求的预期，加上对石油供应的限制达成一致，有助于商品价格从 2016 年初的低谷复苏。大宗商品价格的上涨给大宗商品出口国带来了一些经济上的缓解，并有助于降低全球通胀和减少通缩压力。中国持续的政策支持以及美国的扩张性财政和放松管制政策促进了全球金融市场的提振。如果信心和市场情绪保持强劲，短期增长确实会给上行带来惊喜。

然而，2017 年后上述积极的变化有可能会被结构性障碍所影响，如低生产率增长和高收入不平等，等等。全球经济一体化和全球经济秩序的协调对世界经济，特别是新兴市场和发展中经济体，有着良好的影响，但是以贸易保护主义为特征的内向型政策对此产生的威胁越来越大。美国加息速度快于预期，以及特朗普政府的“美国优先”“大幅减税法案”可能会收紧其他地区的金融状况，美国美元升值可能进一步加剧新兴市场经济体对美元的汇率挂钩。更普遍的是，包括中国的众多新兴市场经济体面临着减少对信贷增长依赖的严峻挑战，市场情绪和信心的逆转会收紧金融条件和加剧经济脆弱性。放松金融监管可能会导致更强的短期增长，但可能危及全球金融稳定和增加金融危机风险。此外，地缘政治紧张局势不断加剧的威胁仍然存在，尤其是在中东和北非。

---

① IMF，*World Economic Outlook*，April 2017.

在这样的背景下，国际货币基金组织在《世界经济展望》中不断强调，各国的经济政策在避免下行风险和确保经济复苏方面具有重要的作用。在国内方面，政策的制定应在必要和可行的情况下促进需求增长，通过结构性改革提高生产力，有针对性地加强基础设施建设，以及支持那些会促进经济结构调整的技术变革和全球化措施。国际层面，许多国家需要有可信的战略，公共债务必须可控和可持续。调整商品低收入和解决金融脆弱性仍然是许多新兴市场和发展中经济体面临的主要挑战。世界还需要重新进行多边努力，以解决全球经济一体化中的一些共同挑战。①

表 5-1　IMF 对于世界经济增长的统计和预期

	2012	2013	2014	2015	2016	2017	2018
世界实际 GDP 增长率	3.5	3.3	3.4	3.2	3.1	3.5	3.6
发达经济体	1.2	1.2	1.9	2.1	1.6	2.0	2.0
美国	2.2	1.7	2.4	2.6	1.6	2.3	2.5
欧元区	−0.9	−0.3	1.1	2.0	1.7	1.7	1.6
日本	1.7	1.4	0.0	0.5	1.0	1.2	0.6
其他发达经济体	1.9	2.2	2.8	1.9	2.2	2.3	2.4
新兴市场和发展中国家	5.3	5.0	4.6	4.0	4.1	4.5	4.8
独联体	3.5	2.1	1.1	−2.8	0.3	1.7	2.1
亚洲新兴市场和发展中国家	7.0	7.0	6.8	6.6	6.4	6.4	6.4
欧洲新兴市场和发展中国家	1.2	2.8	2.8	3.6	3.0	3.0	3.3
拉美和加勒比地区	3.0	2.9	1.0	0.0	−1.0	1.1	2.0
中东、北非、阿富汗和巴基斯坦	5.1	2.2	2.6	2.1	3.9	2.6	3.4
撒哈拉以南非洲	4.3	5.2	5.1	3.4	1.4	2.6	3.5

注：根据国际货币基金组织《2017 年世界经济展望》整理。

根据世界贸易组织 2017 年 11 月 13 日发布的《世界贸易展望指数》做出的预测，2017 年全球贸易增速为 3.6%，高于 2016 年的 1.7%。② 全球贸易

① IMF，*World Economic Outlook*，April 2017.

② 参见 WTO 官网：《世界贸易景气指数》，https://www.wto.org/english/news_e/news17_e/wtoi_13nov17_e.pdf，2017 年 12 月 8 日。

增速一般应是经济增速的 1.5 倍左右，在全球化发展最快的 20 世纪 90 年代，贸易增速达到了经济增速的 2 倍。尽管 2017 年的贸易增速有了非常大的提高，但也反映出国际贸易低迷和贸易保护主义以及反全球化运动的对立发展。

（二）贸易保护主义抬头，主要经济体表现低迷

1. 美国

特朗普上台后的美国套上了越来越鲜明的贸易保护的保护罩，更关注于自身利益。[①] 特朗普对美国现行的国际国内经济政策进行了巨大修改，如提出“美国优先”口号、退出跨太平洋伙伴关系协定（TPP）、重新谈判 NAFTA、通过“减税计划”、更多地采取“两反一保”等限制进口措施等。以“减税法案”[②] 为例，美国政府鼓励和支持美国企业留在国内，限制美国产业向海外转移。与奥巴马时期希望制定新一代贸易规则不同，其对于多边和区域性贸易谈判的动力大大降低，转为签订更多的双边贸易安排，从而将原来以规则为基础的多边贸易体系逐渐转向以贸易实力为基础的双边体系，这也将加剧与主要贸易伙伴之间的摩擦，从而带来更多的不确定性。[③]

美联储的加息预期以及“减税法案”的通过，使得美元资本存在大量回流等跨国资本大规模流动风险，将会对金融危机后脆弱的全球金融市场带来冲击。作为“非常规”货币政策，美国的量化宽松政策在对内层面多呈现积极效应，一定程度上促进了金融危机后美国经济的复苏。但对外层面则更多地表现为消极效用。美元作为国际货币，不仅在美国国内流通，还可以在全世界流通，其效应也不单单局限于国内，对世界经济也产生了极大的影响。如大宗商品价格上升、热钱的频繁流动、新兴国家货币升值、降低他国的美

① 特朗普上台后，其贸易和经济政策的主线是：“美国优先；就业至上；重构美国的中产阶级，重建伟大的美国。”

② 2016 年 11 月 27 日，特朗普再次宣布将降低美国的公司所得税，从 35%降低到 15%，并引发法国和德国等国家的抗议（12 月 1 日）；11 月 30 日，美国政府公开劝阻凯利公司海外外包活动，通过税收优惠以及取消母公司参与政府采购合同威胁迫使该公司将外包活动留在美国。

③ 宋泓《特朗普上台后美国贸易及相关政策的变化和影响》，《国际经济评论》2017 年第 1 期，第 102 页。

元外汇储备和美国债券价值，转移了新兴国家和发展中国家积累的财富。新兴经济体和发展中国家在这一过程中容易产生汇率的大幅波动，甚至引发货币危机和经济动荡，从而加剧了世界经济的脆弱性。

美国的上述明显具有保护主义和反全球化的政策极具波及和溢出效益，将进一步冲击和破坏现有的贸易自由化全球体制，也使得世界经济脆弱的复苏态势受到打击。

2. 欧盟

长期以来作为区域一体化成功典范的欧洲联盟随着欧债危机蔓延、恐怖袭击和难民危机以及英国脱欧的影响，经济发展和制度稳定都面临较大的风险。由于区内生产性投资的下降、成员国债务负担沉重、全球经济低迷导致的出口不振、地缘政治风险骤升以及社会矛盾激化等原因，欧元区陷入低增长与低通胀的困境。① 尽管通过推出欧盟层面大规模投资计划以及实施欧版大规模量化宽松政策，欧元区经济在 2017 年第三季度开始出现了复苏的迹象，② 但是，英国脱欧事件和欧洲难民危机等“黑天鹅事件”给欧洲政治经济等领域带来了前所未有的冲击，使得欧盟经济政策的协调与统一受到了严重冲击。另外，欧元区长期以来的负利率政策和量化宽松措施并未有效地促进实体经济的发展。加之各国独立财政政策与欧元区统一货币政策存在难以调和的矛盾，使得该区域未来的走向难以预测。另外，中东乱局引发的欧洲恐怖袭击、难民危机进一步加剧了欧洲分裂的风险，极大地影响人们对于世界经济发展的信心。③

3. 主要新兴经济体

---

① 参见王朔：《欧元区当前的经济困境及未来趋势》，《现代国际关系》2015 年第 4 期，第 51 页。

② 数据编制机构 IHS Markit 2017 年 10 月 24 日公布的最新数据显示，由于能源价格增长放缓等原因，欧元区经济第三季增长快于预期，欧元区经济维持了强劲动能，10 月制造业采购经理指数意外超预期大涨，创下六年半新高，新订单再度显著增长，失业率降至近九年低点。

③ 王力、黄育华主编《中国自贸区发展报告（2017)》，社会科学文献出版社，2017 年，第 12 页。

进入21世纪，越来越多的新兴经济体进入全球经济总量排名前20名，经济发展速度普遍高于同期发达经济体水平。金融危机后，以金砖国家为代表的新兴经济体以强劲的发展势头成为引领全球经济增长的中坚力量，其对世界经济增长的贡献率超过了70%，为全球经济复苏做出了重要贡献。但自2012年以来，受欧洲债务危机和全球初级产品市场价格周期性变化以及内部矛盾等因素的影响，2013年有近八成的新兴经济体经济增长速度继续下降，其中，巴西、印度等国的国民经济增长率下降到了5%以下，俄罗斯国内生产总值同比增长率仅为1.5%，几乎处于停滞状态。① 新兴经济体经济增长势头整体放缓，进入一种"新常态"。② 新兴经济体从"普遍高速增长"到"集体减速"，其原因既包括外部全球化经济周期性因素，也包括其经济结构和增长粗放等因素，③ 并且内部经济结构的不合理和发展方式转变滞后是新兴经济体经济增速放缓的根本性原因。总体来说，对于新兴市场国家和发展中经济体而言，对内加快改革、对外扩大开放、加强国际合作仍是实现经济增长的有效途径。④

（三）多边贸易体制受到挑战，国际贸易新秩序正在形成

自20世纪90年代以来，随着经济全球化的发展，国际市场的资源配置效率和工业制造能力发展迅速，世界各国的经济水平也得到很大提升。另一方面，以贸易投资自由化为特征的经济全球化会导致重要的结构性变化以及"利益分配"不均。在经济景气时，政府可以通过合理的利益补偿机制使受损

---

① 刘英基、杜传忠、刘忠京《走向新常态的新兴经济体产业转型升级路径分析》，《经济体制改革》2015年第1期，第117页。

② 对新兴经济体来说，新常态主要包括以下内容：一是经济由高速增长转变为中高速增长，7%左右的经济增长率将成为常态；二是政府的宏观经济调控政策将由刺激增长向推动可持续发展转变；三是经济增长动力将由投资驱动、要素驱动向创新驱动转变，政府投资、出口导向让位于民间投资、国内消费，产业结构不断优化和转型升级。参见马光远：《什么是中国经济新常态?》，《中外管理》2014年第6期，第24页。

③ 李计广、黄宁《新兴经济体增长趋缓中的周期性和结构性问题及启示》，《华中师范大学学报》（人文社会科学版）2014年第5期，第44页。

④ 王力、黄育华主编《中国自贸区发展报告（2017）》，社会科学文献出版社，2017年，第12页。

的群体得到一定的补偿。在当前形势下，世界经济的普遍低迷大大降低了开放所带来的收益，从而使政府难以补偿那些全球化过程中受损的群体，[①] 全球化“受益群体”与“受损群体”之间的矛盾是逆全球化的重要推动力。作为逆全球化理论的一个突出观点，全球化会导致本国内部产业向国外转移，造成本国产业空心化、失业率增加、经济下行压力大。特朗普上台、英国脱欧等“黑天鹅事件”表明自由贸易的理念正受到前所未有的挑战。另外值得注意的是，对西方的精英们而言，全球化最重要的后果是中国的崛起及其对世界的影响。[②]

在世界经济低迷的环境下，各国政府扩大开放的意愿趋于降低。作为多边贸易体系的主要推动力量，世界贸易组织尽管于 2013 年 12 月的第九届部长级会议通过了巴厘一揽子协议，但部分发达国家与发展中国家出于对自身利益的考虑，加之在国际合作中存在很多差异性，使得试图借助多边谈判的形式取得一致意见显得异常困难，世界贸易组织所管辖的多边贸易体系进一步改革的谈判陷入僵局。与此同时，世界范围内的区域性贸易协定得到快速发展。在部分发达国家中，甚至把区域性贸易协定中规则的制定视作提升自身影响力的关键途径，比如“跨太平洋伙伴关系协定”（TPP）、“区域全面经济伙伴关系协定”（RECP）和“跨大西洋贸易与投资伙伴关系协议”（TTIP）等，此类协定正在成为部分发达国家开展国际贸易新格局塑造与竞争战略实施的关键工具。[③]

在主要经济体之间的大型贸易协定大有取代世界贸易组织多边贸易体制之势，但这种趋势被美国特朗普政府 2017 年 1 月 23 日正式宣布退出 TPP 所影响。基于推进高水平 TPP，推动国内经济结构改革，拉动经济增长，以及

---

① 王力、黄育华主编《中国自贸区发展报告（2017）》，社会科学文献出版社，2017 年，第 14 页。

② 张茉楠《“特朗普主义”下的逆全球化冲击与新的全球化机遇》，《求知》2017 年第 4 期，第 41 页。

③ 张金荣、朱颖《“一带一路”贸易新格局与新秩序》，《河南社会科学》2017 年 10 月，第 15 页。

争取亚太区域经济一体化的主导权的考虑，[①] 日本等其他 TPP 缔约国不再坚持要求美国回归 TPP，转而极力推动无美国版的 TPP。尽管 TPP 重新谈判存在很多困难，但不可否认的是，TPP 以及 TTIP 所推行的高水平贸易自由化规则仍是全球贸易新秩序的发展趋势。由此，在当前全球性多边贸易协定逐步边缘化，区域性和双边贸易协定大有取代之势的大背景下，国际经贸投资规则进入了重塑期。[②]

二、中国自贸区的设立背景

（一）应对中国经济发展面临的挑战和机遇的战略举措

随着外部经济形势持续恶化（主要目标市场经济持续低迷，国外消费水平下降，国际贸易保护主义抬头趋势明显，贸易摩擦不断等等），我国经济仍处于下行周期。主要表现在：对外贸易环境恶化，生态环境和老龄化将制约原有的经济增长方式，房地产周期拐点显现，无法继续带动经济增速，制造业产能过剩问题严重，成本上升，生产率下降，实体经济盈利能力下降，外国直接投资的增速远低于海外直接投资增速，各种资源错配导致效率低下。以出口为例，我国出口增速逐渐下滑，2015 年甚至出现了负增长。中国作为一个资源短缺越来越严重的国家，在经济运行原理上，必须以产成品出口的“超高速”增长换取经济“高速”增长所需的稀缺资源；一旦出口高增长的条件不复存在，潜在经济增长率必然显著回落。[③]

---

① 日本商工会议所的三村会长在 2017 年 4 月 20 日的例行记者见面会上指出，“当今世界，能够替代 TPP 的高水平多边贸易协定很难在短时间内成立，因此不能让该协定无效”。参见朴英爱、金香兰：《美国退出 TPP 对日本 FTA 战略的影响及其走势分析》，《现代日本经济》2017 年第 4 期，第 32 页。

② 赵博艺《多视角透析中国自贸区建设》，《国家治理》2016 年第 12 期，第 26 页。

③ 王家春《长期视角下的国际国内经济形势与货币政策》，《上海证券报》2014 年 4 月 18 日第 A04 版。

按照国际清算银行的风险三角[①]理论，我国正处在一个生产率不断下降，债务杠杆率不断上升，宏观经济政策空间明显收缩的“三元风险”当中。目前世界经济正处于金融危机以来的再平衡调整期，与此同时，我国经济也进入了以经济结构调整和经济发展方式转变为核心的新常态。[②] 过去30余年经济高速增长难以为继，中国经济发展面临一系列的挑战，亟待调整未来产业的发展方向。

生态环境和劳动力资源不再支持中国原有的经济增长模式。过去30年较粗放的工业化给空气、水源、土壤都造成了严重的污染，环境污染呈现污染源多样化、污染范围扩大化、污染影响持久化特征。全国有60%左右的城市空气质量不能达标。[③] 生态环境给民众健康带来的损害以及对经济增长的制约，正变得越来越显著。在劳动力资源方面，据联合国（2012年）预测，中国60岁以上老年人口的比重将从2010的13.26%上升到2025年的20%，到2050年将进一步上升到35%—40%。工作人口的比重（15—59岁）预计将从2000年的65%下降到2025年的62%和2050年的53%。到2020年，工作人口的增长率将转为负数，未来五年每年将减少700万至1000万人，累计将减少4000多万人。人口结构的这种变化趋势必然在一定程度上使得原有的经济增长模式难以为继，必须进行经济转型，由劳动增加的粗放型向技术密集型转变。

产能过剩也是制约中国经济发展的一个瓶颈。国务院发布的“十二五”中期评估报告指出，一方面服务业增长潜力没有完全释放，战略性新兴产业规模较小，另一方面，钢铁、水泥、电解铝、平板玻璃和船舶等行业产能过剩严重。中国政府强力刺激经济增长的政策使得产能过剩甚至成为一个系统

① 2016年6月26日，国际清算银行（BIS）年度报告指出，全球正长期面临三元风险（risky trinity），即生产率增速低、全球债务水平处于历史高位、政策回旋空间收窄。这给全球经济带来了诸多风险，因此BIS呼吁结构性改革刻不容缓。

② 王力、黄育华主编《中国自贸区发展报告（2017）》，社会科学文献出版社，2017年，第16页。

③ 国务院关于《中华人民共和国国民经济和社会发展第十二个五年规划纲要》实施中期评估报告。

性长期性问题。为了从根本上有效解决产能过剩问题，避免资源的浪费和其他一系列副作用，国家进行深层次的改革和产业升级调整，同时鼓励发展新兴技术密集型产业。

除此之外，中国经济发展还面临一些其他问题，如消费需求增速很难有显著的提升，全球经济不振导致出口压力增大，贫富差距成为需求增长的重要制约因素。另外，房地产市场形成下行拐点的压力越来越大。从租金回报率、空置率、家庭房租收入比、家庭房价收入比等指标看，中国房价存在泡沫是毋庸置疑的。① 这些因素都制约着中国经济的进一步发展，从而需要寻找新的突破口。

应该看到，中国经济发展也正处于难得的重要战略机遇期。一是第三产业发展迅猛，产业结构逐步优化。第三产业是中国发展的重要方向，也是中国调整产业结构、化解过剩产能的重要出路。国家统计局 2017 年 1 月 20 日发布的数据显示，2016 年第三产业增加值比上年增长 7.8%，占 GDP 的比重达到 51.6%，这使得产业结构更加优化。② 二是内需市场庞大，消费潜能巨大。从消费需求来看，中国拥有 13 亿多人口，由于收入分配状况有待改善以及社会保障不到位，消费潜能并未完全释放。近年来，中国居民总体收入差距呈现下降趋势，由此带来中等收入群体大幅增加，从而释放出强大的消费力。三是创新驱动战略促进经济发展方式转变，推动经济可持续发展。过去很大程度上依赖于要素驱动的中国经济必然要走创新驱动发展之路，以有效解决生产要素报酬递减和稀缺资源的瓶颈问题。四是“双轨制”国家战略稳步推进，城镇化进程还将持续。“一带一路”沿线国家和中西部地区仍然需要大量的基础设施投资和公共服务建设，因此，国际国内投资需求仍将是中国经济发展的重要动力。

自贸试验区国家战略的推出正是为了应对上述挑战和机遇。自贸区正在

---

① 王家春《长期视角下的国际国内经济形势与货币政策》，《上海证券报》2014 年 4 月 18 日第 A04 版。

② 丁天娇、唐琴、马招弟《我国第三产业发展水平的实证分析》，《农村经济与科技》2017 年第 14 期，第 125 页。

实施的创新驱动发展战略有助于挖掘庞大的内需市场、拉动国内外消费的潜力；自贸试验区重点发展的现代物流、科技服务等战略性新兴服务业必将促进中国第三产业的发展和全产业链的优化升级，使中国经济向产业链上游转移；自贸试验区中现代物流、旅游休闲等改革、建设项目将会成为激活中国消费市场的催化剂。总的来说，我国自贸试验区战略的内涵是创新、改革、试验，它能够有效解决生产要素报酬递减和稀缺资源的瓶颈问题，能够打造促进经济增长和就业创业的新引擎，构筑参与国际竞争与合作的新优势，推动形成可持续发展的新格局，促进经济发展方式的转变。①

（二）对接高标准国际经贸规则，适应国际经济形势变化

当前，WTO 多边贸易体制下的多哈回合谈判步履维艰，为保障各自的经贸利益，越来越多的国家寻求通过达成自由贸易协定以及双边投资条约来进一步促进贸易自由化，从而导致国际贸易体制从单一化向多元化方向发展。②这一趋势主要由以美国为首的西方国家推动，意图改变现有的已对其不利的国际经济形势（发展中国家正在熟知 WTO 的运行规则，近年获胜案件不断增加，很大程度上损害了西方发达国家对世界经济的主导地位）。③ 跨太平洋伙伴关系协定、诸边服务贸易协定（PSA）和跨大西洋贸易与投资伙伴协定以及众多发达国家作为一方的双边投资贸易协定不断推进国际投资贸易领域的制度创新。这些高标准的国际经贸标准意在跨地域经贸整合，使之重掌全球经济霸主地位。由于采取高标准规则，尤其在政府机构设置、管理体制和透明度方面有极高要求，一般发展中国家难以正常加入，从而导致仅发达国家之间互惠互利，发展中国家不能主张 WTO 最惠国待遇权利而受到严重排斥，很大程度上抵消了发展中国家日益增长的经济实力和国际市场竞争力。

---

① 陈宗胜、吴志强《论中国自贸试验区建设的意义、目标及难点》，《全球化》2016年第 3 期，第 64 页。

② 转引自黄洁：《TPP 视野下的中国自由贸易区战略研究》，上海人民出版社，2016年，第 292 页。

③ 转引自李猛：《中国自贸区法律制度建立与完善研究》，人民出版社，2017 年，第 1 页。

2012年中国对外投资跻身全球前三甲，2014年中国首次对外投资超过了外资流入，成为对外净投资国。这说明我国无论是对外投资还是吸引外资都既有意愿，也都形成了相当的规模。无论是“一带一路”倡议还是与美国等国的高水平BIT谈判都会推动中国两方面的外资流动。然而不可忽视的是无论是在亚洲还是欧洲的“一带一路”沿线国家，中国企业的投资都面临风险和障碍。中国“一带一路”倡议的法律合作模式存在三大亟待解决的问题：一是中国与“丝绸之路经济带”沿线国家签订的BIT老旧，不足以保障中国投资者权益；二是在“一带一路”沿线，中国现有或在谈的FTA数量分布不均衡，开放质量有待提高；三是政治声明等“软法”性文件需要上升到有强制约束力的“硬法”性协定。①

在非“一带一路”沿线国家也存在类似的问题。以中美BIT为例，美国学者基于美国在华投资额巨大，提出美国需要同中国签订BIT以保护美国投资者，使中国承担有约束的高标准义务。② 另一方面，中国对美直接投资也急剧增长，中国也在考虑华资在美国的投资安全问题。大多学者都认为，中美双边投资条约的重要性和必要性不仅在于通过刺激中美间的双向投资以充分利用彼此的比较优势和广阔的市场，达到提升经济的目的，还在于世界前两大经济体之间的双边投资条约有望在将来成为国际投资新标准。

中国自贸区在上述国际形势背景下设立，意在实行制度创新，与国际高标准贸易规则相接轨，管理制度更加法制化、现代化和国际化，为中国尽早加入上述多边自由贸易协定奠定基础和创设有利前提，以便在获取更多国际商贸机遇的同时，加入更为公平的国际经济竞争平台。③ 通常在对贸易和投资法律框架进行重大改革之前，中国往往会选定特定的地理区域，先进行小规

---

① 黄洁《TPP视野下的中国自由贸易区战略研究》，上海人民出版社，2016年，第73—84页。

② Simon Lester，“*Do We Need an Investment Treaty with China?*” 3 December 2012，http://nationalinterest. org/commentary/do-we-need-investment-treaty-china-7799，2017年7月4日。

③ 孙芳、杨丹丹《TPP和TTIP——美国战略与中国应对》，《国际经贸合作》2014年第9期，第45页。

模的改革试点。中国自贸试验区的发展和革新，与中国进行了高标准的贸易谈判和采纳国际高标准规则存在互动和影响关系。[①]

（三）建设自贸试验区是推进政府职能转变的制度创新试验田

中国自贸区的战略任务的实现需要与之相应的政府职能转变予以配合。在外资领域、海关监管领域以及服务市场领域，中国政府以往基于国家经济安全的考虑偏重事前监管，对外资市场准入、货物通关等有着非常严格的审批制度，同时存在着行政效率低下、手续冗繁、透明度不够以及事中事后监管不力等缺陷，一定程度上削弱了外资外商投资中国的热情以及贸易便利化程度。

中国正力图以自贸区为契机和平台，以制度创新“先行先试”，全面推行新一轮的政治经济文化体制改革，彻底转变政府职能。以往中国政治体制改革的阻力主要来源于多方利益难于协调、改革风险较大。自贸试验区战略的思路是在兼顾改革风险与发展效率的前提下，通过 11 个自贸试验区“先行先试”取得可复制、可推广的改革经验，再推广于更大区域范围内适用。

中国自贸试验区试行以来，无论是准入前国民待遇、负面清单制度，还是先证后照、一口管理、单一窗口，公司设立由实缴制改为认缴制，以至目前关于国家安全审查机制、市场退出机制、反垄断措施、“互联网＋”和大数据在管理中的应用等新兴议题，均是围绕政府职能转变为中心而展开。借助“一线放开、二线管住”进行有益制度创新，对外资准入审批由审批制改为备案制，尝试放宽市场准入前监管，转为事中、事后监管，政府职能逐渐由管理型转变升级为服务型。[②]

---

① 黄洁《TPP 视野下的中国自由贸易区战略研究》，上海人民出版社，2016 年，第 287 页。

② 李猛《中国自贸区法律制度建立与完善研究》，人民出版社，2017 年，第 3 页。

第二节　我国各自贸试验区的建设情况

中国“1（上海）+3（广东、天津、福建）+7”的自贸试验区国家战略布局涵盖了东部率先发展、西部地区开发、东北地区振兴、中部地区崛起等重大战略以及“一带一路”倡议，在概念上从党的十八大提出的“加快实施自由贸易区战略”中独立出来，宣告中国对外开放“双轨制国家战略格局”初步成型。[①] 在国内合适地区设立自贸试验区是中国提升应对正在深刻演进的国际经贸规则体系能力的战略举措，在自贸试验区试行更高标准的贸易投资规则并探索出一套可以复制的政策体系和管理体制，是我国设立自贸试验区的基本目标。[②] 我国设立的自贸试验区，除了潜在的新的世界经济规则威胁、中国全面深化改革的要求以及中国区域战略发展的因素以外，还考虑了地缘合作优势下的先行先试，以期推动高水平对外开放，寻找新的经济增长点。[③]

---

① 我国官方意义上的“自由贸易区国家战略”，即党的十八大提出的“加快实施自由贸易区战略”，包括作为单边贸易投资自由化载体的“自贸试验区国家战略”与作为双边、区域、多边贸易投资自由化载体的“自由贸易区国家战略”。参见陈利强：《中国自由贸易试验区法治建构论》，《国际贸易问题》2017年第1期，第3页。

② 陈玉祥、杨雪《中国自贸园区战略与地方政府治理》，《湖北大学学报》（哲学社会科学版）2015年第3期，第111页。

③ 林江、范芹《广东自贸区：建设背景与运行基础》，《广东社会科学》2015年第3期，第21页。

表 5-2 中国十一个自贸区的职能和定位

自贸区	主要职能	战略方向	定　　位
上海	加快政府职能转变；扩大投资领域的开放；推进贸易发展方式转变；深化金融领域的开放创新；完善法制领域的制度保障	世界各国	在投资贸易便利化、货币兑换自由、监管高效便捷以及法治环境规范等方面担当先行者
广东	营造法治化国际化营商环境，优化法治环境；推进粤港澳服务贸易自由化，扩大对港澳服务业开放；强化粤港澳国际贸易功能集成，推进贸易发展方式转变；推动适应粤港澳服务贸易自由化的金融创新和投融资汇兑便利化	侧重港澳合作	依托港澳、服务内地、面向世界，打造“粤港澳深度合作示范区、21 世纪海上丝绸之路重要枢纽和全国新一轮改革开放先行地”
天津	制度创新：突出天津特色，为国家试制度；服务京津冀，为新区谋发展；重点发展新金融；融资租赁业在全国走在前列	京津冀协同发展	成为京津冀协同发展高水平对外开放平台、全国改革开放先行区和制度创新试验田、面向世界的高水平自贸区
福建	建立有利于科学发展和深化两岸交流合作的体制机制；发展高新技术新产业和新服务业，构建区域性国际贸易中心；发展现代临港产业，完善配套的服务体系	突出对台自由贸易	制度创新的试验田、深化两岸经济合作的示范区和建设 21 世纪海上丝绸之路的核心区
重庆	建设我国内陆的国际物流中心；重点发展金融服务、航空、交通物流和信息通信技术等合作领域；以重庆保税区为基地，发展进出口加工贸易，构建辐射境内外的国际贸易体系	西部地区门户开放	主要落实中央关于发挥重庆战略支点和连接点重要作用、加大西部地区门户城市开放力度的要求，带动西部大开发战略深入实施

（续表）

自贸区	主要职能	战略方向	定　位
湖北	创新承接国内外产业转移方式，加强产业转移重点承接地建设；依托东湖国家自主创新示范区，推动制度创新，转变创新模式，发展新兴产业和高新技术产业	产业创新	落实中央关于中部地区有序承接产业转移、建设一批战略性新兴产业和高技术产业基地的要求，发挥其在实施中部崛起战略和推进长江经济带建设中的示范作用
河南	利用交通枢纽和客货物集散地的区位优势，依托新亚欧大陆桥，发展临港服务、航空物流、保税物流等产业，提升货物中转和疏散能力	交通、物流	落实中央关于加快建设贯通南北、连接东西的现代立体交通体系和现代物流体系的要求，建设服务于“一带一路”的现代综合交通枢纽
四川	推进创新平台建设，不断开拓产能合作新领域；依托成都的综合交通枢纽优势和各类要素的成本优势，打造内陆地区中转体系，发展转口贸易；加强以成都为中心的各区域之间的联动发展与协同合作	全面创新改革试验区的核心城市	主要发展临港服务、航空物流、保税物流等产业，大力完善陆空衔接的现代综合运输体系，提升货物中转和疏散能力，逐步发展为国际航空物流中心
陕西	形成辐射丝绸之路经济带的创新产业基地；以丰富的历史文化资源和教育科技资源为依托，加强同“一带一路”沿线国家的文化交流	西部大开发战略的前沿阵地	发挥“一带一路”建设对西部大开发的带动作用、加大西部地区门户城市开放力度，打造内陆型改革开放新高地，探索内陆与“一带一路”沿线国家经济合作和人文交流新模式
辽宁	将与“一带一路”沿线国家的国际产能和装备制造合作，加快构建双向投资促进合作新机制	面向东北亚	具有国际竞争力的先进装备制造业基地、面向东北亚开放合作的战略高地、国际海铁联运大通道的重要枢纽

（续表）

自贸区	主要职能	战略方向	定　　位
浙江	就推动大宗商品贸易自由化，提升大宗商品全球配置能力进行探索	投资贸易便利化	围绕全产业链的投资便利化、贸易自由化，力争在企业准入资质、金融政策配套、口岸监管便利、税收政策创新等关键领域取得突破

一、上海自贸区建设进展情况

中国自贸试验区建设源自于上海自贸区，是中国改革开放三十多年、摸着石头走完浅滩之后，开始向深水区挺近之前的一次热身。① 2013 年 9 月 18 日，国务院正式颁布《中国（上海）自由贸易实验区总体方案》，以上海外高桥保税区、上海外高桥保税物流园区、洋山保税港区和上海浦东机场综合保税区等 4 个功能单一的海关特殊监管区，约 28.78 平方公里组成的自贸园区正式挂牌成立。② 建立中国（上海）自由贸易试验区，是党中央、国务院做出的重大决策，是深入贯彻党的十八大精神，在新形势下推进改革开放的重大举措，对加快政府职能转变、积极探索管理模式创新、促进贸易和投资便利化，为全面深化改革和扩大开放探索新途径、积累新经验，具有重要意义③，

① 胡加祥《上海自贸区三周年绩效梳理与展望》，《东方法学》2017 年第 1 期，第 141 页。

② 由于上海自贸实验区区域过小，无法涵盖制造业与金融业的改革试验，造成产业结构单一，园区租金过高，无法取得预期成效。如自贸区内企业活力不足，自贸区登记企业到 2014 年 6 月达到 10445 家，但缴纳税收的企业不到 1/3。多数企业只在自贸区注册，没有在自贸区经营。因此，2015 年中央政府对上海自贸区进行扩容，将上海张江高科技园区、陆家嘴金融服务区纳入上海自贸实验区，使上海自贸区面积达到 128 平方公里。参见全毅：《中国自贸园区发展进程与福建自贸区建设策论》，《发展研究》2016 年第 11 期，第 32 页。

③ 《国务院关于印发中国（上海）自由贸易试验区总体方案的通知》，国发〔2013〕38 号。

是国家战略需要。

上海自贸试验区是在上海综合保税区基础上设立发展的。它是我国发展最为成熟的海关特殊监管区域之一，经济规模、功能拓展、业务创新及企业集聚在全国处于领先地位，为新一轮产业经济发展奠定了良好的基础。近年来，面对全球经贸投资规则体系重塑的外部环境，传统海关特殊监管区域产业经济发展进入转型升级新阶段。自贸试验区建设为区域转型升级发展带来新的战略机遇和新的更高要求。①

(一)《中国（上海）自由贸易试验区总体方案》解读

《中国（上海）自由贸易试验区总体方案》（以下简称《方案》）对上海自贸区的发展提出了总体要求："试验区肩负着我国在新时期加快政府职能转变、积极探索管理模式创新、促进贸易和投资便利化，为全面深化改革和扩大开放探索新途径、积累新经验的重要使命，是国家战略需要。"《方案》指出上海自贸试验区的总体目标是："经过两至三年的改革试验，加快转变政府职能，积极推进服务业扩大开放和外商投资管理体制改革，大力发展总部经济和新型贸易业态，加快探索资本项目可兑换和金融服务业全面开放，探索建立货物状态分类监管模式，努力形成促进投资和创新的政策支持体系，着力培育国际化和法治化的营商环境，力争建设成为具有国际水准的，投资贸易便利、货币兑换自由、监管高效便捷、法制环境规范的自由贸易试验区，为我国扩大开放和深化改革探索新思路和新途径，更好地为全国服务。"

根据《方案》，上海自贸试验区肩负的使命是"探索建立投资准入前国民待遇和负面清单管理模式，深化行政审批制度改革，加快转变政府职能，全面提升事中事后监管水平。要扩大服务业开放、推进金融领域开放创新，建设具有国际水准的投资贸易便利、监管高效便捷、法制环境规范的自由贸易试验区，使之成为推进改革和提高开放型经济水平的'试验田'，形成可复

① 《关于印发〈中国（上海）自由贸易试验区产业规划〉的通知》，http://www.jinqiao.gov.cn/notice/1612.jhtml，2017年6月12日。

制、可推广的经验，发挥示范带动、服务全国的积极作用，促进各地区共同发展”。① 为此，国务院先后出台近 20 部直接与上海自贸区相关的法规和规章，上海市也制定了一系列配套政策，内容涉及行政、金融、海关等重点领域。上海自贸区累计设立外资企业 7321 家，接近区内挂牌前 20 年外商投资企业的总数；54 项扩大开放措施中有 27 项复制、推广到全国。其中 22 项被《外商投资产业指导目录（2015 年修订）》采纳，5 项服务业开放措施由国务院发文明确在全国复制推广。②

（二）改革成效

上海自贸区以简政放权、放管结合的制度创新为核心，加快政府职能转变，探索体制机制创新，在建立以负面清单管理为核心的外商投资管理制度、以贸易便利化为重点的贸易监管制度、以资本项目可兑换和金融服务业开放为目标的金融创新制度、以政府职能转变为核心的事中事后监管制度等方面，形成了一批可复制、可推广的改革创新成果。③ 截至 2017 年年底，上海自贸试验区的改革成效主要包括四个方面：

1. 国家治理制度变革，加快政府职能转变

（1）深化行政审批改革，加快政府职能转变。

自 2015 年 4 月 1 日起，原本由上海市发展改革、商务、国土规划、建设管理、交通和环保等 14 个职能部门行使的 71 项有关行政审批和管理权，开始由自贸区管委会集中行使。④ 同年 4 月 20 日，国务院《进一步深化上海自贸区改革开放方案》25 条内容中的 12 条涉及政府职能转变。上海市市级部门向浦东新区下放了 151 项行政审批事权，其中 104 项属于市政府各部门的事

---

① 《国务院关于印发中国（上海）自由贸易试验区总体方案的通知》，国发〔2013〕38 号。

② 《小区域引领大空间，上海自贸区成开放“加速器”》，《第一财经日报》2017 年 1 月 16 日，第 A01 版。

③ 参见《今日头条》：《扩区后，自贸区管委会将和浦东新区政府合署办公》，https://www.toutiao.com/a4273281298/，2017 年 6 月 12 日。

④ 《上海市人民政府关于中国（上海）自由贸易试验区管理委员会集中行使本市有关行政审批权和行政处罚权的决定》（沪府令 26 号）。

权在《深化改革方案》出台时已全部完成下放。浦东新区政府同上海自贸区管委会合署办公后，优化了232项行政审批，通过编制权力清单和责任清单规范了权力运行。经过清权、减权、制权，上海自贸区在成立两周年时形成了职能转变“1+3+2”方案。其中，“1”即指市级经济领域的行政审批事项原则上全部下放到自贸区，第一批下放163项，第二批下放68项。根据浦东新区2015年统计年鉴发布的数据显示，2015年，浦东新区区级机关行政编制精简率达到15%，内设机构精简率约16%。①

自贸区的行政审批改革示范效应也产生了更大范围的影响。上海市自2014年1月21日公布第七批取消和调整行政审批目录后，开始转为一年内多次公布。上海市先后共取消和调整行政审批3366项，其中，自贸区挂牌后，取消和调整7次，共1129项，占总数的33.54%，包括取消313项和调整816项。②

（2）优化工商登记制度，优化营商环境。

上海自贸区自成立之初就开始试行注册资本认缴制改革，取消普通公司最低注册资金限额、股东出资比例及期限要求。③ 这种工商登记制度改革试验很快反映到国家立法当中，公司法修改了企业设立的相关规定，随后，通过实施《注册资本登记制度改革方案》在全国范围内推进工商登记改革。考虑到科技创新型企业与传统行业企业不同，具有出资方式多样、股权变化频繁的特点，因此办理涉及股东、法定代表人等工商登记的便利程度对于其引进天使投资者、实施股权激励计划的成功与否至关重要。2015年6月，上海市工商局对相关行政审批做出三方面的改革④：一是允许企业依法合规自愿登记，对于企业设立以及股东、法定代表人等主要由企业自主决定的事项，原

---

①② 胡加祥《上海自贸区三周年绩效梳理与展望》，《东方法学》2017年第1期，第141页。

③ 《国家工商行政管理总局关于支持中国（上海）自由贸易试验区建设的若干意见》（工商外企字〔2013〕147号），2013年9月26日。

④ 为进一步支持科创中心建设，营造大众创业、万众创新的市场环境，推动工商登记便利化，上海市工商局2015年6月2日制定并发布《公司股东及法定代表人登记管理办法（试行）》，简化公司股东及法定代表人登记程序。

则上不再对企业登记实施实质性审查，不要求全体股东当场办理，不要求当事股东亲自办理，放松政府对于企业自主经营的管制；二是提升工商登记便利化，除非企业涉嫌提交虚假申请材料，市场监管部门原则上不再对企业登记实施实质性审查；三是强化企业主体信用责任。这一改革的效果十分明显，上海自贸区内企业设立数量和资金规模快速增长。工商登记制度改革在全国推进半年时间内，全国新登记注册市场主体659.59万户，同比增长15.75%，新增注册资本（金）10.79万亿元，同比增长高达66.7%。[①]

与工商登记密切相关的“五证合一、一照一码”登记制度也在上海自贸区加快推进。该制度是继续深化商事制度改革、优化营商环境、推动大众创业、万众创新的重要举措。[②] 由原先不同部门分别核发营业执照、组织机构代码证、税务登记证三张证照，改为对各类企业核发一张加载统一社会信用代码的营业执照。2016年10月8日，上海颁出“五证合一”后首批加载有统一社会信用代码的营业执照，成为全国最早实现全部市场主体“五证合一”登记制度的省市。

自贸区内实行“先照后证”模式，取得营业执照的企业即可从事一般生产经营活动；从事需要许可的生产经营活动的，可以在取得营业执照后，再向主管部门申请办理。[③] 此后，上海自贸区85%前置审批事项改为后置审批。除了国务院明确的“先照后证”事项外，国家工商行政管理总局还发布了《中国（上海）自由贸易试验区先照后证改革事项目录》，包括41项内容，准备在条件成熟时开始实施。目前，上海自贸区于2015年1月推出的“先照后

---

① 胡加祥《上海自贸区三周年绩效梳理与展望》，《东方法学》2017年第1期，第141页。

② 2016年6月30日，国务院办公厅发布了《关于加快推进“五证合一、一照一码”登记制度改革的通知》(国办发〔2016〕53号)，从2016年10月1日起在全面实施工商营业执照、组织机构代码证、税务登记证“三证合一”登记制度改革的基础上，再整合社会保险登记证和统计登记证，正式实施“五证合一、一照一码”，在更大范围、更深层次实现信息共享和业务协同，巩固和扩大“三证合一”登记制度改革成果，进一步为企业开办和成长提供便利化服务。

③ 《中国（上海）自由贸易试验区管理办法》第14条。

证”12 项改革措施已在全国推广。①

（3）扩大投资领域开放，探索建立负面清单管理模式②。

上海自贸区借鉴国际通行规则，对外商投资试行准入前国民待遇，研究制订了试验区外商投资负面清单。2013 年 10 月起施行的第一版“负面清单”制度共包含 190 条管理措施。2014 年 6 月，上海市人民政府发布了“2014 负面清单修订版”，将管理措施缩减为 139 条。2015 年 4 月，国务院办公厅颁发第三版负面清单，适用范围扩展到福建、广东、天津和扩区后的上海四地自贸区，由最初的 190 条减少至 122 条，彻底解除部分行业的限制。③ 改革外商投资管理模式，全面实施外商投资和境外投资备案制。④ 减少包括选择金融服务、航运服务、商贸服务等服务业的准入限制措施（银行业机构、信息通信服务除外），将外商投资企业合同章程审批改为由上海市负责备案管理。依据内外资一致的原则对“负面清单”外行业的投资项目由“核准制”改为“备案制”、外商投资企业合同章程审批改为备案管理，完善企业准入“单一窗口”制度，完善国家安全审查制度，试点开展涉及外资的国家安全审查，逐步形成了与国际接轨的安全高效的外商投资管理制度。

2. 贸易自由化改革，推进贸易发展方式转变

2015 年 1 月 29 日，国务院发布了《关于推广中国（上海）自由贸易试验

---

① 胡加祥《上海自贸区三周年绩效梳理与展望》，《东方法学》2017 年第 1 期，第 141 页。

② 负面清单管理模式的实质是投资自由化。根据自贸区授权法，在自贸区内对“外资三法”规定的行政审批进行调整，制定的《中国自由贸易试验区外商投资准入特别管理措施》对负面清单之外的领域，将外商投资项目核准制改为备案制，将外商投资企业合同章程审批改为备案管理。其次是采取负面列表的投资管理制度。

③ 周晓娟、王海燕《上海自贸区运行的创新经验及推广路径研究》，《区域经济》2016 年 12 月，第 102 页。

④ 《中国（上海）自由贸易试验区管理办法》《中国（上海）自由贸易试验区外商投资准入特别管理措施（负面清单）2013 年》《中国（上海）自由贸易试验区外商投资项目备案管理办法》《中国（上海）自由贸易试验区境外投资项目备案管理办法》《中国（上海）自由贸易试验区外商投资企业备案管理办法》和《中国（上海）自由贸易试验区境外投资开办企业备案管理办法》六项管理办法，共同构建了上海自贸区投资备案制法律框架。

区可复制改革试点经验的通知》，要求把上海自贸区可复制、可推广的改革创新成果在全国其他海关特殊监管区域复制推广。其中，贸易便利化领域和海关创新制度的内容包括全球维修产业检验检疫监管、中转货物产地来源证管理、检验检疫通关无纸化、第三方检验结果采信、出入境生物材料制品风险管理、期货保税交割海关监管制度、境内外维修海关监管制度、融资租赁海关监管制度等。事实上，除了这些可复制推广的经验外，国务院、海关总署以及自贸区管委会等部门关于上海自贸区海关领域改革颁布的新规多达数十项。[①] 上海自贸区在贸易便利化及海关监管方面的创新主要表现为三个方面：(1) 构建海关、商检和外汇等政府机构的协同、高效管理模式，促进贸易便利化。遵循国际惯例和标准，上海自贸区贸易便利化改革包括了贸易过程的所有环节，涉及海关、检疫、支付、运输、许可、保险、企业信息及电子数据传输等方面。这方面的改革改变了长期以来的部门垂直化管理导致的海关、商检及其他职能部门间协调机制不畅的问题，提高了进出口效率。自由贸易区实行“一线放开、二线安全高效管住、区内自由”的监管制度。自贸区按照“一次申报、一次查验、一次放行”，在自贸区综合服务大厅内设有海事、海关、检验检疫等中央驻区监管部门和工商、税务、质监、公安等市政府驻区职能部门办事窗口，实现“一口受理”的办事模式，实行质检、税务等跨

---

① 国务院《加快海关特殊监管区域整合优化方案》，全面部署海关特殊监管区域整合优化和创新升级，推进海关特殊监管区域“四个整合”及“四个优化”。另外，海关总署单独或联合其他部门数次出台规定，支持上海自贸区海关制度创新，包括《关于中国（上海）自由贸易试验区有关进口税收政策的通知》《关于安全有效监管支持和促进中国（上海）自由贸易试验区建设的若干措施》《关于从中国（上海）自由贸易试验区进口的涉及自动进口许可证管理货物开展通关作业无纸化试点的公告》《关于海关特殊监管区域内保税维修业务有关监管问题的公告》和《关于实行自动进口许可证通关作业无纸化的公告》。在地方层面，《中国（上海）自由贸易试验区条例》以自贸区“基本法”的形式鼓励开展海关制度创新。此外，截至 2016 年上半年，上海海关、上海自贸区管委会、上海市商委、上海市经信委、上海出入境检验检疫局以及上海市工商局均参与了上海自贸区海关制度创新，其中，上海海关单独出台实施文件 36 部，联合参与制定文件 4 部。参见胡加祥：《上海自贸区三周年绩效梳理与展望》，《东方法学》2017 年第 1 期，第 141 页。

部门数据共享和网上自动赋码等便利措施，提高通关效率。[①] 此外，自贸区还采取了其他可复制到全国海关特殊监管区的贸易便利化措施，如：建立数据共享系统和电子口岸，国际贸易结算服务，拓展专用账户的服务贸易跨境支付和融资功能，凭舱单“先进区、后报关”，预检验，第三方检验结果采信等等。（2）积极培育贸易新型业态和功能，推动贸易转型升级。形成以技术、品牌、质量、服务为核心的外贸竞争新优势，加快提升我国在全球贸易价值链中的地位。鼓励跨国公司建立亚太地区总部，深化国际贸易结算中心试点，支持试验区内企业发展离岸业务，在试验区内设立国际大宗商品交易和资源配置平台，扩大完善期货保税交割试点，拓展仓单质押融资等功能，鼓励设立第三方检验鉴定机构，加快培育跨境电子商务服务功能，试点建立与之相适应的海关监管、检验检疫、退税、跨境支付、物流等支撑系统。（3）提升国际航运服务能级。积极发挥外高桥港、洋山深水港、浦东空港国际枢纽港的联动作用，探索形成具有国际竞争力的航运发展制度和运作模式。积极发展航运金融、国际船舶运输、国际船舶管理、国际航运经纪等产业。加快发展航运运价指数衍生品交易业务。

3. 深化金融领域的开放创新

金融改革是上海自贸区制度创新探索的重要方面，也是“先行先试”成败的关键所在。[②] 上海自贸区构建了以自由贸易账户体系为核心的金融改革创新的风险审慎管理机制，在资本项目可兑换以及金融开放等领域形成了一套推进金融开放的风险防控体系和金融基础设施。自贸区金融改革的主要内容包括以下两大方面：一是金融机构和服务平台的开放。自贸区明确支持各类

---

① 上海自贸区推出自贸区“办税一网通”十项创新服务举措，即网上自动赋码、网上发票应用、网上区域通办、网上自主办税、网上审批备案、网上资格认定、网上非贸管理、网上按季申报、网上信用评价以及网上服务体验。网上办税受欢迎程度“出乎意料”地好，国家税务局决定逐步向全国税务系统复制推广。参见：《上海市税务局“办税一网通”逐步向全国税务系统复制推广》，国家税务局网站，http://www.chinatax.gov.cn/n810219/n810739/c1432741/content.html，2017 年 6 月 14 日。

② 季卫东《金融改革与“法律特区”——关于上海自贸区研究的一点刍议》，《东方法学》2014 年第 1 期，第 86 页。

金融机构在实验区设立分支机构，包括中外资银行、保险公司以及非银行金融机构，特别是民营银行、金融租赁公司和消费金融公司等金融机构。2015年上半年，浦东新增各类金融机构超过2100家（其中90%设立在自贸区），累计达到7343家，金融业增加值占比超过22%，对GDP增长的贡献率达60%左右。① 截至2016年5月底，自贸试验区金融改革引发的跨境收支达6.1万亿元，涉及100个国家和地区，涉及23936家境内外企业（其中境外企业约3000家）；累计开设FT账户52803个，涉及的产品和服务包括境外融资、跨境大额存单、黄金国际交易、大宗商品现货及保税铜溢价、跨境并购、跨境理财等多类型业务。② 二是金融市场化改革。明确在风险可控前提下，自贸区内允许实现人民币资本项目的可兑换、金融产品利率市场化、人民币跨境使用等先行先试。③ 在自贸区内实现金融机构资产价格市场化定价。鼓励企业充分利用境内外两种资源、两种市场，实现跨境融资便利化。简化跨境贸易和投资人民币结算业务流程、跨境人民币支付业务，跨国公司外汇资金集中运营管理，取消境外融资租赁债券审批和对外担保行政审批等措施。与此同时，以全口径跨境融资宏观审慎管理制度为代表的多项措施已复制到全国，为我国参与高水平自贸区谈判所涉及的金融领域开放提供了良好的制度环境。④

二、天津、广东、福建自贸实验区进展情况

2015年4月20日，国务院公布了广东、天津、福建三地的自贸区的总体方案以及上海自贸区改革开放方案。整体上看，前两批4个自贸试验区继续以成为改革开放排头兵、创新发展先行者以及形成更多可复制、可推广的经

① 王志彦《163项市级权力率先下放自贸区》，《解放日报》2015年7月28日，第1版。

②④ 沈玉良《上海自贸试验区运行三周年评估研究》，《科学发展》2017年2月，第50页。

③ 《中国（上海）自由贸易试验区总体方案》。

验为目标，进一步扩大改革开放的创新措施。一是坚持制度创新。在投资管理制度、贸易监管、金融制度和事中事后监管等 4 个领域加快改革创新。二是服务国家战略。广东自贸区立足推动内地与港澳经济深度合作，天津自贸区立足于京津冀协同发展，福建自贸区立足于深化两岸经济合作，上海自贸区继续推进投资贸易便利化、货币兑换自由、监管高效便捷以及法治环境规范。三是建设开放高地。适用统一的外商投资负面清单，缩小限制的范围，提升了开放度和透明度。四是辐射带动周边。广东自贸区以加工贸易转型带动泛珠三角区域和内地区域的产业升级，天津自贸区通过促进京津冀协同发展来辐射内陆的发展，福建自贸区着力加强闽台产业对接、创新两岸服务业合作模式。五是有效防控风险。试行外商投资国家安全审查制度，推进口岸监管制度、检验检疫监管模式创新，完善跨行业、跨市场的金融风险监测评估的机制。①

（一）天津自贸试验区建设进展情况

1. 基本情况

天津自贸试验区成立于 2015 年 4 月 21 日，包括天津滨海新区、东疆保税港区和天津港保税区三个片区，总面积 120 平方公里。天津自贸区的战略地位是以制度创新为核心任务，以可复制可推广为基本要求，努力成为京津冀协同发展的高水平对外开放平台、全国改革开放先行区和制度创新试验田、面向世界的高水平自由贸易园区。

天津自贸区总体目标是经过三至五年改革探索，将自贸试验区建设成为贸易自由、投资便利、高端产业集聚、金融服务完善、法制环境规范、监管高效便捷、辐射带动效应明显的国际一流自由贸易园区，在京津冀协同发展和我国经济转型发展中发挥示范引领作用。②

2. 区位优势与改革成效

---

① 陈君《中国公布第二批自由贸易试验区总体方案》，http://www.chinatoday.com.cn/chinese/sz/news/201504/t20150421_800032864.html，2017 年 6 月 12 日。

② 《国务院关于印发中国（天津）自由贸易试验区总体方案的通知》，http://www.gov.cn/zhengce/content/2015-04/20/content_9625.htm，2017 年 6 月 12 日。

天津自贸实验区具有如下区位优势：一是制造业企业成本降低。天津因悠久的工业历史、便利的交通、发达的港口贸易以及优惠的政府政策，经济发展迅速。天津自贸区的建立，可以缩短制造业企业通关时间、减少企业进出口税率、加快物流速度、降低企业成本、促进贸易便利化。二是融资租赁业务发达。2015 年 12 月，国务院常务会议明确指出，支持天津自贸试验区重点发展金融融资租赁业务。东疆片区是我国飞机、船舶和海工设备等大型设备租赁的聚集地，其中，飞机租赁业务达到全国的 85%以上，船舶租赁量达到全国的 83%以上。[①] 借助制造业的优势，天津融资租赁十分发达，不仅规模占全国融资租赁总规模的 1/4，而且在融资租赁模式上创新程度也是遥遥领先的。三是金融创新政策不断出台。滨海中心片区是天津金融改革创新区，是国内少数拥有金融全牌照的区域。政府大力推进天津自贸区金融改革创新，中国人民银行发布金融改革 30 条，具体拆分成 60 项措施。天津提出三地应为促进产业结构升级和实现一体化发展创立基金，支持金融机构对加快京津冀一体化的自贸区项目进行贷款融资，将金融与网络技术巧妙联系起来，可以快速为企业提供资金。[②] 截至 2015 年末，滨海中心片区金融业实现地区生产总值 131 亿元，占比达 85.62%。[③]

天津自贸区成立两年来，取得了阶段性改革成效，形成了一系列可复制可推广的制度创新经验，对京津冀协同发展提供了重要帮助。天津全市 31 个单位牵头承担的《总体方案》90 项改革任务完成 80 项，占总量的 89%；两批 175 项自主制度创新举措中有 168 项落地实施，占总量的 96%。至 2016 年底，天津自贸区新登记市场主体 2.78 万家，注册资本 9619 亿元，新增市场主体数超过设立前历年总和；新设立外商投资企业 1547 家，占全市近 60%，

① 王力、黄育华主编《中国自贸区发展报告（2017）》，社会科学文献出版社，2017 年，第 53 页。

② 齐彤《天津自贸区推进津京冀金融协同发展研究》，《合作经济与科技》2017 年第 9 期，第 51 页。

③ 王力、黄育华主编《中国自贸区发展报告（2017）》，社会科学文献出版社，2017 年，第 56 页。

其中95%以上通过备案设立，注册资本3075亿元。另外，“金改30条”核心政策70%落地实施，跨境本外币资金池、跨境融资、融资租赁收取外币租金等创新业务取得明显成效。①

天津自贸试验区将继续坚持以制度创新为核心，以可复制可推广为基本要求，在更广领域和更高层次探索全面深化改革、扩大开放的新路径、新模式。将全面实施《天津自贸试验区深化改革开放三年行动方案（2017—2019）》，积极争取国家批准《天津自贸试验区深化改革开放方案》，努力打造服务“一带一路”建设和京津冀协同发展的高水平对外开放平台。②

（二）广东自贸试验区的建设成效

1. 基本情况

广东自贸试验区的实施范围有116.2平方公里，涵盖三个片区：广州南沙新区片区60平方公里（含广州南沙保税港区7.06平方公里），深圳前海蛇口片区28.2平方公里（含深圳前海湾保税港区3.71平方公里），珠海横琴新区片区28平方公里。其战略地位是：依托港澳、服务内地、面向世界，在CEPA框架下探索粤港澳的联动发展，将自贸试验区建设成为粤港澳深度合作示范区、21世纪海上丝绸之路的重要枢纽和全国新一轮改革开放先行地。重点推进粤港澳服务贸易自由化与增强自贸区的辐射带动功能。

广东自贸区的发展目标是：经过三至五年改革试验，营造国际化、市场化、法治化的营商环境，构建开放型经济新体制，实现粤港澳深度合作，形成国际经济合作竞争新优势，力争建成符合国际高标准的法制环境规范、投资贸易便利、辐射带动功能突出、监管安全高效的自由贸易园区。③

2015年，广东自贸区累计新设立企业4.3万多家，注册资本总额1.5万亿元以上，其中外资企业2000余家，注册资本10亿元以上的重点专项超过180个，其中，在深圳前海注册港资企业逾2000家，在珠海横琴注册澳资企

---

①② 赵静《天津自贸区启动三年行动，探索建设自由贸易港区》，《上海证券报》2017年4月21日，第004版。

③ 《国务院关于印发中国（广东）自由贸易试验区总体方案的通知》（国发〔2015〕18号）。

业近500家。新登记注册企业及新备案外资企业数均在广东自贸试验区居于前列。与此同时，三个片区高端产业集聚态势逐步显现。①

2. 区位优势与改革成效

广东自贸区的区位优势体现在以下几个方面：第一，广东是我国改革开放的引领者。依托临近港澳的独特区位优势，在制造业领域形成了“前店后厂”式的产业分工体系，这种经济合作不仅使得珠三角成为“世界制造业基地”，也使香港成为国际金融、贸易和航运中心。这些均为广东自贸区的建设奠定了良好基础。同时，香港和澳门在广东的改革开放和经济发展中发挥了重要作用，港资企业的直接投资不仅提升了广东的生产技术，且经营方式和经济管理体制的潜移默化促使广东经济高速发展，并使广东成为中国改革开放的试验区和排头兵。第二，广东拥有珠三角庞大的制造业体系。珠江三角洲作为中国内地的第二大三角洲，是广东自贸区的经济腹地，据广东统计年鉴的数据显示，1990—2013年，珠江三角洲名义GDP总量由1066.88亿元增加到50360.5亿元，年增速为18.3%。从三次产业构成来看，第一产业比重大幅下降，从15.3%下降到2.1%，以制造业为主体的第二产业比重由43.8%调整到46.3%，第三产业比重从40.9%上升到51.6%。在过去三十年，珠三角地区能取得如此巨大的经济成就，归因于制造业崛起推动的高速经济增长和经济结构的转型。②

广东自贸区成立两年来，在政府职能进一步转变深化、粤港澳深度合作、金融领域开放创新以及其他制度创新方面贡献了“广东经验”。具体来说，广东自贸试验区推进企业投资项目负面清单管理试点，经过两年的探索实践，目前实行备案管理的项目数量占企业投资项目总数的比例已达90%左右。③在简政放权方面，广东省政府已向南沙、前海、横琴下放了65项省级经济社

---

① 林雄主编《中国自贸区建设与国际经验》，中山大学出版社，2016年，第95页。

② 林江、范芹《广东自贸区：建设背景与运行基础》，《广东社会科学》2015年第3期，第21页。

③ 毛艳华《广东自贸试验区试点改革成效与制度创新方向》，《国际贸易》2017年第6期，第24页。

会管理权限。通过国际贸易“单一窗口”和“三互”合作机制建设、政务服务“一口受理”、外资审批和境外投资审批改革等制度创新使审批流程大为简化，开创了“特区速度”。在商事登记方面，在全国率先推行“商事主体电子证照卡”和“一照一码”，并拓展至海关、商务等 8 个部门，实现了企业登记全流程电子化管理。深入推进商事登记窗口与银行网点一体化改革试点，进一步拓展商事主体电子证照卡功能，推出全国首个具有单位结算卡功能的“电子证照银行卡”。在金融领域改革方面，积极推行重大金融创新平台建设，在自贸区内设立以碳排放为首个品种的创新型期货交易所，在前海蛇口片区设立金融仲裁中心等等。①

（三）福建自贸实验区的建设成效

1. 基本情况

福建自贸试验区的实施范围 118.04 平方公里，涵盖三个片区：平潭片区 43 平方公里，厦门片区 43.78 平方公里（含象屿保税区 0.6 平方公里、象屿保税物流园区 0.7 平方公里、厦门海沧保税港区 9.51 平方公里），福州片区 31.26 平方公里（含福州保税区 0.6 平方公里、福州出口加工区 1.14 平方公里、福州保税港区 9.26 平方公里）。自贸区的战略定位：围绕立足两岸、服务全国、面向世界的战略要求，充分发挥改革先行优势，营造国际化、市场化、法治化的营商环境，把自贸试验区建设成为改革创新试验田；充分发挥对台优势，率先推进与台湾地区投资贸易自由化进程，把自贸试验区建设成为深化两岸经济合作的示范区；充分发挥对外开放前沿优势，建设 21 世纪海上丝绸之路核心区，打造面向 21 世纪海上丝绸之路沿线国家和地区开放合作新高地。

福建自贸区的发展目标：坚持扩大开放与深化改革相结合、功能培育与制度创新相结合，加快政府职能转变，建立与国际投资贸易规则相适应的新体制。创新两岸合作机制，推动货物、服务、资金、人员等各类要素自由流动，增强闽台经济关联度。加快形成更高水平的对外开放新格局，拓展与 21

① 林雄主编《中国自贸区建设与国际经验》，中山大学出版社，2016 年，第 95 页。

世纪海上丝绸之路沿线国家和地区交流合作的深度和广度。经过三至五年改革探索，力争建成投资贸易便利、金融创新功能突出、服务体系健全、监管高效便捷、法制环境规范的自由贸易园区。①

2. 区位优势与改革进展

福建自贸区的区位优势在于其良好的闽台地缘背景及海上丝绸之路起点。从古至今，海上丝绸之路，尤其是东南亚、中亚一线，始终是福建海洋贸易的核心区域。改革开放以后，福建省借助于侨资兴建了众多工业企业，取得了良好的经济效益和社会效益，② 两岸经贸合作总体呈现持续健康发展的良好态势。截至 2013 年 12 月底，大陆累计批准台资项目已达 90018 个，实际使用台资 591.3 亿美元，占大陆累计实际吸收境外投资总额的 4.2%。福州片区的最大优势在于侨资、台资和海洋经济；平潭片区是大陆距离台湾本岛最近的一个地方，主要承担港口经贸、高新技术产业、旅游商贸 3 个功能；厦门是最早的经济特区，厦门片区以其长期经济政策的支持及有利的港口优势，定位为建成两岸区域性的金融中心、两岸服务中心、东南航运中心，促进两岸金融发展。

目前，福建自贸区定位于对台经贸合作、“海丝”新载体，按照“立足综改、借鉴上海、对接台湾、敢行敢试”的改革思路，在全面复制推广上海自贸区的试点经验和创新机制的基础上，出台了“一线放宽、二线管住、人货分离、分类管理”的对台优惠政策，实施保税展示交易，“批次进出、集中申报”，“先进区、后报关”，区内自行运输，简化统一进出境备案清单，集中汇总纳税，简化无纸通关随附单证，内销选择性征税，智能化卡口验放等制度，在相关配套建设上取得了阶段性进展。③

---

① 《国务院关于印发中国（福建）自由贸易试验区总体方案的通知》，http://www.gov.cn/zhengce/content/2015-04/20/content_9633.htm.

② 陈舒艳《中国（福建）自贸区的战略价值、定位取向及策略研究》，《长春金融高等专科学校学报》2016 年第 1 期，第 71 页。

③ 林晓伟、李非《福建自贸区建设现状及战略思考》，《国际贸易》2015 年第 1 期，第 11 页。

三、第三批自贸试验区的建设情况

我国第三批七个自贸试验区（除浙江自贸试验区外）主要集中在中西部和东北地区，主要是基于三个原因：第一，自贸试验区要向全国推广复制经验。如果有中西部地区的，有东北地区的，就能形成一些经验。第二是为了更好地服务国家战略。选择中西部地区、东北地区，主要考虑是服务西部开发、东北兴起、中部崛起、东部率先和京津冀协同发展、长江经济带发展等重大战略以及“一带一路”建设。第三是考虑到差异化，在试点内容上进行立体化探索。① 各个自贸区资源禀赋、产业、基础各不相同，而国家对新设的七个自贸试验区的战略定位也有较大差异，体现出我国从沿海到内陆纵深发展的整体战略布局。辽宁助力东北振兴和工业转型，浙江聚焦海洋战略和大宗商品，河南聚焦打造交通物流枢纽，湖北打造创新和产业高地，重庆打造西部开放门户城市，四川主打西部国际开放通道枢纽，陕西定位引领丝绸之路经济带。各大自贸试验区将成为“一带一路”倡议以及长江经济带、京津冀协同发展、东北振兴、中部崛起、西部大开发等区域发展战略的重要支点。②

（一）河南自贸试验区

1. 基本情况

河南自贸试验区的实施范围 119.77 平方公里，涵盖三个片区：郑州片区 73.17 平方公里（含河南郑州出口加工区 A 区 0.89 平方公里、河南保税物流中心 0.41 平方公里），侧重于探索以投资贸易便利化为主要内容的制度创新，打造国际物流中心和内陆开放高地；开封片区 19.94 平方公里，侧重于探索以促进消费流通国际化为主要内容的制度创新；洛阳片区 26.66 平方公里，侧重于探索事中事后监管服务模式的制度创新。河南自贸试验区的战略定位

①② 程子彦《“1+3+7”自贸区全新格局开启》，《中国经济周刊》2017 年 4 月 10 日，第 50 页。

是：以制度创新为核心，以可复制可推广为基本要求，加快建设贯通南北、连接东西的现代立体交通体系和现代物流体系，将自贸试验区建设成为服务于“一带一路”建设的现代综合交通枢纽、全面改革开放试验田和内陆开放型经济示范区。

河南自贸区的发展目标是：经过三至五年改革探索，形成与国际投资贸易通行规则相衔接的制度创新体系，营造法治化、国际化、便利化的营商环境，努力将自贸试验区建设成为投资贸易便利、高端产业集聚、交通物流通达、监管高效便捷、辐射带动作用突出的高水平高标准的自由贸易园区，引领内陆经济转型发展，推动构建全方位对外开放新格局。①

2. 区位优势和建设现状

河南综合优势明显，如经济大省优势②、区位交通优势、产业门类齐全优势、口岸优势、市场优势、人力资源优势、多式联运优势等。特别是郑州、开封、洛阳，都是“一带一路”重要节点城市，且特色明显、互补性强；跨境电商快速发展、领先全国试点城市和跨境电商综合试验区；郑欧班列在全国23家开行的中欧班列中持续领跑；郑州机场的客货运增速持续保持全国大型机场的领先地位。这些情况，为在河南设立自贸区，在构建现代立体交通体系、现代物流体系，建设现代综合交通枢纽方面先行先试，提供了有利条件。③

河南自贸区设立以来做了许多制度创新尝试：一是试行企业投资项目承诺制，审批部门在项目主体单位做出将报批材料补齐或修正的情况下，先予

---

① 《国务院关于印发中国（河南）自由贸易试验区总体方案的通知》，http://www.gov.cn/zhengce/content/2017-03/31/content_5182296.htm，2017年6月18日。

② “十二五”时期，河南累计实际利用外资667亿美元，引进省外资金30269亿元，年均增速分别为20.8%和23.3%。2016年实际到位省外资金8438亿元，占全省固定资产投资的23%；服务业领域新设外商投资企业占48.5%，第三产业实际到位省外资金占比达到45.4%。目前在豫投资的境外世界500强企业已达84家、国内500强企业达到156家。由此形成河南良好的发展态势，战略地位更加凸显。

③ 中国（河南）创新发展研究院课题组《建好河南自贸区，助力中原更出彩》，《河南日报》2017年4月7日，第10版。

以受理审批；二是建立资源环境承载能力监测预警机制和社会监督举报机制，探索试行环境损害责任追究和赔偿制度；三是建立自贸区重点专利导航制度和重点产业快速协同保护机制，依托信息数据库和相关资源为产业制定发展或转型战略；四是探索以郑州和国外重要枢纽城市协同联动的“双枢纽”发展模式，允许在国内沿线口岸和郑州国际陆港之间开展进出口集装箱加挂业务试点；五是行政审批管理创新，如河南自贸区开封片区全国首创“22证合一”[①] 营业执照办理，使得企业登记注册的申请材料锐减80%，注册时间由过去的至少50天缩短至3至5个工作日，企业成本大幅降低。

（二）辽宁自贸试验区

1. 基本情况

辽宁自贸试验区的实施范围119.89平方公里，涵盖三个片区：大连片区59.96平方公里（含大连保税区1.25平方公里、大连出口加工区2.95平方公里、大连大窑湾保税港区6.88平方公里），沈阳片区29.97平方公里，营口片区29.96平方公里。其战略定位是：以制度创新为核心，以可复制可推广为基本要求，加快市场取向体制机制改革、积极推动结构调整，努力将自贸试验区建设成为提升东北老工业基地发展整体竞争力和对外开放水平的新引擎。

辽宁自贸区的发展目标是：经过三至五年改革探索，形成与国际投资贸易通行规则相衔接的制度创新体系，营造法治化、国际化、便利化的营商环境，巩固提升对人才、资本等要素的吸引力，努力建成高端产业集聚、投资贸易便利、金融服务完善、监管高效便捷、法治环境规范的高水平高标准自

---

① “二十二证合一”的主要做法是在此前“五证合一、一照一码”的基础上，依托“互联网+开封市政务服务”平台，对过去分别由商务、发改委、工信等十多个部门办理的22项登记、备案业务进行整合，把22证的事项信息以“双二维码”（一个是“五证合一”二维码，一个是加载另外17项信息的动态二维码）形式加载在同一张营业执照上，从而实现“二十二证合一”。参见识汴：《二十二证合一：河南自贸区开封片区实现全国突破》，《行政科学论坛》2017年第7期，第7页。

由贸易园区，引领东北地区转变经济发展方式、提高经济发展质量和水平。①

2. 区位优势和建设现状

辽宁自贸区的三个片区都有突出的区位优势。沈阳片区地处东北亚经济圈和环渤海经济圈的中心，是东北地区最大的中心城市，是新中国成立初期国家重点建设起来的，以装备制造业为主的全国重工业基地之一，工业门类齐全，具有重要的战略地位。2006 年 4 月成立的沈大国际自主创新示范区是中国 14 个国家自主创新示范区之一，涵盖了东北老工业基地高端装备研发制造集聚区、东北老工业基地转型升级引领区、东北老工业基地创新创业生态区、东北老工业基地开放创新先导区、东北亚地区科技创新创业中心。② 营口位于辽东半岛西北部、大辽河入海口的左岸，处于东北亚经济圈、环渤海经济圈的结合部，拥有海、陆、空立体交通网络，是东部腹地及内蒙古东部地区最近的出海口，辐射东北腹地 1.1 亿人口，5.3 万亿的 GDP。其年吞吐量居全国沿海港口第 8 位，全球沿海港口第 11 位，③ 被誉为“东方贸易总汇”和“关外上海”。大连保税区位于辽宁自贸试验区大连片区核心地带，是我国目前行政管辖面积最大，唯一集“保税区、出口加工区、保税港区”管理于一身的特殊经济区，也是东北地区开放层次最高、政策功能最全、区位优势最突出的综合经济区。每年大连 70%以上（近 3 亿吨）的港口货运总量、90%以上的国际物流，东北地区 95%以上的外贸集装箱在该片区产生，在东北振兴、自贸试验区建设等国家战略和“一带一路”倡议实施中发挥着不可替代的重要作用。④

---

① 《国务院关于印发中国（辽宁）自由贸易试验区总体方案的通知》，http://www.gov.cn/zhengce/content/2017-03/31/content_5182284.htm，中华人民共和国政府网站，2017 年 6 月 18 日浏览。

② 王力、黄育华主编《中国自贸区发展报告（2017）》，社会科学文献出版社，2017 年，第 207—208 页。

③ 参见营口政府网，http://www.ykftz.gov.cn/about_show.php? id=19，2017 年 6 月 18 日。

④ 参见中国（辽宁）自由贸易试验区大连片网站，https://www.dlftz.gov.cn/zjbs/qygk/content.html#main，2017 年 6 月 22 日。

辽宁自贸区设立以来做了许多制度创新尝试：一是为了避免制度创新的碎片化，营口片区注重制度创新系统性、集成性。实施“商改 18 条”、“证照分离”改革、2.0 版本的建设项目审批制度改革，以及环评审批制度改革。二是营口片区管委会在第三批自贸试验区中率先启动了制度复制推广阶段性评估工作，对营口片区实施效果较好、开拓创新性较强的 10 条政策编制了专项制度重点案例评估报告。三是按照国家相关部委要求，在借鉴其他自贸试验区先进经验方面实现 108 条创新政策落地。比如在全国“多证合一”改革中，营口片区走在全国前列。营口片区于 2017 年 6 月中旬在全国率先推行“三十九证合一”改革，将 39 个涉企证照的信息全部整合到营业执照上，实现企业“一照一码”走天下。①

（三）浙江自贸试验区

1. 基本情况

自贸试验区的实施范围 119.95 平方公里，由陆域和相关海洋锚地组成，涵盖三个片区：舟山离岛片区 78.98 平方公里（含舟山港综合保税区区块二 3.02 平方公里）、舟山岛北部片区 15.62 平方公里（含舟山港综合保税区区块一 2.83 平方公里）、舟山岛南部片区 25.35 平方公里。浙江自贸区的战略定位是：以制度创新为核心，以可复制可推广为基本要求，将自贸试验区建设成为东部地区重要海上开放门户示范区、国际大宗商品贸易自由化先导区和具有国际影响力的资源配置基地。

浙江自贸区的发展目标是：经过三年左右有特色的改革探索，基本实现投资贸易便利、高端产业集聚、法治环境规范、金融服务完善、监管高效便捷、辐射带动作用突出，以油品为核心的大宗商品全球配置能力显著提升，对接国际标准初步建成自由贸易港区先行区。②

2. 区位优势和建设现状

---

① 参见营口政府网，http://www.ykftz.gov.cn/about_show.php? id=19，2017 年 6 月 18 日。

② 《国务院关于印发中国（浙江）自由贸易试验区总体方案的通知》，http://www.gov.cn/zhengce/content/2017-03/31/content_5182288.htm，2017 年 6 月 22 日。

浙江自贸试验区以舟山港片区为主，其所具有的区位优势：一是地理位置独特，舟山群岛位于我国南北海运大通道和长江黄金水道的交汇处，是江海联运的重要枢纽，是长江连通外海的唯一通道。二是海洋运输优势巨大，具备海洋运输的产业优势和资源优势。我国七条国际远洋航线中有六条经过舟山海域，区域内拥有全球最大的大宗散货港（宁波舟山港）和集装箱港（上海港），每年超过 2 万艘国际航行船舶途经舟山海域。三是舟山在油品储存、中转、加工、交易和保税燃料油供应等领域具有较好的产业基础，加上舟山还具有罕见的深水岸线资源（能满足 10 亿吨级大港建设需要，完全适宜建设我国最大的石油储备中转加工交易基地）优势，使得浙江自贸区能够肩负“推动油品全产业链投资便利化和贸易自由化”创新试点的重任。

浙江自贸区自设立以来做了许多制度创新尝试：在港口体制改革、口岸服务便利化、区域港口合作开发等方面加大创新力度，探索建立舟山自由贸易港区。制订《中国（浙江）自由贸易试验区国际航行船舶保税油管理办法》等，建设国际海事服务基地、国际油品的储运基地，推动油品全产业链投资便利化和贸易自由化。[①] 2017 年 4 月 13 日，杭州海关公布 15 项改革措施，其中针对自贸区“推动油品全产业链投资便利化和贸易自由化”的 5 项重点举措均与保税燃料油贸易有关，主要包括：“跨地区直供”“港外锚地供油”“一船多供”“先供后报”和“一库多供”。以“一船多供”为例，每次可为企业节省 2 万—3 万元的运输成本。[②]

（四）湖北自贸试验区

1. 基本情况

湖北自贸试验区的实施范围 119.96 平方公里，涵盖三个片区：武汉片区 70 平方公里（含武汉东湖综合保税区 5.41 平方公里），襄阳片区 21.99 平方公里［含襄阳保税物流中心（B 型）0.281 平方公里］，宜昌片区 27.97 平方

---

① 姚建莉、许阳《上海自贸区 3.0+浙江自贸区 1.0：同步对标自由贸易港区》，《21 世纪经济报道》2017 年 4 月 3 日，第 002 版。

② 曲艺《浙江自贸区力促油品贸易便利化》，《中国电力报》2017 年 4 月 22 日，第 3 版。

公里。按区域布局划分，武汉片区重点发展新一代信息技术、生命健康、智能制造等战略性新兴产业和国际商贸、金融服务、现代物流、检验检测、研发设计、信息服务、专业服务等现代服务业；襄阳片区重点发展高端装备制造、新能源汽车、大数据、云计算、商贸物流、检验检测等产业；宜昌片区重点发展先进制造、生物医药、电子信息、新材料等高新产业及研发设计、总部经济、电子商务等现代服务业。

湖北自贸区的战略定位是：以制度创新为核心，以可复制可推广为基本要求，立足中部、辐射全国、走向世界，努力成为中部有序承接产业转移示范区、战略性新兴产业和高技术产业集聚区、全面改革开放试验田和内陆对外开放新高地。湖北自贸区的发展目标是：经过三至五年改革探索，对接国际高标准投资贸易规则体系，力争建成高端产业集聚、创新创业活跃、金融服务完善、监管高效便捷、辐射带动作用突出的高水平高标准自由贸易园区，在实施中部崛起战略和推进长江经济带发展中发挥示范作用。①

2. 区位优势和建设现状

湖北自贸区的各个片区具有各自的区位优势。武汉片区是一带一路和长江经济带的交汇点，片区内的生物医药产业基础雄厚，全球 13 家生物医药 500 强企业中，已有 8 家落户于光谷生物城；宜昌片区重点发展现代物流、文化旅游、先进制造业等产业，重点依托区位交通和资源优势打造全球重要的陆江海联运物流中心、国际休闲旅游服务示范区、三峡区域开放合作试验区、长江经济带对接“一带一路”的重要枢纽和战略支点；襄阳片区的高端制造、新一代信息技术、新能源新材料、铁路物流等产业较为发达。

湖北自贸区自设立以来做了许多制度创新尝试，涉及深化行政管理体制改革、强化事中事后监管、提升利用外资水平、完善对外投资合作促进体系、培育新型贸易方式、加快服务贸易创新发展、创新通关监管服务模式、扩大金融领域对外开放以及增强金融服务功能等方面。比如东湖高新区具体拟定

① 《国务院关于印发中国（湖北）自由贸易试验区总体方案的通知》，http://www.gov.cn/zhengce/content/2017-03/31/content_5182299.htm。

了相关改革清单和该年需要完成的相关清单，主要任务和措施包括行政审批与服务、创新创业、科技金融、对外开放等 4 个方面 17 类改革举措、207 项工作事项。2017 年内，实施 110 项改革工作事项。

（五）重庆自贸试验区

1. 基本情况

重庆自贸试验区的实施范围 119.98 平方公里，涵盖 3 个片区：两江片区 66.29 平方公里（含重庆两路寸滩保税港区 8.37 平方公里），西永片区 22.81 平方公里［含重庆西永综合保税区 8.8 平方公里、重庆铁路保税物流中心（B 型）0.15 平方公里］，果园港片区 30.88 平方公里。

按区域布局划分，两江片区着力打造高端产业与高端要素集聚区，重点发展高端装备、电子核心部件、云计算、生物医药等新兴产业及总部贸易、服务贸易、电子商务、展示交易、仓储分拨、专业服务、融资租赁、研发设计等现代服务业，推进金融业开放创新，加快实施创新驱动发展战略，增强物流、技术、资本、人才等要素资源的集聚辐射能力。西永片区着力打造加工贸易转型升级示范区，重点发展电子信息、智能装备等制造业及保税物流中转分拨等生产性服务业，优化加工贸易发展模式；果园港片区着力打造多式联运物流转运中心，重点发展国际中转、集拼分拨等服务业，探索先进制造业创新发展。

重庆自贸区定位于以制度创新为核心，以可复制可推广为基本要求，全面落实党中央、国务院关于发挥重庆战略支点和连接点的重要作用，加大西部地区门户城市开放力度的要求，努力将自贸试验区建设成为“一带一路”和长江经济带互联互通的重要枢纽、西部大开发战略的重要支点。重庆自贸区的发展目标是：经过三至五年改革探索，努力建成投资贸易便利、高端产业集聚、监管高效便捷、金融服务完善、法治环境规范、辐射带动作用突出的高水平高标准自由贸易园区，努力建成服务于“一带一路”建设和长江经济带发展的国际物流枢纽和口岸高地，推动构建西部地区门户城市全方位开放新格局，带动西部大开发战略深入实施。[①]

2. 区位优势和建设现状

重庆是我国中西部唯一直辖市，也是国家重要的中心城市之一，同时是长江上游和西部地区的经济中心，自古以来就是西南重镇。从产业技术来看，重庆的交通运输非常发达，基础设施条件好，高速公路网和铁路网基本覆盖，形成了四小时重庆和八小时周边的格局。重庆工业制造业较为发达，是中国传统的老工业基地之一。其自然资源丰富，煤炭、天然气产量大。重庆自贸试验区的主要片区设在两江新区。两江新区是继浦东新区、滨海新区之后的国家级新区，依托重庆良好的工业基础，两江新区的金融业、服务业较为发达，产业基础良好。同时重庆科技教育力量雄厚，人才相对密集，拥有 1000 多家科研机构，67 所高等院校，89 万多名科技人员。[②]

重庆自贸区自设立以来做了许多制度创新尝试：市口岸办全力推进重庆国际贸易“单一窗口”建设，有效改变了“多口受理，逐步审批”方式；市工商局以企业办理登记“零见面”、电子营业执照“无介质”为目标，在自贸区推行注册登记全程电子化和电子营业执照试点；重庆自贸区的金融制度涵盖跨境金融结算服务、跨境人民币业务、跨境投融资便利化、跨境金融服务功能、金融风险防控体系等五个方面，惠及各类实体企业及金融机构；人民银行依托进一步探索跨境投融资便利化改革创新，允许区内符合条件的融资租赁业务收取外币租金，支持融资租赁业务发展；两江新区知识产权法庭成为我国首个跨区域管辖、“三合一”，且可以受理部分专利纠纷的基层专业法庭。[③]

（六）四川自贸试验区

1. 基本情况

---

① 《国务院关于印发中国（重庆）自由贸易试验区总体方案的通知》，http://www.gov.cn/zhengce/content/2017-03/31/content_5182300.htm。

② 王力、黄育华主编《中国自贸区发展报告（2017）》，社会科学文献出版社，2017 年，第 216—217 页。

③ 冉瑞成《重庆自贸区多举措促投资便利化》，《经济日报》2017 年 5 月 2 日，第 011 版。

四川自贸试验区的实施范围119.99平方公里，涵盖三个片区：成都天府新区片区90.32平方公里［含成都高新综合保税区区块四（双流园区）4平方公里、成都空港保税物流中心（B型）0.09平方公里］、成都青白江铁路港片区9.68平方公里［含成都铁路保税物流中心（B型）0.18平方公里］、川南临港片区19.99平方公里［含泸州港保税物流中心（B型）0.21平方公里］。自贸区战略定位以制度创新为核心，以可复制可推广为基本要求，立足内陆、承东启西，服务全国、面向世界，将自贸试验区建设成为西部门户城市开发开放引领区，内陆开放战略支撑带先导区，国际开放通道枢纽区，内陆开放型经济新高地，内陆与沿海、沿边、沿江协同开放示范区。

四川自贸区的发展目标是：经过三至五年改革探索，力争建成法治环境规范、投资贸易便利、创新要素集聚、监管高效便捷、协同开放效果显著的高水平高标准自由贸易园区，在打造内陆开放型经济高地、深入推进西部大开发和长江经济带发展中发挥示范作用。①

2. 区位优势和建设现状

四川自贸试验区的三个片区具有各自的区位优势：成都市不论在经济总量、市场规模、基础互通设施、营商环境、人口聚集红利等现存基本面上，还是在消费市场潜力、产业未来驱动力等潜在基本面上，都为自贸试验区的建立与发展做出极好的背书。② 成都片区以航空枢纽片区、铁路枢纽片区为依托，集保税出口、保税物流、口岸功能于一体。泸州川南临港片区地处长江、沱江、赤水河等干、支流交汇处，川滇黔渝结合部，是四川第一大港，也是全国28个内河主要港口中唯一一个位于四川的港口。泸州港不仅是四川与泛珠三角地区以及东南亚地区联系的门户，也是四川公路、水路出川、出海的南大门，同时也是联系成渝经济区和南贵昆经济区的主要通道之一。泸州港

① 《国务院关于印发中国（重庆）自由贸易试验区总体方案的通知》，http://www.gov.cn/zhengce/content/2017-03/31/content_5182304.htm。

② 张建平、韩旭《把握“成都优势”，全面建设四川自贸区》，《先锋》2016年12月，第22页。

水上总运力近 28 万载重吨，占四川省水上总运力的一半。①

四川自贸区自设立以来做了许多制度创新尝试，涉及推进简政放权、构建事中事后监管体系、优化法治环境、建设多方参与的社会治理新体系、构筑对外投资服务促进体系、创新国际产能合作、深化园区国际合作、深化国有企业改革、促进服务要素自由流动、创新口岸服务机制、促进跨境投融资便利化、发展新兴金融业态、增强产业辐射带动能力等方面。2017 年 10 月 27 日，四川自贸区"泸州通"等 7 个单一窗口平台正式上线。自贸区成立半年，复制推广其他自贸试验区改革经验 148 项，形成创新经验成果 60 项；新增注册企业 2589 家，注册资本 180.9 亿元。1—9 月，泸州港保税物流中心进出口货物 6.44 万吨，同比增长 1569.52%。川南临港片区的加快建设也全面助推了泸州经济社会发展，1—9 月，泸州全市进出口总额增速居全省第一，总额在全省排位由第 9 位上升到第 2 位。②

（七）陕西自贸试验区

1. 基本情况

陕西自贸试验区的实施范围 119.95 平方公里，涵盖三个片区：中心片区 87.76 平方公里［含陕西西安出口加工区 A 区 0.75 平方公里、B 区 0.79 平方公里，西安高新综合保税区 3.64 平方公里和陕西西咸保税物流中心（B 型）0.36 平方公里］，西安国际港务区片区 26.43 平方公里（含西安综合保税区 6.17 平方公里），杨凌示范区片区 5.76 平方公里。

陕西自贸区共有五大功能定位：具有内陆地区特色的制度创新中心、以多式联运为支撑的商贸物流中心、以能源金融为特色的国际金融中心、以民心相通为导向的文化交流中心和以跨界融合为特征的先进制造中心。全面落实党中央、国务院关于更好发挥"一带一路"建设对西部大开发的带动作用，加大西部地区门户城市开放力度的要求，努力将自贸试验区建设成为全面改

---

① 王力、黄育华主编《中国自贸区发展报告（2017）》，社会科学文献出版社，2017 年，第 219—220 页。

② 张萍、庞玉宇《锐意改革，川南临港片区跑出加速度》，《四川经济日报》2017 年 11 月 1 日，第 001 版。

革开放试验田、内陆型改革开放新高地、“一带一路”经济合作和人文交流的重要支点。

陕西自贸区的发展目标是：经过三至五年改革探索，形成与国际投资贸易通行规则相衔接的制度创新体系，营造法治化、国际化、便利化的营商环境，努力建成投资贸易便利、高端产业聚集、金融服务完善、人文交流深入、监管高效便捷、法治环境规范的高水平高标准自由贸易园区，推动“一带一路”建设和西部大开发战略的深入实施。①

2. 区位优势和建设现状

陕西自贸区具有区位、科教和产业优势。西安地处中国版图的中心位置，是联通东西、辐射南北的重要枢纽，是国家重要的科研教育和工业基地。西安是西部地区的科研和教育大市，有 3000 多家科研单位，63 所高等院校，在校学生近百万，两院院士 60 位，40 多万名专业科技人员。西安现代产业基础雄厚，高新技术产业、先进制造业、现代服务业、旅游和文化产业与丝路沿线城市有较强的互补性。咸阳是古丝绸之路的第一站，是我国中原地区通往大西北的要冲。杨凌片区位于关中平原中部，总面积 135 平方公里，片区以现代农业为主要支柱产业，驻有纳入国家 985 工程和 211 工程管理序列的西北农林科技大学，拥有 60 多个国家级和省部级科研平台，聚集了农林水等 70 多个学科，近 6000 名科教人员。片区内建有杨凌农业高新技术产业示范区，纳入国家高新区管理序列。

陕西自贸区自设立以来做了许多制度创新尝试。② 一是深化行政体制改革，加快政府职能从以行政审批为主，转变到以事中事后监管为主，最大范围地减少前置审批程序，同时实施负面清单制度，扩大投资领域的进一步开放。二是推动贸易发展方式的转变，在这方面主要是拓展新型贸易方式，提升物流枢纽功能，推动文化贸易发展，推进通关机制创新，创新检验检疫制

---

① 《国务院关于印发中国（陕西）自由贸易试验区总体方案的通知》，http://www.gov.cn/zhengce/content/2017-03/31/content_5182306.htm。

② 王力、黄育华主编《中国自贸区发展报告（2017）》，社会科学文献出版社，2017 年，第 222—223 页。

度，提升制造业发展水平，完善科技创新制度，健全知识产权制度。三是深化金融制度创新，如 2017 年 8 月，陕西省自贸办会同中国人民银行西安分行、国家外汇管理局陕西省分局印发《金融服务中国（陕西）自由贸易试验区建设的若干意见》，意见简化了人民币跨境交易流程，拓宽了企业境内外融资渠道，搭建了“网上丝绸之路”陕西跨境电子商务人民币结算平台——“通丝路”，支持银行和符合条件的支付机构为企业和个人提供跨境货物贸易、服务贸易的人民币结算服务。①

① 刘勇《我省首个金融服务陕西自贸区指导性文件出台》，《各界导报》2017 年 8 月 14 日，第 001 版。

第六章
中国自贸区贸易便利化的建设和创新

贸易便利化建设是贸易自由化全球进程中的重要环节，是世界各国高效参与国际贸易链必须面对的问题。我国建立和实施高水平的贸易便利化制度对于“一带一路”倡议和自贸区战略的有效推进意义重大。中国自贸区的贸易便利化方面的“先行先试”将促成我国整体贸易便利化水平的提高。

第一节　我国贸易便利化建设总体水平与特点

伴随改革开放近 40 年的发展，中国的对外贸易发展迅速，已成为世界最大的进出口贸易国。与此同时，我国的国家竞争力全球排名大幅提高，[①] 外国对华投资的项目也逐渐增多。总体来讲，当前我国的整体投资环境是比较好的，贸易便利化指数也应当是较高的。但是根据世界经济论坛公布的《2016

① 世界经济论坛从 1979 年开始对每个国家的竞争力进行评判，是目前国际上从事竞争力评价最著名的机构之一，它通过对一个国家进行综合考评，推出一年一度的《全球竞争力报告》。2016 年 9 月 28 日发布的《2016—2017 年全球竞争力报告》显示，瑞士连续八年位居榜首，成为全球最具竞争力的国家，新加坡和美国分列第二位和第三位，中国排名第 28 位。

年全球贸易促进报告》，横向比较 136 个国家的贸易便利化发展水平，我国的贸易便利化依然处于中等偏下水平。值得注意的是，世界经济论坛的贸易便利化指数的评价主要是从一个国家或地区的整体上进行数据分析，得出的评估数据无法正确地反映出我国贸易便利化在地区间是否存在发展水平的失衡。从实际发展情况来看，贸易便利化水平的发展在我国各省市（地区）间存在不少的差别，东部沿海地区及经济发达的省份贸易便利化水平要明显高于内陆地区及落后地区的发展水平。

表 6-1　2016 年世界有关国家的 ETI 指数

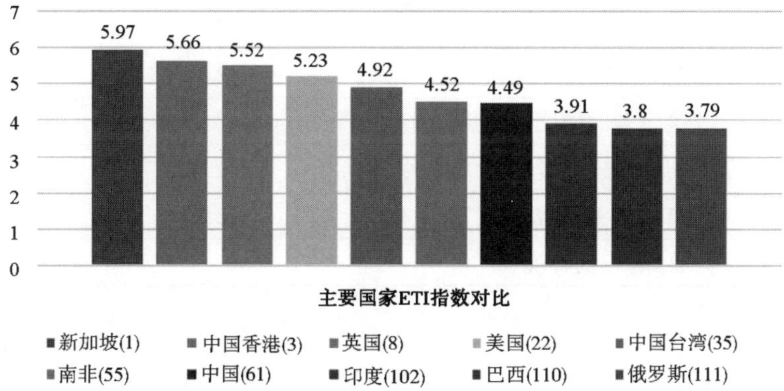

注：资料来源于《2016 年全球贸易促进报告》，数据和图由作者整理而得。

根据世界经济论坛公布的《2016 年全球贸易促进报告》的数据，中国的 ETI 为 4.49，位于全球第 61 位，在 136 个国家（地区）中属于中等水平，领先于除南非（55 位）之外的其他金砖国家，但低于全球平均水平，且与发达国家有较大的差距。具体的 ETI 各指标而言，我国的排名有很大的波动。虽然信息与通信技术的可接入方面有点落后，但中国的交通基础设施方面的成绩总体而言非常好（全球第 12）。在市场准入方面，中国仍然属于最封闭的市场之一，平均关税税率为 11.1%。与此同时，我们的出口面临相对较高的约 4.5%的关税税率。在贸易便利化方面，中国的表现相当不错，但遵守贸易程序和手续整体的成本仍然很高（约为 950 美元/集装箱），尤其是在进口方面。作为一个贸易大国，在航运方面，中国仍然是联系最紧密的经济体，体现在其运输服务便利性方面有很好的成绩（第 32 位）。综合各细分指数的排名情况，我国的贸易便利化水平依然有非常大的发展空间。

表 6-2　2016 年中国贸易便利化指数情况（分项目）

总体表现	排名（136 个国家/地区）	分数（1～7）
贸易促进指数（ETI）	61	4.5
分项 A：市场准入	126	3.4
子分项 1：国内市场准入	101	4.3
子分项 2：外国市场准入	124	2.4
分项 B：边境管理	52	4.9
子分项 3：边境管理的效率和透明度	52	4.9
分项 C：基础设施	27	5.1
子分项 4：交通设施的便捷性和质量	12	5.6
子分项 5：交通服务的便捷性和质量	32	4.9
子分项 6：信息和通信技术的便捷性和利用	64	4.66
分项 D：营商环境	42	4.6
子分项 7：营商环境	42	4.6

注：资料来源《2016 年全球贸易促进报告》，数据和图由作者整理而得。

按照贸易便利化发展每一阶段呈现的特性来看，我国贸易便利化发展大致经过了三个时期，分别是入世前贸易法规的准备时期、区域协定体系中的主动制定规则时期以及《贸易便利化协定》生效后的义务履行时期。

一、入世前后的初始发展

作为 WTO 会员，我国不仅享受到了 WTO 在贸易自由化方面的优惠待遇，在贸易便利化建设方面（GATT 1994 第 5、第 8 和第 10 条关于“过境自由”“进出口规费和手续”“贸易法规的公布和实施”）也承担了不可推卸的义务和责任。GATT/WTO 框架下的贸易便利化义务的前期承担反映在我国为入世所做的各种努力中。[①]

1. 外贸经营权放开

为了履行《中国入世议定书》第5条的义务，同时也为了推进对外贸易，经过三年的过渡期，2004年我国外贸经营权由之前的审批制改为备案登记制，同时实施外贸经营权国民待遇，[②] 使更多的企业有权平等地从事对外贸易。对适用许可证的商品种类进行大幅削减，且增加许可证申请途径（可以进行网上申领），使得更大范围的商品能够进入国际贸易，大大缩短了贸易时间成本。

2. 贸易法规的立改废

为履行入世议定书和承诺，全国人大常委会和国务院总共清理了2300件与WTO相关的法律和行政法规，原外经贸部对1413份对外经贸领域内的部门规章进行了清理。[③] 与此同时，新《对外贸易法》于2004年出台实施。外贸法律法规的与时俱进的立改废工作大大改善了原来外贸法律体系内容过于原则、操作性差、庞杂重复以及不一致和不统一的状况，提高了外贸法规透明度和可操作性，通过建立信息公布制度，允许通过咨询政府及其网站获得有关信息，便利了贸易交流。

3. 海关能力的建设

---

① 中国对世贸规则的执行并不是直接适用，而是将其转化为国内法。《中国入世工作组报告》第67段规定："中国将保证其有关或影响贸易的法律法规符合《WTO协定》及其承诺……中国将通过修改其现行国内法和制定完全符合《WTO协定》的新法的途径，以有效和统一的方式实施《WTO协定》。"入世前，我国就启动了大规模法律、法规立改废的工作，从1999年到2005年底，我国制定、修改了《对外贸易法》等3000多部法律、法规和部门规章，覆盖了货物贸易、服务贸易、与贸易有关的知识产权保护以及透明度、贸易政策的统一实施等各个方面。仅入世后3年内，地方政府就清理出19万件地方性法规和政策措施，并根据WTO的规则和入世承诺分别进行了修改或废止。学界普遍认为，中国入世所引起的国内法治的直接变化和法治观念的间接变化，不亚于30多年前中国法制的重建。参见：《法制日报特刊》2011年12月9日。

② 《中国入世议定书》第5条："对所有外国个人与企业，包括那些未在中国投资或登记注册者，在贸易权上中国应给予他们在优惠上不低于给予在中国企业的待遇。"

③ 沈四宝《外经贸法律清理工作进入攻坚阶段——对修改我国现行对外贸易法的几点建议》，《国际商报》2004年01月05日，第006版。

中国贸易便利化改革主要集中在通关便利化上。2001 年，中国启动“金关工程”，推动海关报关业务的电子化取代传统的报关方式，以节省单据传送的时间和成本。① 工程建设的核心有两块，一是海关内部通关系统，二是外部口岸电子执法系统。具体来说，海关内部通关系统以电子口岸为核心，将各种影响进出口报关的信息，包括货物、海关、物流和其他被海关及相关机构掌握的信息集中于统一的电子信息系统，从而便利企业进行网上报关、结汇、退税、转关运输等各种手续的办理。同时，在海关总署等 12 个部委牵头建立的电子口岸中心的基础上，整合海关、检疫、工商、税务、企业和码头各环节，切实提高通关的效率，将检验检疫、报关等工作先期完成，使得实物通关没有障碍。“金关工程”改善了我国外贸手段发展滞后和通关程序不符合国际贸易规范的状况，也提高了海关管理的效率和质量。②

4. 标准化的建设

国际标准是国际标准化组织（ISO）和国际电工委员会（IEC）制定颁发的标准。国际标准就是世界上通用的标准。而 WTO 的一套规则实质上就是市场经济规则在世界范围内的应用和发展。要求加入 WTO 的成员需要在工业、农业、贸易服务业、信息产业等各行各业都尽量采用世界上通用的标准，实现全球产业上的互联互通，世界上资源进行有效配置，推动全球经济一体化的发展。③ 2001 年前后，我国不断制定新的标准以作为推动科技与经济结合、参与市场竞争和扩大技术垄断的重要手段，标准化建设取得了长足发展。截至 2004 年底，我国已制定国家标准 21342 项，涵盖了工业、农业、外贸、金融、保险、证券、医疗卫生、科学技术和信息等各行各业。备案行业标准 58489 项，备案的地方标准 6875 项，企业标准近 111 万项。④

---

① 比如，1998 年 10 月，外经贸部通过金关工程主干网首次实现了纺织品被动配额电子招标。

② 胡颖《“贸易便利化”的学术论争与中国的改革路径》，《国际商务——对外经济贸易大学学报》2016 年第 1 期，第 119 页。

③ 彭玲《加入 WTO 与中国标准化建设工作》，《经济师》2002 年第 6 期，第 57 页。

④ 刘华旭《我国标准化工作问题研究》，《西安欧亚学院学报》2007 年第 4 期，第 58 页。

总的来说，入世前后我国开展的贸易便利化建设是在WTO多边贸易框架下履行条约义务和我国始推对外贸易国策的大背景下进行的，被动有余，主动不足，更多的是对国际惯例的有限和简单的复制，很多贸易便利化制度设计缺乏实践的检验，需要不断进行改革完善。

二、积极签订自由贸易协定时期

中国的对外开放是逐步推进的，与之相关的贸易便利化制度的完善也是循序渐进的。与入世谈判迫于条约义务以及改革初期制度不完善导致的被动接受贸易便利化国际规则不同，近些年来，随着中国逐步融入经济全球化活动，通过加入区域性国际经济组织、缔结区域或双边贸易协定，中国越来越积极主动地进行贸易便利化制度建设。

1. APEC贸易便利化建设与中国

贸易投资便利化合作是APEC落实茂物目标①的三大支柱之一，也是实现本地区经济可持续发展和人民共同富裕的重要途径。2011年前后，亚太地区贸易投资自由化合作进展迟滞，各成员为最大限度地维护自身利益，防止其他成员免费搭车，不愿在WTO多哈回合达成最终协议之前实施更优惠的自由化措施。② 在全球经济衰退和贸易保护主义抬头之际，APEC框架下的贸易投资便利化谈判相比WTO具有合作领域广泛、方式灵活、各方分歧较小以及合作效果明显等优势，构成多边贸易体制陷入僵局时的有效制度补充。

---

① 茂物目标（Bogor Goals），即“自由与开放的贸易及投资”目标，是在1994年印尼茂物召开的亚太经合组织峰会上提出的，实质上是APEC的一个重要纲领性文件。该目标要求发达成员在2010年前、发展中成员在2020年前实现贸易和投资的自由化。但是因为各成员国经济发展水平不一，存在严重的意见分歧。随着全球发展形势的复杂化，APEC的议题也在不断扩大，“茂物目标”这一核心课题逐渐淡化，自反恐被纳入其议题后，APEC“泛政治化”倾向愈演愈烈，将有可能在未来变成包括经济、政治、安全等多方面的综合组织，茂物目标可能难以完全实现。

② 李文韬《APEC贸易投资便利化合作进展评估与中国的策略选择》，《亚太经济》2011年第4期，第13页。

根据APEC政策支持小组（PSU）的评估，通过实施TFAP Ⅰ和TFAP Ⅱ，APEC已经在2002—2010年成功降低了10%的交易成本。[①] 中国作为APEC的核心成员，有实施《上海共识》和APEC《贸易便利化行动计划》（TFAPⅠ和TFAP Ⅱ）的义务和需求，中国在海关快速通关、标准与一致化建设、电子化商务办公、信息化建设以及提升法规政策的透明度和效率方面积极主动地参与APEC相关国际贸易规则的制定，并已取得积极成果。

通过实施TFAP Ⅱ下的相关义务，我国各个相关领域的贸易便利化建设成效显著。第一，在海关程序领域，海关快速通关、绿色通关和网上申报程序已经成型，由海关清关和技术控制带来的时间节约大幅提高，海关与企业合作关系得到强化，“电子口岸”建设和通关管理系统均已完成，无纸化贸易大量普及，主要关区（北京、上海、广州、深圳）完成了快递货物简化通关和全天候通关的制度创新。第二，在标准与一致化领域，APEC所推进的技术规范、国内标准与国际电工委员会的国际标准一致化程度不断提高。我国不断确保国内标准同国际标准保持一致，为技术性规章的开发和执行实施最佳惯例。同时以国际标准为基础，调整影响对外贸易货物相互认可的一系列规章制度和程序。另外，修订和完善《中华人民共和国认证认可条例》，为标准和一致化建设提供法律依据。第三，在商务人员流动方面，2003年11月起实施商务旅行卡发放计划，持有该卡不仅可以享受到至少16个APEC成员免签服务，还可以享受专用通道快速通关等多项“礼遇”，降低38%的商务旅行的交易成本，节省43.3%和27.8%的申请签证的时间和费用。第四，在电子

① APEC对贸易便利化的推进包括四个阶段：2002—2006年，贸易便利化行动计划的第一阶段（TFAP Ⅰ），总体目标是使贸易成本降低5%；2007—2010年，执行贸易便利化行动计划的第二阶段（TFAP Ⅱ），总体目标是使贸易成本再降低5%；2011—2015年，执行“供应链连接性框架行动计划”（SCFAP Ⅰ），目标是使供应链在贸易时间、成本和不确定性的改善上整体绩效提高10%；2016年，在智利利马举行的APEC第24次领导人非正式会议批准了《第二期供应链连接性框架行动计划（2017—2020）》（SCFAP Ⅱ），意在进一步增进APEC地区的贸易便利化和供应链连接，将自2017年起得到落实。参见于鹏、于学卿：《APEC贸易便利化合作效果评估及其发展方向》，《对外经贸实务》2017年8月，第8页。

商务领域，《电子签名法》《电子认证服务管理办法》以及《网络交易平台服务规范》等法律法规的实施，为使用安全的电子支付方式提供了便利，促进对消费者和企业的电子商务意识普及，为 APEC 项下无纸化贸易提供了保证。

积极推进 APEC 贸易投资便利化领域的合作，不仅对促进后危机时期亚太地区的贸易增长和经济复苏具有重要意义，而且对我国进一步密切与区内各国之间的经贸合作、创造经济可持续发展的良好外部环境具有重要的特殊意义。①

2. 双边自由贸易协定

双边自由贸易协定将消除各国间贸易和投资壁垒，促进贸易自由化，加强 WTO 功能，完善其多边规则，从而有利于各国经济发展。特别是在消除壁垒、实施投资管理及市场监管等政策创新方面，双边自由贸易协定要比烦琐的 WTO 谈判快得多。② 因此，除了通过 APEC 等区域国际组织来参与国际贸易规则制定、推进我国贸易便利化环境之外，我国也在双边自贸协定中将便利化问题视为重点合作的领域，不断推进与相关国家之间的双边贸易便利化水平。

无论是中国大陆与港、澳间的《关于建立更紧密经贸关系的安排及其补充协议》，还是中国与主权国家（包括巴基斯坦、智利、新西兰、新加坡、秘鲁、哥斯达黎加、冰岛、瑞士）签署的双边自由贸易协定，贸易便利化合作都成了不可或缺的重要内容。双边自由贸易协定的涉及面较广，包括贸易投资促进、通关便利化、商品检验检疫、质量标准、电子商务、法律法规透明度、食品安全、品牌合作、知识产权保护等相关领域。③

总的来说，区域和双边自由贸易协定谈判是我国推进良好的贸易便利化环境的高效路径，能够促进我国与对方国家之间互利的贸易转移，使货物进

---

① 李文韬《APEC 贸易投资便利化合作进展评估与中国的策略选择》，《亚太经济》2011 年第 4 期，第 13 页。

② 宾建成、陈柳钦《世界双边 FTA 的发展趋势与我国的对策探讨》，《南京社会科学》2005 年第 11 期，第 9 页。

③ 刘重力《APEC 贸易便利化问题研究》，南开大学出版社，2012 年，第 220 页。

入彼此市场的机会大为增加，从而促双边贸易和生产规模进一步扩大。通过建立双边贸易投资便利化制度，能够减少相互间的投资障碍，降低投资成本，提高彼此的工业化程度与水平，发挥一体化市场的规模效益。随着我国对外贸易水平的持续提高，我国越来越积极主动地参与到国际、国内贸易便利化制度建设和创新中来，在涉及贸易便利化内容方面也更加开放、深刻。

三、《贸易便利化协定》生效后的履行时期

2014 年 6 月 30 日，我国向 WTO 提交了《贸易便利化协定》项下的 A 类措施。[①] 2015 年 9 月 4 日，我国完成了该协定的国内批准程序。随着《贸易便利化协定》被增加到《马拉喀什建立世界贸易组织协定》附件 1A，我国通报的 A 类措施将成为对我国生效的 WTO 法的一部分。为提高我国的贸易便利化水平以及减少潜在的贸易摩擦，我国需认真履行该协定的相关义务。

（一）“增强公正性、非歧视性及透明度”义务的履行

针对 GATT 1994 第 10 条有关“贸易法规的公布和实施”的透明度义务，我国在《中国入世议定书》和《中国入世工作组报告》的“透明度”承诺部分已做出相关承诺，相继修改并完善了相关的法律法规。就当时的 WTO 规则来讲，我国的相关承诺的内容具有明显的 WTO-PLUS 的性质，不仅涵盖了 GATT 1994 第 10 条的所有要求，而且对于《贸易便利化协定》的新增义务也做出了相关承诺。在将这些承诺转化为国内法方面，《政府信息公开条例》建立了信息公开制度；《立法法》等法律和行政法规建立了信息生效前的评议机制，以给予贸易商等利益相关方了解生效前信息及磋商的机会；《进出

① 鉴于我国在“确定和公布平均放行时间”“单一窗口”“货物暂进口与进口及出口加工”“海关合作”等四个方面的贸易便利化水平与《贸易便利化协定》义务差距较大，我国将此四类措施作为 B 类措施通报，以利用协定所允许的过渡期进行后续完善。

口货物原产地条例》[①]《海关进出口货物商品归类管理规定》[②] 以及《中华人民共和国海关法》[③] 等法律设立了预裁定制度（在三部法律中分别称为预确定、预归类和预裁定）；针对海关和其他口岸机构的具体行政行为，《行政诉讼法》《行政复议法》等法律建立了有效的上诉和审查程序。

尽管我国在“增强公正性、非歧视性及透明度”方面的国内法律转化完成较好，但具体的实施水平同《贸易便利化协定》的要求还有差距。例如，我国海关、检验检疫、税务、外汇等监管机构并非隶属关系，信息共享情况不佳、协同性较差、交叉业务的监管效率不高，这些监管结构方面的问题使得相关磋商、通报等透明度要求难以高效实现。再如，当前我国以海关法和关税条例为架构的海关法律制度不够集中，增加了透明度义务履行的难度。此外，我国尽管已经设立了预裁定制度，但目前仅设立了针对关税分类和货源产地的预裁定制度，可裁定事项范围过窄。而对于《贸易便利化协定》鼓励设立预裁定的其他事项[④]，我国相关法律法规还未作出相应的规定。[⑤]

---

① 《中华人民共和国进出口货物原产地条例》第 12 条规定：“进口货物进口前，进口货物的收货人或者与进口货物直接相关的其他当事人，在有正当理由的情况下，可以书面申请海关对将要进口的货物的原产地作出预确定决定；申请人应当按照规定向海关提供作出原产地预确定决定所需的资料。海关应当在收到原产地预确定书面申请及全部必要资料之日起 150 天内，依照本条例的规定对该进口货物作出原产地预确定决定，并对外公布。”

② 《中华人民共和国海关进出口货物商品归类管理规定》第 15 条规定：“在海关注册登记的进出口货物经营单位（以下简称申请人），可以在货物实际进出口的 45 日前，向直属海关申请就其拟进出口的货物预先进行商品归类（以下简称预归类）。”

③ 《中华人民共和国海关法》第 43 条规定：“海关可以根据对外贸易经营者提出的书面申请，对拟作进口或者出口的货物预先作出商品归类等行政裁定。进口或者出口相同货物，应当适用相同的商品归类行政裁定。海关对所作出的商品归类等行政裁定，应当予以公布。”

④ 《贸易便利化协定》第 3.9（b）条规定：“除第 3.9（a）项中所定义的预裁定外，鼓励各成员提供关于下列事项的预裁定：（ⅰ）根据特定事实用于确定完税价格的适当方法或标准及其适用；（ⅱ）成员对申请海关关税减免要求的适用性；（ⅲ）成员关于配额要求的适用情况，包括关税配额；及（ⅳ）成员认为适合作出预裁定的任何其他事项。”

⑤ 余丽《世界贸易组织〈贸易便利化协定〉研究》，人民法院出版社，2016 年，第 160 页。

(二)“进出口费用和手续”义务的履行

1.“进出口相关的规费和费用”义务的履行

在GATT 1994第8条第1款[①]的基础上,《贸易便利化协定》第6条新增了以下义务要求:应公布有关规费和费用的信息(包括征收原因、主管机关以及支付的时间和方式);公布与生效之间应留有足够的时间,公布前不得征收;定期审查规费和费用,以期尽量减少数量和种类。就这些义务而言,我国的主要问题在于规费和费用的征收标准与《贸易便利化协定》第6.2条的要求不一致,我国现有的检验检疫费用征收规则并非按照服务成本征收,而是以从价征收为标准。此外,我国尚未建立费用征收和通报的定期审查制度,而该项制度是协定第6.1条规定的约束性义务。

2.“进出口手续”义务的履行

在履行“进出口手续”义务的六大措施中,我国仅将其中的“单一窗口”排除在A类措施之外。就属于A类措施的其他义务而言,包括精简手续和单证要求、允许接受文件副本、限制装运前检验、禁止强制报关代理等义务,我国实施情况良好。但是,我国并未完全按照《贸易便利化协定》的相关要求来限制装船前检验和接受文件副本。在装运前检验方面,本协定支持成员以《实施卫生与植物卫生措施协定》为目的,对动植物开展装船前例行检验,但同时禁止将装运前检验结果用于税则归类和海关估价。我国虽然主要以《SPS协议》为目的对进出口货物进行装运前检验,但在税则归类方面,依据2013年6月修订的《中华人民共和国海关法》,[②] 海关的检验结果必要时可以作为商品税则归类的依据。此种将税则归类与装运前检验相联系的规定与协定义务不符。此外,在文件副本方面,我国虽然允许接受文件副本,但是对

① 根据该款(a)项和(b)项的规定,进出口相关的规费和费用的数量和种类应当消减,且应限制在等于提供服务所需的近似成本以内,不应对国际贸易构成变相限制,也不应成为增加财政收入的税收手段。

② 《中华人民共和国海关法》第42条规定:“进出口货物的商品归类按照国家有关商品归类的规定确定。海关可以要求进出口货物的收发货人提供确定商品归类所需的有关资料;必要时,海关可以组织化验、检验,并将海关认定的化验、检验结果作为商品归类的依据。”

于进出口许可证等文件，我国规定需留存正本。还有，对于国际标准的使用这一非约束性措施，中国标准化委员会等国内机构虽已借鉴联合国贸易便利化与电子业务中心等国际组织的国际标准制定了相应的国内标准，但这些国内标准对国际标准的等同采用率仅为40%左右，大大低于欧盟和美国的80%乃至100%。虽然《贸易便利化协定》只是“鼓励”成员使用国际标准，但鉴于国际标准在统一进出口的手续和程序、加快通关效率等方面意义重大，我国应加强国际标准在进出口手续和程序中的使用。

3. “货物清关义务”的实施

我国该部分义务的承诺较多，仅将“确定和公布平均放行时间”排除在A类措施之外。2001年以来，国务院部署开展提高口岸工作效率工程——“大通关”，以提高口岸放行效率，减少审批程序和办事环节。口岸各方建立快捷有效的协调机制，实现资源共享，真正实现“快进快出”，使仓储周期减少一半，先后推出了“提前报关，实货放行”，“24小时通关”，分类通关以及通关无纸化等通关改革。当前，在货物放行和口岸清关方面，我国履行《协定》义务的情况良好。一是确立了预清关制度，根据2003年海关总署发布的《海关进出口货物申报管理规定》，进出口货物的收发货人以及受委托的报关企业可以在提交提（运）单或载货清单（舱单）数据后向海关提前申报，即“提前通报，实货放行”。二是在货物进出口流程中增设了“特别放行”制度，国务院2003年11月发布的《进出口关税条例》①、2010年9月发布的《海关事务担保条例》② 以及2013年经修订的《海关法》等法律法规中都有相关规

① 《中华人民共和国进出口关税条例》第42条规定：经海关批准暂时进境或暂时出境的货物，在进境或出境时纳税义务人向海关缴纳相当于应纳税款的保证金或提供其他担保的，可以暂不缴纳关税，并应当自进境或者出境之日起6个月内复运出境或者复运进境。

② 《中华人民共和国海关事务担保条例》第4条规定，有下列情形之一的，当事人可以在办结海关手续前向海关申请提供担保，要求提前放行货物：进出口货物的商品归类、完税价格、原产地尚未确定的；有效报关单证尚未提供的；在纳税期限内税款尚未缴纳的；滞报金尚未缴纳的；其他海关手续尚未办结的。

定[①]。三是实施“授权经营者计划”，作为WCO《全球贸易安全与便利标准框架》和《贸易便利化协定》的缔约方，我国积极履行两大条约规定的“授权经营者计划”。根据2014年《海关企业信用管理暂行办法》及配套执行的《海关认证企业标准》，海关根据企业信用状况将企业认定为认证企业、一般信用企业和失信企业。认证企业是中国海关经认证的经营者（AEO），中国海关依法开展与其他国家或者地区海关的AEO互认，[②] 并给予互认AEO企业相应通关便利措施。可以说，AEO计划实施的基础和前提是国际层面广泛的相互认可，但目前我国对外签订的AEO互认协定或安排较少，涵盖国家不足。另外，WCO《全球贸易安全于便利标准框架》附件四的后10个标准同时对AEO企业和海关作出要求，但我国海关仅仅处于立法者和执法者角色，海关与企业未能建立合作伙伴关系。此外，我国现行的AEO制度过于“一视同仁”，并未十分关注中小企业的发展问题，对中小企业纳入AEO制度发展缺乏适当的制度安排。四是“风险管理”和“后续稽查”制度的履行方面，《贸易便利化协定》中的风险管理制度目的在于，在保证贸易安全和避免税收流失的前提下，提高口岸监管效率和贸易便利化水平。而“后续稽查”则不仅能够加快货物流通，还能有效弥补前期风险管理的漏洞。我国自2009年实施分类通关开始，正式实施风险管理，但不同口岸间的风险管理、分类通关和后续稽查情况各不相同，实施效果也参差不齐，海关风险管理技术在后续稽查中的运用不足。

（三）“过境自由”义务的履行

过境自由是每一个WTO成员的义务，《贸易便利化协定》对该义务进行了分解和强化。对于该协定第11条规定的降低过境收费、简化过境手续、设

---

① 《中华人民共和国海关法》第66条规定：在确定货物的商品归类、估价和提供有效报关单证或者办结其他海关手续前，收发货人要求放行货物的，海关应当在其提供与其依法应当履行的法律义务相适应的担保后放行。法律、行政法规规定可以免除担保的除外。

② 在推进AEO互认方面，目前，我国海关已经与韩国、新加坡、欧盟、中国香港海关当局签署海关高资信企业全面互认协议，而与其他国家如美国、哈萨克斯坦、俄罗斯等国家正在进行紧张的双边磋商。参见戴正清：《论〈贸易便利化协议〉对上海自贸区建设的借鉴意义》，《上海金融学院学报》2015年第5期，第99页。

定过境担保、加强过境合作等义务，我国基本能够遵照执行。存在问题主要是以下几方面：一是过境货物的定义有别于《贸易便利化协定》。我国将过境货物分为三类，即过境货物（通过境内陆路运输），转运货物（非陆路运输并且境内换装运输工具），通运货物（船舶、航空器载运进境，由原装运输工具载运出境）。① 1992 年《海关对过境货物监管办法》（以下简称《办法》）第 2 条则明确将过境货物的定义局限为通过陆路过境的货物。② 然而，协定“过境自由”义务并未区分陆上与海上运输。二是海关监管职责不明确。《海关法》未对过境货物的海关监管职责作出清晰的规定。《办法》第 9 条规定：“海关认为必要时，可以查验过境货物”，对于何为“必要”的情况，未作澄清。另外，对于前述转运、通运货物的监管，法律存在空白。而事实上，我国拥有天然海港的优势，船舶过境在新时期背景下对外贸易中占据着重要地位。三是存在歧视性待遇问题。《办法》根据是否与我国签订运输双边或多边协议的不同，不同国家货物在办理过境手续时，可能受到不同的待遇③。四是过境费用计算标准与 TFA 协定不一致。依《出入境检验检疫收费标准》，货物检验费的计费依据是货值，而非海关服务成本。

总的来说，在《贸易便利化协定》新增贸易便利化义务的履行方面，我国部分制度设计及监管实践已经达到了协定的要求，部分还存在略微的差距，部分差距较大，基本反映了我国当前的贸易便利化水平状况。对协定贸易便利化义务的积极全面的履行，对于我国吸引外商投资、降低交易成本、改善贸易利益以及建立良好的贸易环境和高效透明的海关监管制度都大有裨益。

---

① 2014 年修订的《海关法》附则部分对海关监管货物定义为，“指本法第二十三条所列的进出口货物，过境、转运、通运货物，特定减免税货物，以及暂时进出口货物、保税货物和其他尚未办结海关手续的进出境货物”。

② 该条规定：“本办法所称‘过境货物’系指由境外启运，通过中国境内陆路继续运往境外的货物。”

③ 《中华人民共和国海关对过境货物监管办法》第 3 条规定：对同我国签有过境货物协定的国家的过境货物，或属于同我国签有铁路联运协定国家收、发货的，按有关协定准予过境；对于同我国未签有上述协定国家的过境货物，应当经国家经贸、运输主管部门批准，并向入境地海关备案后准予过境。

第二节 我国自贸试验区贸易便利化建设现状考究

设立自由贸易试验区是我国在新形势下作出的重大决策。前两批的自贸试验区所属的四省市和有关部门按照顶层设计，以制度创新为核心，简政放权、放管结合、优化服务，推动自贸试验区在投资、贸易、金融、事中事后监管等多个方面进行了大胆探索，形成了新一批改革创新成果。2016 年 11 月 2 日，国务院下发文件要求在全国范围内复制推广 19 个自贸试验区可复制、可推广的新一批改革试点经验。由于其中的 14 项试点经验属于贸易便利化领域的改革成果，因此可以说，我国自贸试验区先行先试截至目前最成功的领域还是在贸易便利化领域。

自贸试验区等海关特殊监管区域一直是我国贸易便利化改革的前沿，从保税区的“境内关外”运作方式，到当前自贸试验区涵盖金融、物流、投资、航运、服务的多维度贸易便利化建设，其改革的深度和广度积极引导着区外贸易便利化的发展。因此，本节将结合各自贸试验区可复制、可推广的改革试点经验，对我国自贸试验区便利化的建设现状进行分析，以扬长抑短，为后续的贸易便利化改革提供借鉴。

一、贸易便利化改革的成功经验

作为中国制度改革的试验田和制度创新高地，自贸试验区贸易便利化政策往往较自贸协定更为微观、详细，带有明显的区域特点，可操作性强，并直接服务于区内贸易企业。①

---

① 葛顺奇、沈玉昊《贸易便利化措施比较及中国自贸区的实践》，《国际经济合作》2017 年第 4 期，第 8 页。

（一）贸易便利化建设的体系化

现代意义的贸易便利化涉及由各个贸易环节构成的整体营商环境，包括通关程序及手续的简化、基础设施的完善与标准化、信息化平台的共享与标准化以及法律的冲突与协调等方面。贸易便利化的评价标准也由最初仅聚焦海关程序及手续的简化和快捷发展到当前涵盖了货物和服务贸易、投资、知识产权保护、金融及贸易安全等多维度评估体系。2013 年开始建设以来，贸易便利化就成为自贸试验区的重要改革试验领域，各自贸试验区总体改革方案触及了通关程序简化、透明度、标准与一致化、商品检疫检验、航运物流、人员和资金流动、电子商务以及贸易安全等众多领域，其内容实际上也可视为相关领域在促进贸易便利化方面将要采取的措施。广义上来说，自贸试验区投资、金融、航运等制度既可作为自贸试验区相关独立领域开放、自由化建设的核心部分，也可以成为贸易便利化建设的实质内容。可以说，自贸试验区贸易便利化体系化建设是我国自贸试验区建设的一大进步。

以投资为例，我国自贸试验区“准入前国民待遇”加“负面清单”管理模式是我国扩大开放、促进改革的一项重要举措，更是适应经济全球化和国际投资规则新变化的制度创新需要。其影响已超越了投资贸易领域，也积极地影响着自贸试验区内行政领域改革乃至区外政府职能转变。比如上海自贸试验区“海关行政权力清单和责任清单（2015 版）”，即借鉴了负面清单模式，权力清单比较系统地列出了从知识产权保护到连续追缉等 52 项权力及“权力运行流程图”；责任清单包括主要职责、窗口受理事项、事中事后监管制度以及公共服务事项四大模块。

服务贸易领域，依各自贸试验区总体方案和配套法制建设，经过三至五年的改革试验，我国自贸试验区创新类金融服务、商务服务、文化娱乐教育和医药医疗护理业等服务贸易市场进一步开放，服务贸易自由化正在推进。服务业的强大是服务贸易顺利开展的基础，也会对货物贸易自由化产生积极的影响。自贸试验区对一些重要的服务贸易领域颁布了新的关于外资市场准入的法规和规章，推进服务贸易立法，减少服务业贸易限制。

金融改革方面，金融改革是自贸试验区制度创新探索的重要方面，也是

“先行先试”成败的关键所在。[①] 自贸试验区遵循“先流入后流出、先长期后短期、先直接后间接、先机构后个人”原则，在风险可控的前提下，在区内实现人民币资本项目可兑换、金融市场利率市场化以及人民币跨境扩大使用。金融制度的创新不仅打通了自贸试验区与离岸市场之间的通道，为区内企业跨境投融资提供了便利，而且使经常项目下国际贸易资金的自由和高效地结算、汇兑和输出入实现便利化，降低了汇率波动和金融市场风险。

除在以上领域的贸易便利化制度创新之外，我国自贸试验区还在传统领域也取得了许多成功经验。无论是包含口岸通关、仓储物流、检验检疫、贸易支付等环节的大通关体系，还是涉及船舶注册登记、金融优惠以及运输管理的航运体系，抑或是海关监管信息化、标准化“单一窗口”制度和政府创新管理体制，都是自贸试验区贸易便利化建设全方位改革的一部分，也都取得了一定的改革成效，推进了贸易便利化进程。另一方面，自贸试验区战略的制定和改革的推进不能忽视贸易便利化这条主线，缺少或者说未融合贸易便利化理念的改革方案近似空中楼阁、华而不实，而据此方案建立起来的自贸试验区也不可能实现既定的战略。

（二）贸易便利化建设的制度化

体系化的贸易便利化建设理念是我国自贸试验区的一大进步，此外，将制度创新作为核心任务和深化改革开放的主线并加以扩大适用也是自贸试验区便利化建设的亮点所在。具体来说，自贸试验区建设紧抓制度设计、制度建设、制度运行、制度维护等关键环节，形成以简政放权→放管结合→优化服务为体系的制度模块，使制度创新沿着点（试验点）、线（管理条线）、面（综合管理界面）全面覆盖。[②]

1. 以政府职能转变为导向的事中、事后监管制度

各自贸试验区总体方案均提出经济领域的扩大开放应与体制改革相结合。

---

① 季卫东《金融改革与“法律特区”——关于上海自贸区研究的一点刍议》，《东方法学》2014 年第 1 期，第 86 页。

② 赵晓雷《上海自贸试验区建设开放度最高的自由贸易园区难点评估及战略思路》，《科学发展》2017 年第 3 期，第 65 页。

根据国外自贸试验区建设经验，我国自贸试验区采用“一线放开，二线管住”的监管模式，并通过综合信息平台对货物贸易、服务贸易进行有效监管。监管本身的制度设计包括权力划分、监管方法和法制保障三方面，主要落脚点是以政府职能转变为导向的事中、事后的监管制度。

事中、事后监管制度主要体现为对外商投资和境外投资的管理由审批转为备案的监管制度变革。自贸试验区对设立公司适用“一口受理”信息共享机制①，注册资本登记、缴纳以及最低限额取消限制性规定，深化“先照后证”“多证合一”及“多项联办”改革，开展“证照分离”和设区市跨区登记试点，全面推行全程电子化和简易注销改革。企业年度检验改为年度报告公示，只有当设立信息和报告公示内容的匹配性受到质疑，工商部门才会积极进行监管。2016 年 11 月 10 日，国务院关于自贸试验区第一批在全国范围内复制推广的改革事项中，事中事后监管方面有两项复制、推广的制度，即“引入中介机构开展保税核查、核销和企业稽查”和“海关企业进出口信用信息公示制度”。同上述制度创新一样，这两项便利化措施也为事前监管的放松提供了制度保障。总的来说，事中事后监管模式的确立能够最大程度地限制政府权力的滥用，保障区内贸易企业的经营自由，只要企业合法经营，就能免除烦琐的事前监管，从而实现最大可能的经营自由和贸易便利。

2. 以信息化平台为依托的口岸监管制度

“互联网＋”信息化浪潮是当前我国政府治理变革的最深刻动因，“互联网＋政务”将改变政府存在的形态，为政府治理现代化提供强大的技术支撑。现代化政府的结构是基于信息网络技术支撑的政府体系，具有整体政府、开放政府、协同政府和智慧政府四个特征。②

我国自贸试验区口岸监管正在形成此种“互联网＋政务”模式，口岸监管制度创新以贸易便利化为核心诉求，以自贸试验区监管信息共享机制和综

---

① 例如“陕西自贸区行政事项审批（备案）联办网上申请平台”，http://zmqlbpt.snaic.gov.cn/login.do?method=enterLogin&page=enter_qydj，2017 年 12 月 12 日。

② 高小珺、孙长江编著《中国（辽宁）自由贸易试验区法律制度研究》，法律出版社，2017 年，第 162 页。

合性评估机制的平台为信息化依托。监管信息共享机制能够实现海关、税务、质检、银监、检验检疫、港口航运等不同部门的数据共享和协同监管，通过国际贸易“单一窗口”及其免费申报机制，既优化了管理流程、提高货物流通的迅捷性，也实现了综合执法体系下的高效监管；综合评估机制能够促进社会信用体系建设，形成全面的信用信息记录和披露机制，以及信用信息使用和信用联动奖惩机制。国际海关经认证的经营者互认制度有助于推进口岸监管制度创新，也使得认证经营者获得贸易便利化方面的更多利好。

3. 以物流畅通为特征的船舶航运监管制度

船舶航运是贸易物流便利化最重要的方面，自贸试验区关于此方面的制度创新包括两方面，一是全国范围内可复制、可推广的“船舶检疫监管新模式”。天津等自贸试验区率先试行的“无疫通过”制度，即对于诚信度高、船舶卫生保障体系健全、旅客相对稳定的船舶，经检验检疫机构审查核准，对符合条件的出入境船舶，口岸检验检疫机构免于检疫查验的通关放行管理模式。这种新模式可以科学有效地防止疫情通过口岸传播和扩散，最大限度地提高通关效率和放行速度。二是扩大适用船舶登记制度、启运港退税制度以及空港运输业务制度。船舶登记制度对登记船舶的主体、股权结构和比例以及船龄方面做了重大改变。自贸试验区不仅成立针对中资外籍船舶申请、注册的专案管理机构，还在一定期限内免除进口环节关税和增值税。放宽中资外籍船舶回国登记，不仅能够壮大五星旗船舶总量，也为船舶融资、保险、经纪等航运业务发展提供基础。启运港退税制度是指在严格限制启运港、承运公司、运输方式、工具和离境港的基础上，集装箱货物在启运地完成报关出口申请后，就能提前享受出口退税政策。空港运输业务制度主要进行了中转业务创新，包括海运集装箱拼装和捎带业务，以及中转货运航班业务。不仅节省运力、提高运输效率，对构建各自贸试验区航运物流体系、促进物流增值服务也具有重大推动力。

二、贸易便利化改革的难点评估

长期以来，贸易便利化一直是我国扩大对外开放的基本内容。从早期被动接受GATT/WTO下贸易便利化的附随义务，到积极参与区域或双边贸易便利化谈判，我国贸易便利化水平不断提高。当前，我国自贸试验区是进一步推进贸易便利化的制度创新试验田。经过四年多的建设，贸易便利化领域已经取得了许多改革的成功经验，① 但也存在若干制度缺陷以及继续改革的难点，主要包括体系化建设存有缺陷、便利化具体制度有待改善、法制不健全等方面。

（一）贸易便利化的具体制度缺陷

1. “一线放开”未真正放开

“一线放开”是自贸试验区贸易便利化的最直接体现。《京都公约》“F.1关于自由区的附约”规定“对从国外直接运入自由区，无须经过任何有关国家关境的货物，如有必要向海关呈验单证时，除了出示载明有关货物主要项目的商业或官方单证（商业发票、运单、发货通知等）外，海关当局不应要求出示其他额外的单证”。即：货物直接从国外进入自由区，如果从随附单证上已获信息，海关不应要求货物申报。《京都公约》体现了贸易便利化制度的发展趋势，作为其缔约国，我国理应遵守“一线放开，二线管住，区内自由”的监管模式。“一线”海关监管的最大特点是实现货物进出自由。根据公约和国际惯例，“一线放开”的外延包括：一是按所在国或地区规定允许进出口的商品均可进入自贸区，一般情况下不得以数量、途径、关税、原产国、起运国或指运国等为理由，予以拒绝；二是进入自贸区的商品不缴纳关税，也不

① 依《国务院关于做好自由贸易试验区新一批改革试点经验复制推广工作的通知》（国发〔2016〕63号），贸易便利化领域在全国范围内复制推广的改革事项包括“依托电子口岸公共平台建设国际贸易单一窗口，推进单一窗口免费申报机制”，“国际海关经认证的经营者（AEO）互认制度”，“出境加工监管”，“企业协调员制度”，“原产地签证管理改革创新”，“国际航行船舶检疫监管新模式”，“免除低风险动植物检疫证书清单制度”等7项。

办理海关手续，如有必要向海关呈验单证时，除了出示载明有关货物主要项目的商业或官方单证（商业发票、运单、发货通知等）外，海关当局不应要求出示其他额外的单证；三是海关对进入自贸区的货物不应要求出具担保（海关当局如对拟运入自贸区的货物实行监管，其所采取的措施应以保证海关负责执行的法规得到遵守所必要者为限）。[①]

虽然各自贸试验区方案已对海关工作进行了角色定位，也实施了“一线放开”的监管服务创新，同时也根据货物的不同性质确定了分类监管，但对“一线”进出货物实施“先入区，再进行备案清单申报”等监管模式，并非国际规则完全意义的“一线放开”。另外，发达国家自贸区形成了以企业为主的区内监管模式和执行机制，我国在此方面仍存在较大改进空间，诸如 AEO 体系、企业信用制度等。

2. “单一窗口”面临瓶颈

建立“单一窗口”是提高贸易便利化的重要途径之一。国际上“单一窗口”的典型模式主要有三种：一是以瑞典、荷兰为典型的“单一机构”模式（Single Authority Model），即成立或者授权一个单一的政府监管机构（如海关）代表税务、警察、贸易统计、贸易委员会以及许可证发放单位等管理部门来处理所有的进出口监管业务。该机构在收到企业进出口贸易申报数据后直接进行各项业务处理，统一协调并执行所有与对外贸易相关的监管，行动集中，协调高效。此模式的特点是“机构集中，系统单一”。[②] 二是以美国、日本为代表的“单一系统”模式（Single Automated System Model），即政府建立一个统一处理进出口业务的信息系统。以美国 1995 年 9 月实施的国际贸易数据系统（ITDS，International Trade Data System）为例，ITDS 允许贸易商一次性提交标准化数据，并将数据分发到相互分立的各政府监管机构处理。各部门对数据进行评估后，将监管意见再反馈给 ITDS 和贸易商。三是以

① 参见《京都公约》。

② 方晓丽、朱明侠《构建“单一窗口”，提升我国贸易便利化水平》，《对外贸易实务》2014 年 2 月，第 21 页。

新加坡为典型的“公共平台”模式（Automated Information Transaction System Model）。该模式下，政府为贸易商提供一个统一的信息处理公共平台，依托该平台，企业仅需要填制电子表格就可通过多种方式向不同的政府部门发送数据和申报，经过平台的收集和整理，以及政府部门的处理，监管意见会自动反馈结果到企业的计算机中。上述“单一窗口”的三种模式经过若干发达国家的贸易监管实践，都取得了很好的便利化效果，为其他国家建立单一窗口提供了实践经验。

上海自贸试验区国际贸易“单一窗口”采用类似于新加坡的“公共平台”模式，目前存在以下发展瓶颈：一是监管部门能力与服务意识不足。环保、知识产权、贸易安全等新领域的人才储备短缺，管理者的知识结构和基本业务技能不足，市场化专业化程度较低，“大政府”观念依旧存在，国际贸易软环境亟待改善。二是“串联式”“多站式”通关模式效率低。我国口岸监管涉及海关、检验检疫机关、海事、边防、码头等多个部门，由市口岸办牵头建设，参与部门达 20 个。部门间数据共享、协同合作程度比较低。三是口岸监管标准化程度低。目前，我国口岸监管部门（海关、检验、检疫、税收、外汇等）、运输、银行和保险以及其他部门之间的监管要求和信息化标准不统一、不协调。四是平台覆盖面有限，未涵盖所有口岸监管部门。主要依托上海电子口岸和监管部门信息系统，数据联网监管程度低，平台对于现有监管流程和监管部门业务系统促进有限。

3. 物流体系建设缺乏制度保障

除口岸通关便利外，推进以航运与保税为内容的物流体系建设也是自贸区贸易便利化的重要内容。如前所述，改革船舶登记政策、推行“船舶检疫监管新模式”、发展中资外籍船舶的国内港口捎带业务和集装箱拼装业务，这些改革都促进了自贸区航运物流体系的完善。但现代航运业的发展不再停留在单一的运输及物流环节，而是通过不断整合市场资源，依托信息化平台，实现物流链向产业链上下游的延伸。以纽约自贸区的“汽车物流服务模式”

为例，该模式基于自贸区的倒置关税①、无关税出口等便利化政策，具有市场导向、辐射范围广、快速通关的特点。该模式吸引汽车制造商在区内设厂从事组装和制造业务，无论是对于美国消费市场，还是对于汽车制造商，都获得了贸易利益的最大化。另外，欧美发达国家通过建立智能化物流系统和集装箱电子标签等措施适时掌握保税货物运输和仓储状况，但我国缺乏相应的信息化整合平台和具体的制度保障。最后，第三方物流服务量占总物流服务量的比重是衡量自贸区贸易聚集和便利化程度的重要指标，我国自贸试验区对第三方物流企业的扶持力度不足，如减免第三方企业税收或将政府物流需求交由第三方企业进行等。

4. 标准与一致化建设任重道远

产品标准、检验检疫标准及其他监管标准的一致化是克服外部性和市场失灵，保障贸易正常运转的重要工具，各国在标准一致化方面的差异会导致贸易非便利。因此，包括口岸基础设施和贸易数据的协调统一的标准体系对于加快贸易流转、降低贸易成本意义重大。作为从事贸易程序简化与标准化的机构，联合国贸易便利化与电子业务中心同 APEC 等国际组织一起，陆续推出多套贸易数据交换标准和贸易便利化措施，不断推动成员标准与国际标准一致，推动一致化评定程序的互认。我国自贸区的硬件与软件建设都离不开标准与一致化问题，但目前仍然存在着标准一致化信息的透明度不够、企业（尤其是中小企业）参与度不足、与其他国家互认协议较少以及参与国际标准制定不够等问题，自贸区的标准与一致化制度建设任重而道远。

（二）自贸区贸易便利化立法模式的缺陷

法治建构是中国自贸试验区改革创新成败的决定性因素，没有完善合理的自贸区法治建构，我国自贸园区建设就不能很好地完成深层次改革创新的

① 纽约自贸区的倒置关税政策是吸引汽车制造商在自贸区内建立工厂的重要原因。无论是运进自贸区的汽车原材料还是整车都不需要交关税，使美国海关的整车关税远比汽车零件和原料的关税低，这就吸引了汽车制造商在自贸区内建立工厂生产汽车，并将生产好的汽车以低关税进入美国内陆市场或免关税出口海外。参见王陇：《纽约自贸区汽车物流服务模式及其借鉴》，《物流科技》2015 年第 1 期，第 31 页。

战略任务，自贸区改革就会不可持续。当前，我国自贸区的法治建构采取了“国家授权、部委规章和地方立法”三层次同步联动构建模式，解决了“凡属重大改革都要于法有据”这一政治课题，[①] 也避免了单一型立法模式可能带来的缺陷和弊端。但是，由于全国层面统一的自贸试验区基本法未制定，“八省三市”自贸区《总体方案》法律位阶定性不清、地方政府《自贸区条例》臃肿繁复、自贸区管委会立法权限未有授权等原因，自贸区法治构建存在诸多不合理之处，具体表现为有关自贸区基本建设的统筹规划性法律缺失、自贸区管委会无法在第一时间根据发展需求拟定相关法律法规、自贸区所在地立法过于烦琐繁复阻塞了中央和自贸区之间的信息沟通交流的渠道等一系列问题。[②] 这种由“先行先试”产生的立法缺失在实践中会使自贸区战略的实施面临地方化、空洞化、行政化和碎片化的问题，导致包括自贸试验区贸易便利化制度在内的法治建设和制度创新进展缓慢，难以完成探索可复制和可推广的改革开放经验以应对国际经济贸易规则重构带来的挑战，不能对制度创新产生良好的促进作用。总的来说，对比发达经济体的自贸区立法情况以及自贸区的建设实践，中国自贸区的立法模式将面临诸多挑战。

1. 立法模式存在根本性缺陷

（1）缺失自贸区核心基本法

我国自贸区地方立法丰富，但缺乏高位阶的核心法律，反观美国和新加坡的自贸区立法都有核心法律发挥作用。[③] 由商务部和地方政府共同制定，并由国务院批准的各自贸区《总体方案》存在着法律位阶定性不清、内容多为“口号式”条款、法律性欠缺等不足，不能真正成为自贸区的基本法，其实际地位已被内容更为详尽的各省市地方人大《自贸区条例》所取代。

---

① 陈利强《中国自由贸易试验区法治建构论》，《国际贸易问题》2017 年第 1 期，第 3 页。

② 李猛《中国自贸区法律制度建立与完善研究》，人民出版社，2017 年，第 34 页。

③ 当下中国自贸试验区法治建构模式本质上属于“自主推动型法治建构模式”。“市人大常委会授权立法→市政府‘1 X’规则群→市人大常委会条例三步走”的法治创新路径成为可复制、可推广的法治创新经验“上海模式”的最重要内容。参见陈利强：《中国自由贸易试验区法治建构论》，《国际贸易问题》2017 年第 1 期，第 3 页。

《自贸区条例》对于中央立法权限范围内的事项在国务院批准的《总体方案》的范围内进行细化规定，而对地方的行政管理体制进行“先试”规定。自贸试验区先行先试的事项属国家事权，未经国务院批准，地方政府无权涉足，而国务院批准《总体方案》意味着国务院将属于中央政府的部分事权有条件地划归省级或者直辖市人民政府。① 《自贸区条例》也不适合作为自贸区“核心基本法”，因为“条例”的法律位阶较低，且区域性特征过多，不能上升到国家层面。逻辑上讲，中国自贸试验区法治创新路径及法治建构的“应然模式”是“国家层面统一立法的基本法模式”。在当前自贸区法治建构存在缺陷的情况下，各地方政府《自贸区条例》在当地自贸区可以暂时充当“基本法”。

(2) 授权“法律暂停实施”的法律依据不足

2013 年 8 月和 2014 年 12 月，全国人大常委会分别通过了《关于授权国务院在中国（上海）自由贸易试验区暂时调整有关法律规定的行政审批的决定》和《关于授权国务院在中国（广东）自由贸易试验区、中国（天津）自由贸易试验区、中国（福建）自由贸易试验区以及中国（上海）自由贸易试验区扩展区域暂时调整有关法律规定的行政审批的决定》。两项《授权决定》分别授权国务院在上海、广东、天津和福建自贸试验区区内对国家规定实施准入特别管理措施之外的外商投资，暂时调整三资企业法和《台湾同胞投资保护法》规定的行政审批事项，共涉及 12 条规定。② 授权国务院暂时调整法律实施实质上构成法律修改，③ 客观上形成了这样一种局面：现行有效的全国

① 丁伟《中国（上海）自由贸易试验区法制保障的探索与实践》，《法学》2013 年第 11 期，第 107 页。

② 《台湾投资同胞保护法》第 8 条第 1 款涉及的行政审批事项仅纳入广东、天津、福建自贸区和上海自贸区扩区范围的《授权决定》，在上海自贸区原区域内并没有暂停实施。

③ 国务院两项《决定》不宜理解为授权立法，一是尽管《决定》的题目为《暂时调整》，但正文的核心表述是“暂时停止实施该项行政审批”，不应理解为授权制定法律；二是《决定》所停止适用的三部法律所调整的事项，属于《立法法》第 8 条所列举的中央专属立法事项，只有当尚未就中央专属立法事项制定法律时，才符合授权立法的条件，然而这些法律已经制定；三是《决定》没有任何要授权国务院进行立法的意思表示，而《立法法》第 10 条则规定“授权决定应当明确授权的目的、范围”。

性统一立法在自由贸易试验区内外不能一体适用。全国人大常委会的此种授权虽然在客观上一定程度地有损于法的普遍性，但这种损害是暂时的和局部的，且符合比例原则，应当是可以承受的。[①] 也就是说，在构建自贸区法律体系的初期，制度供给的不足需要在立法方面“先行先试”，这种实践创新并无不可，但需要在现行法制框架下找到明确的法律依据。

从《决定》内容上看，授权国务院暂时调整实施的法律本质上属于法的修改，当然为全国人大常委会的立法权所涵盖。无论是从形式上将全国人大常委会授权国务院暂时调整实施法律视为行使决定权，还是从内容上将其视为行使立法权，其均能够从现行宪法中获得相应的支持，但获得合宪性支持后仍需在法律层面寻找具体的行为依据。[②]而全国人大常委会修改全国人大制定的法律尚须符合宪法规定，将此项法律修改权授予国务院，被授权的主体资格存在疑问。[③] 值得一提的是，尽管2015年修订的《立法法》新增了第13条对此问题作了补充说明，但根据法不溯及既往的原则，如果两次授权行为不合法，第13条仍然不能赋予新法实施前的《授权决定》以合法性。

2. “四化”趋势严重，制度创新不足

一是立法模式的行政化。在市场经济和法治经济状态下，所谓“小政府才是好政府”，对照美国对外贸易区，其成功运行的两大核心要素是精简的行政监管体系与私人驱动型法治。美国1934年制定《对外贸易区法》，全国统一实施，逐步确立了对外贸易区的“境内关外”的区域性质、法律地位、监管模式以及法定的管理和监管体制。而当前中国自贸试验区建设的立法模式是“政府自主推动型法治”，虽然也在提倡“服务型政府”，但政府行政管辖过宽过严，制度创新范围有限。而且自贸区立法体系中国家与地方的权属边界不清，存在法理依据不足的问题。从中央到地方，中国自由贸易试验区的立法模式和制度设计具有完全意义上的行政化倾向，私人或社会力量参与中

---

①② 蔡金荣《授权国务院暂时调整法律实施的法理——以设立中国（上海）自由贸易试验区为例》，《法学》2014年第12期，第61页。

③ 马敏《从美新自由贸易园区立法看中国自贸区立法的改进》，《黑龙江省政法管理干部学院学报》2016年第3期，第113页。

国自贸试验区法治建设的范围和程度有限。

二是立法模式的地方化。自贸区地方立法所具有的因地制宜、突出区域特色和灵活多变的特征最适应自贸区自由开放的内在特性，有助于降低立法成本、缩减立法周期、避免社会风险、匹配自贸区监管制度，推动自贸区市场化、国际化和现代化建设。总的来说，自贸区地方性立法对我国自贸区法治构建与法治创新有着积极的促进作用。但是，由于自贸区国家层面的上位法缺失，地方层面的下位法存在重复立法现象严重，无立法权的地方政府颁布的规范性文件客观上与有立法权的地方立法具有同一的效力。① 其次，地方立法往往存在社会实证调研不合理、民主性与科学性欠缺、与国际标准衔接不足、部门利益化严重以及条文烦冗可操作性差的弊端。

三是立法模式的碎片化。从国家层面来讲，"国家（部委）事权条块分割（碎片化分配）、各自为政"，工商、海关、税务、商检、交通等部门皆有纵向的法制体系；从地方层面来讲，各自贸区地方政府和某些自贸区（上海、广东、浙江、福建、天津）地方人大分别制定了《自贸区管理办法》和《自贸区条例》。值得注意的是，有的自贸区（如天津）在《自贸区条例》施行的同时废止了《自贸区管理办法》，而有的自贸区（如上海）则是《自贸区条例》和《自贸区管理办法》并用，由此导致我国自贸区法治建构与制度创新成果的碎片化格局难以避免。

四是立法模式的空洞化。自贸试验区监管职能涉及多部门利益，改革难于深入。地方通过现行法律法规协调国家垂直部门或直属部门的难度很大。法治建构的政策（指引）体系出现"虚化"现象，即"政策虚化"，主要体现在以下四种"有政无策"的情形之中：国家（部委）事权不下放；国家（部委）事权交叉，难以下放；属于国务院事权，需要统一决策；未来国家（部委）事权的具体内容尚不清楚。②

---

① 屈茂辉《我国上位法与下位法内容相关性实证分析》，《中国法学》2014 年第 2 期，第 123 页。

② 陈利强《中国自由贸易试验区法治建构论》，《国际贸易问题》2017 年第 1 期，第 3 页。

第三节 我国自贸区贸易便利化制度建设展望

我国自贸试验区建立至今，不断地在借鉴国外先进自贸区贸易便利化制度经验，也先行先试了一系列符合我国国情发展的自贸区贸易便利化举措。上海自由贸易试验区建立三年来获得的可复制、可推广的经验当中，大多数是关于贸易便利化方面的。这些积极的制度创新极大地促进了自贸区的国际贸易发展。但是这些先行先试获得的制度经验存在地方化、行政化、碎片化等问题，没有形成体系化的制度方案。

各国自贸区发展的历史表明，体系完善的立法模式以及科学合理的监管对于自由贸易区的良好运行和目的的实现至关重要。中国自贸区贸易便利化应采取体系化的建设模式，不仅需要借鉴 WTO《贸易便利化协定》机制下的贸易便利化体系设计，而且还要借鉴其他区域协定以及发达国家先进自贸区的贸易便利化制度设计；不仅需要了解该法律制度所要解决的社会问题，而且也需要有相关的法律理论作为支撑。

一、推进我国自贸区便利化制度体系化建设

在 GATT/WTO 多边贸易体制体系下，从早期的国际组织倡议，到 GATT 若干条文，再到 WTO《贸易便利化协定》以及当前遍布全球的自由贸易区，从曾经只涉及过境自由、进出口费用与手续化及贸易法规的公布，到如今成为外延丰富的制度体系，遍及国际贸易的所有环节，贸易便利化对于世界经济的发展越来越重要。

中国作为 WTO 成员方，应在《贸易便利化协定》框架下大力提高贸易便利化水平，进而促进对外贸易发展。作为我国新一轮对外开放国家战略的一部分，自贸区建设也应在《京都公约》、其他国际组织以及发达经济体在贸

易便利化制度创新的基础上，完善我国自贸区在贸易促进方面的制度建设。值得注意的是，自贸区建设贸易便利化制度离不开对其他领域建设的依赖，研究、制定投资、金融、物流等行业发展便利措施将会切实推进国际贸易便利化协同发展。

中国自贸试验区在进行贸易便利化制度体系化建设时，既要摸准自身贸易便利化制度化发展的缺陷和不足，还要参考和借鉴《贸易便利化协定》、APEC 等国际组织以及发达国家自贸区中关于贸易便利化的制度创新和成熟经验。

1. 制定自贸区国家立法，化解上位法制度障碍

如前文所述，自贸区国家层面立法的缺失导致目前我国自贸区建设缺乏顶层统筹性规划，自贸区管委会无法在第一时间根据自贸区发展需求拟定相关法律法规，自贸区所在地立法过于烦琐繁复，阻塞了中央和自贸区之间的信息沟通交流的渠道。以贸易便利化措施为例，体现为中央层面早已固有僵化的一些规定与自贸区的自由开放特性不相适应，以及大量存在各自贸区各具特色，但缺乏统一性、标准化的贸易便利化措施。①

自贸区国家立法的制定基础可以是历时最长、试验最久、制度创新最为成熟且改革力度最大的《中国（上海）自由贸易试验区条例》，其诸多制度创新以及相关自贸区建设的统筹性条款，经过试验总结出的可复制、可推广的贸易便利化改革经验，均可作为国家层面立法的理论基础和实践渊源。另外，国外先进自贸区的贸易便利化制度创新经验也应在结合中国国情的情况下拿来借鉴。值得注意的是，中央层面的立法也不宜事无巨细、面面俱到，应给予地方自贸区贸易便利化方面一定的灵活性，以反映区位优势和地方特色。总之，国家层面自贸区法律应内容详细、结构严密、逻辑清晰、表述精确，对我国自贸区贸易便利化促进起到统筹引领作用。

① 比如“多证合一、一照一码”贸易便利化措施创新中，辽宁自贸区沈阳片区试行“12 证合一”、河南自贸区洛阳片区试行“22 证合一”、湖北自贸区宜昌片区试行“27 证合一”、辽宁营口片区推进实施“39 证合一”，从而导致地区间贸易存在标准化障碍。

2. 贸易便利化与其他便利化协同发展

海关程序和口岸物流制度的贸易便利化建设确实能够通过提高效率、节约时间来加速货物通关和流动。但贸易的便利和促进不仅仅是传统的口岸贸易便利化措施，许多其他方面的便利化建设也会影响国际贸易的流量。例如高效、标准化的现代航运物流体系对于大幅度缩减运输周期作用极大。因而现代意义的贸易便利化涉及由各个贸易环节构成的整体营商环境，包括通关程序和手续的简化、基础设施的完善与标准化、信息化平台的共享与标准化以及法律的冲突与协调等方面。贸易便利化的评价标准也由最初仅聚焦海关程序和手续的简化和快捷发展到当前涵盖了货物和服务贸易、投资、知识产权保护、金融及贸易安全等多维度评估体系。结合国际贸易运作流程，促进投资、金融以及物流领域的便利化与贸易便利化协同发展是实现便利贸易的一大措施，能够在本质上推动贸易更高效运作。

自贸区建设贸易便利化制度离不开对其他领域建设的依赖，我国自贸区贸易便利化制度体系化建设应把握各种便利化协同发展的理念。广义的贸易便利化制度建设应该包括税收优惠制度，“一线放开”降低营商成本的事中、事后监管制度，先照后证和一口受理机制，授权经营者制度，标准和一致化制度，物流体系促进制度，“负面清单”“准入前国民待遇”等投资保护和规制制度，资本账户开放制度，市场化利率和放松外汇管理制度，行政和司法以及专业仲裁等争议解决机制。以实行市场化利率机制为例，贸易商的存贷款不再受制于利率管制带来的风险，为企业融资带来便利。再如外汇管制的放松机制，外汇管制曾是最直接影响国际贸易的因素之一，企业不能自主用汇，无法参与国际贸易。

对国际组织贸易便利化体系化模式借鉴方面，相比于 WTO《贸易便利化协定》仅对 GATT 1994 第 5、第 8 和第 10 条相关贸易便利化措施进行澄清和完善，仅设计海关口岸监管方面而言，APEC 贸易便利化的推进体系更加综合和完整，其制定有详细的阶段性目标及具体行动措施，几乎遍及国际贸易所有环节。我国自贸区贸易便利化制度建设应当以体系化为准则，通过对 TFA、APEC 清单与 TFAP 模式的研究，再结合我国基本国情，建立覆盖所有贸易环节的便利化制度体系。

3. 建立完善的纠纷解决机制

商事纠纷和行政纠纷解决机制是自贸试验区良好运行的关键环节。自贸试验区的纠纷解决机制应当透明、开放、符合通行国际商事惯例。此外，该机制还应包含专业的仲裁和调节机制，应保证其专业水平和国际化程度；情况允许，可适当放宽自贸区商事案件外国法院管辖的限制措施；构建企业纠纷协商平台，并为之提供法律咨询援助等。

应当给予贸易经营者异议的渠道和时间，除了二次检测申请的机会，正式的行政行为审查和复议渠道建设尤为重要。自贸区应在保留原有海关行为复议和诉讼范围的基础上，扩大海关和其他边境机构行为的复议和诉讼范围。

二、我国自贸区监管法律制度的完善

经济的全球化和一体化发展使得经济主体间以及经济主体对社会经济的依赖性日益增强，也使得经济主体活动的外部性增强。对具有负外部性的经济行为（规制）监管成为现代政府的主要经济职能，[①] 科学合理监管制度的设计，是“小政府”理念下解决市场失灵、确保经济健康运行的前提。此种理论对于中国自贸区建设来说，同样如此。

WTO 和发达国家在贸易便利化建设方面的经验告诉我们，进一步推进自贸区贸易便利化建设，应当以制度完善为出发点，从监管机构的设立、货物和人员的自由流动、法治环境的完善等角度切入，不仅需要从体系上创新制度，更需对具体制度进行全方位的改革创新。根据现代监管的一般理论和国外自贸区贸易便利化的制度经验，结合当前国际经济形势和我国自由贸易试验区建设的战略目标，并参照我国四大自由贸易试验区管理办法，以下将对自贸试验区的贸易便利化的制度创新提出几点建议。

---

① 刘水林《中国（上海）自由贸易试验区的监管法律制度设计》，《法学》2013 年第 11 期，第 116 页。

（一）自贸区监管机构的设立

按照当今的监管理论，良好的规制（监管）需要权威的监管机关。一个具有准立法权、准司法权与准行政权的权威性、独立性的委员会制的监管机关是监管成功的关键。[①] 但是，当前中国自贸区所在地政府管理权限过分充足，多数管理事权仍集中于自贸区所在地政府及其相关部门，这在一定程度上影响了区内管理备案的办事效率，束缚了自贸区管委会参与本区管理的积极性和主观能动性，制度创新红利并未得到充分释放。[②] 在我国自贸区建设初期，自贸区所在地政府能够在目前实行的三层级管理模式下起到一定的居间协调积极作用。但随着自贸区建设的深入推进，作为“一线”管理机构，自贸区管委会对区内事务最为了解，过窄的立法与管理权限范围制约了其应有功能的发挥，因而迫切需要中央层面的专门立法对自贸试验区管理委员会的性质、权限和职责予以详细规定，将管理模式由三层级转变为双层级，提高自贸区管委会权威性和独立性，从而增强对区内各项事务的管理效率。[③]

（二）自贸区海关监管制度的完善

海关监管制度是贸易便利化传统意义上的核心内容，也是最直接影响货物流动的制度之一。近些年来，在 WCO 倡议下以及我国自身在海关方面的实践，海关发展水平已经有所提高，尤其为满足海关特殊监管区域功能建设，无纸化、智能化、“大通关”系统建设已经取得了丰硕的成果，但还有很大的改进空间。

1. “一线逐步放开，二线高效管住，区内货物流动自由”

---

① 刘水林《中国（上海）自由贸易试验区的监管法律制度设计》，《法学》2013 年第 11 期，第 116 页。

② 以上海自贸区管委会为例，其为上海市政府的派出机构，具体落实自贸试验区改革任务，统筹管理和协调自贸试验区有关行政事务。参见李猛：《自贸区管理创新：境外经验借鉴》，《开放导报》2017 年第 1 期，第 73 页。

③ 美国是全球对外贸易区（自由贸易区）数量最多的国家，也是对外贸易区法制最完备的国家。美国国会于 1934 年通过了《对外贸易区法》，后来又在此基础上制定了《美国对外贸易区委会通用条例》，对对外贸易区的组织机构及权限作了详细的规定。参见刘水林：《中国（上海）自由贸易试验区的监管法律制度设计》，《法学》2013 年第 11 期，第 116 页。

“一线放开，二线管住，区内自由”是各国自贸区贸易便利化促进方面的原则与惯例，我国自贸区相应的监管制度还有很多不足和缺陷。

首先，自贸区应实现真正的一线货物自由流动。从具体的制度创新来讲，一是舱单预申报管理方式。逐步简化直至取消备案清单，完善货物入区的监管方式，改变现行凭舱单先放行后备案为完全一线放开。为此，自贸区海关应积极探索实施货物的分类管理。二是实行“即查即放，快验快放”的管理方式。进境货物从入境口岸直通进区除需要在区内销售、使用或企业主动申请预检验外，检验检疫部门仅对相关货物实施动植物检疫、卫生检疫、环保检验和放射性检验等。对于法定检验的进口货物区内应该允许企业自主选择在进区后、报关进口前的任何时候向检验检疫机构报检。①

其次，自贸区应该做到二线高效管住。既要解决“一线”临管通关效率瓶颈的问题，也要切实履行“二线”监管职能。（1）实现区内企业出区货物直接申报。推动区内企业电子账册信息、联网监管信息与口岸监管系统对接，实施手续简化“多单一审”集中报关作业模式，最终实现区内企业出区货物直接申报。（2）实现自贸试验区与国内海关特殊监管区域间的便捷流转。通过电子信息联网，对跨区域流转的保税货物进行联动监管。加强卡口管理，完善现场查验和事后核销模式，逐步简化流转程序和途中的监管手续，实现结转便利。（3）实行“集中监管，方便进出”监管模式。区内设立集中查验场站，受理查验预约，货到即查，查毕即放。对申请预检验商品提前施检，货物分批出区采取核查货证、快速放行等措施。对保税展示、保税租赁货物实行“一次检验，多次进出”，即对保税展示货物采取登记监管方式，允许多次出区展示；对保税租赁货物在首次出租完毕返回区内后再次租赁出区的，凭承租人责任承诺放行出区。②

最后，自贸区应实现区内货物流动自由。（1）统一自贸试验区的关区代码，企业代码不变，便利区内企业经营。探索统一监管政策，建立一体化监

①② 刘水林《中国（上海）自由贸易试验区的监管法律制度设计》，《法学》2013 年第 11 期，第 120 页。

管模式。(2) 连通不同自由贸易港区，实现各自由贸易港区间以及区内的货物移动。对各自由贸易港区间货物移动视作同一区内运作，以诚信企业开展试点，以电子账册管理为手段，对进出转存货物实施全过程监管，实现区内流动自由。(3) 扩大保税延展货物运作。将保税延展货物入区纳入海关监管，在自贸试验区内选择高资信的企业开展试点，加强账册管理和卡口物控，完善优化监管办法。(4) 实现区内口岸货、保税货同步运作常态化。探索放宽同步运作中保税货物比例要求，支持跨国物流集成商开展多种业务形态运作。(5) 支持消费品保税展示。依托信息化系统，以分送集报形式和临时出区方式在特定场所开展保税展示业务。①

2. 海关“单一窗口”建设

进出口货物通关效率长期都是现代化海关建设的最关键指标，而决定效率的因素又包括海关信息透明度、通关单证要求、审核周期等内容。在9·11之后，表面上贸易安全优先理念阻碍了海关的贸易便利化进程，但国外先进自贸区通过“单一窗口”的建设改革极大地提高了管理效率和贸易便利化水平。

我国自贸区建立完善的“单一窗口”制度，应在调整机构设置、优化监管资源、简化监管制度、减少申报手续的同时，② 借鉴新加坡、美国先进自贸区的全国范围内的电子数据交换系统贸易网，建立以电子数据交换为基础的自贸试验区“大通关”信息平台。依托地方电子口岸逐步整合区内海关、税务、军控、安全、企业发展局、农粮局等多个与进出口贸易相关政府部门，推动企业综合资信库、物流信息平台与联网核查等“大通关”应用项目不断完备和统一。另外，自贸区“单一窗口”的建设，不仅要关注“B-G”模式下贸易方与海关的信息连通，而且还要关注“G-G”和“B-B”模式下更多政府机构的信息共享与管理协作。

---

① 刘水林《中国（上海）自由贸易试验区的监管法律制度设计》，《法学》2013年第11期，第120页。

② 匡增杰《基于发达国家海关实践经验视角下的促进我国海关贸易便利化水平研究》，《世界贸易组织动态与研究》2013年第1期，第23页。

国际贸易“单一窗口”推崇的是时空和行为上的“单一性”，即四个一：一个窗口、一次提交、一次受理、一次反馈。企业只需一次递交全部申报信息及相关材料，系统就会自动处理，将不同的数据组合传输给单一窗口的不同参与机构或组织，由他们受理后再将反馈结果一次性地反馈给企业。①

3. 构建新型“海关—企业伙伴关系”

国际贸易安全与贸易便利化长期以来是作为一对矛盾体存在的，解决这一问题的关键就是海关企业信用分类制度。自贸区贸易便利化措施的制定需要企业的参与，自贸区管理应体现企业利益，同时引导企业“知法、守法”。

我国自贸区应充分借鉴美国、新加坡海关的做法，建立新型海关—企业合作机制，保障海关与商界充分对话、协商，建立相互间的诚信机制。一是从战略规划制定和实施上积极争取商界参与，海关与商界形成了一个“利益共同体”；二是从海关管理流程上体现商界的利益和需要，对于信用良好的企业，可以给予诸如更少的申报数据要求、更低频率的检验检疫、快速通关、固定期间一次申报、关税缴纳延缓、更广泛的海关保证或减少保证等方面的贸易便利化优惠；三是在海关通关管理上推行企业守法便利，发展面向企业的“客户导向”型海关，引入“知法自律”理念和“商业守法”概念。② 完善我国《海关企业分类管理办法》单一分类标准，建立涵盖信用信息、监管信息、风险管理、内部控制等综合的动态分类标准。除此之外，应当建立授权经营者信息交换机制和经营者资格协商机制。

4. 完善自贸区海关预裁定程序

海关预裁定程序的名称多样化，也被称为事先裁定程序，该程序对影响货物进口的原产地和关税分类做出有约束力的事先裁定，从而极大地约束了海关自由裁量权的滥用，缩短了货物通关时间，增强了国际贸易的稳定性和

---

① 孙浩《对标韩国，促进上海自贸区国际贸易单一窗口发展》，转引自干春晖主编：《中国（上海）自由贸易试验区海关监管与制度改革发展报告》，法律出版社，2016 年，第 35 页。

② 匡增杰《基于发达国家海关实践经验视角下的促进我国海关贸易便利化水平研究》，《世界贸易组织动态与研究》2013 年第 1 期，第 22 页。

确定性。TFA 将事先裁定限于海关估价、关税减免或豁免、配额以及其他引起事先裁定的事项中，同时对申请者的身份以及该程序的透明度和非歧视性提出要求。我国自贸区完善预先裁定程序应有两方面的利益考量：

首先，完善预裁定的立法体系。一是修改《海关法》，将“行政裁定”改称“预裁定”，同时明确“预裁定”的概念，以期保持各层级法律法规之间以及与 TFA 间的协调；二是完善《行政裁定管理办法》，名称上以“预裁定”替代“行政裁定”，对预裁定提供行政复议和行政诉讼两种纠集方式；三是统筹“三预”相关立法。逐条对相关行政规章进行梳理，在《海关法》统筹之下，系统全面地对包含“三预”在内的预裁定事项进行规定。[①] 其次，我国自贸区建立事先裁定程序，不应局限于 TFA 对其适用范围的规定，可以扩大至原产地、关税分类之外的动植物卫生检疫、检验、侵犯知识产权、恐怖活动以及毒品犯罪等领域。同时，简化“预裁定”程序要求，对于进口货物信息满足海关要求的，保证货物到达时立即放行，给予经营者最大程度的通关便利，降低通关的时间成本。

5. 构建新型物流体系

自贸区物流体系的组成往往会受到区内物流业务是否存在垄断的影响。以美国对外贸易区为例，其经营者为私营主体，垄断程度低，配套物流与第三方物流没有质的差别，区内的物流效率比较高。但当经营者是官方机构或公营公司时，由于第三方物流的经营者受到禁止或限制，往往会形成垄断，导致物流效率低下。这里的第三方物流指的是区别于自贸区配套物流以及运输方自行运输而言的物流服务业务。我国自贸区的发展需要全方位发展的物流体系，应当通过“先行先试”和制度创新强化第三方物流业务。当充分竞争的第三方物流企业参与线上供应链金融运作时，能够为上下游中小企业和银行提供良好衔接，将会提高自贸区经济运行的效率。

在大力发展第三方物流的同时，自贸区应支持海、空运输联动发展，支

---

① 杨欣、王淑敏《〈贸易便利化协定〉中的预裁定制度与我国相关立法的完善》，《国际商务研究》2017 年第 5 期，第 15 页。

持与区外航空产业协同发展。自贸区发展国际中转业务、集装箱拼装业务以及航空货运国际中转业务，允许中资外籍航运企业在沿海港口与自贸区港口之间从事进出口集装箱捎带业务。同时发展先进的集装箱查验系统，如智能集装箱系统、集装箱电子标签系统，并统一电子标签标准。运用GPS全程定位、智能化卡口系统以及自动识别技术等措施，实现集装箱监管便利化。

6. 创建更优惠的税收政策

海关税收与其他海关措施一样，共同构成了完整的海关制度。我国自贸区应实行以贸易便利为目的的税收优惠政策。境外货物便利高效进入自贸区，在区内自由流动，进入区内时按照正常税率高效报关。对于经自贸区中转运输的货物则适用保税政策。可以借鉴新加坡和美国自贸区的做法，进一步加大税收优惠力度。对自贸区的大多数种类商品适用免税、少数商品适用低税率，经自贸区出口的货物适用免于办理出口退税、选择税率及延迟纳税的政策。此外，可以考虑全面放开经自贸区出口退税的海关限制，进一步减少纳税商品种类、降低关税税率等措施。实施“企业自主选择应税货物状态”政策。对自贸试验区保税加工货物销往内地，试行按其对应进口料件或按实际报验状态征收关税的政策。①

（三）商务人员流动制度的创新

我国自贸区将促进商务人员流动作为贸易便利化建设内容之一，如《中国（上海）自由贸易试验区条例》第24条规定：“自贸试验区简化区内企业外籍员工就业许可审批手续，放宽签证、居留许可有效期限，提供入境、出境和居留的便利。对接受区内企业邀请开展商务贸易的外籍人员，出入境管理部门应当按照规定给予过境免签和临时入境便利。② 对区内企业因业务需要多次出国、出境的中国籍员工，出入境管理部门应当提供办理出国出境证件

① 刘水林《中国（上海）自由贸易试验区的监管法律制度设计》，《法学》2013年第11期，第116页。

② 中国（上海）自由贸易试验区条例（上海市人民代表大会常务委员会公告第14号），http:/www. china-shftz. gov. cn/PublicInformation. aspx? GID＝94d49ae8-08ef-4c96-8151-b5686394d2f8&CID＝953a259a-1544-4d72-be6a-264677089690，2016年11月30日。

的便利。”同时，新国际船舶登记制度允许登记船舶在30%的比例内雇佣外籍高级船员，但要经海事机构核准。

高效便捷的自贸区商务人员流动机制的建立，对于自贸区的健康发展意义重大，我国自贸区应当充分借鉴国际组织和发达国家在商务人员流动方面的有益经验，建设自贸区新型商务人员流动制度。第一，作为更加开放、“先行先试”的区域，新型商务人员流动制度应在身份、方式和时间等限制方面有所突破。基于国家安全的考虑，可以在后续审查和监管方面进行制度安排；第二，对商务人员申请的处理应便利和高效，应利用现代通信技术和网络平台，允许电子形式的申请书。监管部门的处理应有明确的时限，应为符合条件的商务人员发放自贸区商务旅行卡。

充分的贸易便利是经济全球化进入新时期的必然趋势，我国自贸区贸易便利化制度建设应当秉持全方位、多角度、结构化的建设理念。统一的国家立法为自贸区贸易便利化起到统筹指引作用，贸易便利化与其他便利化应协同发展。与此同时，制度建设应包含高效监管机构的建立以及其他相应海关监管制度的完善，在世界各国加快贸易便利化进程的背景下，积极参与国际组织的相关行动以及开展FTA，既有助于我们提高贸易便利化水平，同时还有利于提升国家在全球贸易中的地位和贸易规则制定中的话语权。

第四节　我国自贸试验区过境货物知识产权保护机制的完善

后TRIPS时代，世界贸易体制呈现明显的区域化走向，众多双边或区域自由贸易协定应运而生。在这一贸易区域化进程中，以美国和欧盟成员为代表的发达国家以TRIPS协定为基础，不断强化对作为国家发展战略性资源和全球竞争力核心要素的知识产权的保护。不仅不断拓展和深化国际知识产权立法，而且多层次、全方位地推动知识产权的执法措施。一方面通过公布相关国家所占侵权产品比例或严重程度为其推行知识产权执法战略建立现实的数据基础；另一方面采取“场所转移”的方式，从单边到双边到区域到多边，为其推行知识产权执法战略建立法律基础。① 在这些执法措施中，存在被通称为“超 TRIPS”（TRIPS -Plus）知识产权执法的标准，这些措施或标准提高了权利持有人保护水平，超越了 TRIPS 协定最低执法义务，降低了权利限制和例外的范围，或者削弱 TRIPS 协定变通性的规定。②

中国新近与若干较发达国家间缔结的自由贸易协定的知识产权章，则呈现出对 TRIPS -Plus 义务的逐步接受趋势，突出体现在所并入的国际公约、权利保护类型、邻接权保护标准、电子和数字技术应用、执行措施等方面。③

我国自贸试验区是“双轨制”国家战略的重要组成部分，其本质上属于承载促进国际投资和贸易功能的特殊经济区，以更开放与自由的贸易为总体方向。随着自贸试验区试点的不断扩大和向纵深改革，自贸试验区过境货物贸易的发展日益频繁，与此休戚相关的知识产权保护问题亦日益凸显。中国自贸试验区实施“一线放开”的贸易自由化安排，采用“先入区、后报关”的新型通关模式，即境外货物进出自贸试验区免于向海关呈验，也不需正式报关，对其实行备案制管理。④ 自贸试验区的此种安排简化了进出境备案清单，简化国际中转、集拼和分拨等业务的进出境手续，也使得过境货物很容易进入我国自贸区内。如果该货物涉及知识产权侵权，我国自贸试验区海关能否采取相应的执法措施？一方面，从法理上讲，知识产权具有地域性；从国际法上讲，国际社会对过境货物执法未形成统一的认识。同时，WTO 体制下的过境自由原则和自贸区贸易便利化的要求使得过境货物应当免受严苛知识产权执法的阻碍。但是另一方面，自贸区作为特殊海关监管区域，不能无

---

① 孙益武《自由贸易区过境货物的商标侵权》，《中国商标》2014 年第 3 期，第 59 页。

② 余敏友、廖丽《简评 TRIPS -Plus 知识产权执法及其合法性》，《法学杂志》2011 年第 12 期，第 29 页。

③ 刘彬《论中国自由贸易协定的“超 TRIPS”义务新实践》，《厦门大学学报》（哲学社会科学版）2016 年第 5 期，第 70 页。

④ 陶蔚莲、李九领等《中国（上海）自由贸易试验区建设与海关监管制度创新》，上海人民出版社，2014 年，第 39 页。

视正当权利人的利益受到侵犯，任由假冒侵权产品恣意而为。我国自贸试验区过境货物在知识产权保护方面存在一些现实困境，比如自贸试验区贸易便利化与知识产权保护的冲突、自贸试验区海关监管与知识产权地域性的冲突、法律普适性与先行先试的冲突、过境货物知识产权边境措施的执法权限不明确等，执法正当性存有争议。

为了顺应新形势下贸易与投资自由化的趋势，对于我国而言，应当在现有立法的基础上，加快制定并完善过境货物的知识产权执法机制，以明确界定过境货物知识产权保护的范畴和标准，从而推动与之相关的侵权纠纷便捷化解决。

一、过境货物知识产权保护的国际实践

本文对研究对象“自贸试验区过境货物”的外延应当界定为我国《海关法》所规定的过境、转运和通运货物，即由境外启运、通过中国境内继续运往境外的货物。其中，通过境内陆路运输的，称过境货物；在境内设立海关的地点换装运输工具，而不通过境内陆路运输的，称转运货物；由船舶、航空器载运进境并由原装运输工具载运出境的，称通运货物。[①]

从习惯国际法的角度，存在着货物过境自由的国家实践和法律概念，但过境自由权尚不构成国际强行法。[②] 从国际条约法角度看，《巴黎公约》《伯尔尼公约》等世界知识产权组织（WIPO）管辖的主要公约都有知识产权执法的规定，也包括边境执法条款，但是保护环节只限于进口环节。同时，边境执法并不是强制的条约义务，成员方可以在国内扣押或以其他方式替代边境执法。对于过境货物，成员方没有义务进行执法。[③]

WTO 体制下，TRIPS 协定的生效使得知识产权的保护水平和执法标准

---

① 参见《中华人民共和国海关法》第 100 条。

② 孙益武《自由贸易区过境货物的商标侵权》，《中国商标》2014 年第 3 期，第 59 页。

③ 参见《保护工业产权巴黎公约》第 9 条第 4 款。

全面提高。TRIPS 协定将出口货物的知识产权执法作为选择性条约义务，并且鼓励成员方在国内法实施；但对过境货物，则在脚注中声明成员方无义务实施。[①]

众所周知，TRIPS 本身即是美欧等发达国家大力推动的产物，其基本原则、制度框架、保护水准等各方面都带有发达成员的利益和意志的深刻烙印。[②] 在后 TRIPS 时代，美欧等发达国家认为 TRIPS 并不能满足它们全球经贸利益的维护需要，因此它们又通过种种手段进一步推行超 TRIPS。其推行 TRIPS -Plus 的方法具有多样性，是从单边、双倍、多边各个层面全面推进，推进方式也各有不同。就单边层面而言，比如欧盟 2003 年就出台了《欧盟知识产权海关保护条例》，增强了边境知识产权的执法力度，直接将边境措施扩大，适用于在其境内转运的货物。2004 年、2007 年更是陆续出台了《关于执行知识产权的指令》和《知识产权刑事措施指令》，并不断强化执法。从双边层面而言，双边自由贸易协定成为推广 TRIPS -Plus 标准最主要的载体。例如《欧盟—加勒比论坛 EPA》第 163 条规定："除非本部分另有约定，各方应对相关商品在进口、出口、转运、进出关税区、自由关税区或免税仓库存放过程中可能发生的知识产权侵权，允许权利人在提供证据的前提下，向主管机关提出扣留侵权商品的书面申请。"该条款扩宽了边境措施实施的环节，破除了 TRIPS 协定边境措施仅针对进口商品的限制。

在诸边层面，美国引导了《反假冒贸易协定》（ACTA）的谈判。它在 TRIPS 协定的基础上有许多新突破，其边境执法规则将过境货物的知识产权执法作为一种选择性条约义务而鼓励成员方在国内法中积极主动地实施。虽然 ACTA 由于各种阻力而渐渐式微，但仍然不失为 TRIPS -Plus 立法的一次显著实践。在区域层面，《跨太平洋伙伴关系协议》（TPP）所包含的具体保

---

① "各方理解，对于由权利持有人或经其同意投放到另一成员市场上的进口货物或过境货物，无义务适用此类程序。"参见《与贸易有关的知识产权协定》第 51 条"海关中止放行"，脚注 13。

② 刘彬《论中国自由贸易协定的"超 TRIPS"义务新实践》，《厦门大学学报》（哲学社会科学版）2016 年第 5 期，第 70 页。

护标准依然明显呈现出 TRIPS -Plus 的本质。

可以说，TRIPS -Plus 知识产权执法是指一种措施。归纳起来，“TRIPS -Plus”主要包括三方面的含义：一是增加知识产权的新领域；二是实施比 TRIPS 协定更高的知识产权保护标准；三是限制 TRIPS 协定的选择性或灵活性规定。① 以欧盟为例，欧盟 TRIPS -Plus 知识产权执法建立在 TRIPS 协定的基础上，就过境货物知识产权保护而言，它增强了边境知识产权的执法力度，欧盟直接将边境措施扩大适用于在其境内转运的货物。根据欧盟法律第 1383/2003 号条例规定，通过欧盟关境的货物，不管是否在欧盟关境内储存、装卸，也不管是否改变运输工具或运输方式，只要货物起始地点都位于欧盟关境之外，就可以认为是外部通过欧盟关境过境的货物，欧盟成员国的海关可以在怀疑侵权时进行知识产权执法。② 另一方面，以其国内或盟内的标准为知识产权执法模板。对于过境货物是否能够因不符合转运国本国的知识产权法而被扣留的问题，该条例第 2 条规定，对于是否构成侵权的判定按照程序启动国的法律进行。③

随着双边和区域性协议的不断增多，TRIPS -Plus 知识产权执法也会变得更加严格和多元，其内涵和外延也会随之不断发生变化。从法律角度来讲，无论 WTO 成员方对过境货物是否进行边境执法，都不与 TRIPS 协定的条约义务相冲突，但根据 TRIPS 协定所确立的最低保护标准，过境货物知识产权执法在后续的国际协调中上升为选择性条约义务或强制性条约义务都是有可能的。④ 简言之，TRIPS -Plus 知识产权执法标准的影响将逐渐扩大。

---

① 转引自余敏友、廖丽：《简评 TRIPS -Plus 知识产权执法及其合法性》，《法学杂志》2011 年第 12 期，第 29 页。

②③ 薛亚君《上海自贸区过境货物知识产权执法问题》，《中国流通经济》2014 年第 9 期，第 107 页。

④ 孙益武《自由贸易区过境货物的商标侵权》，《中国商标》2014 年第 3 期，第 59 页。

二、自贸区边境货物知识产权执法权缺失

从中国近年的国际经济法缔约实践来看，对知识产权保护的观念认识也已经不同往昔，超 TRIPS 义务也同样水涨船高，这集中体现在中国自由贸易协定的知识产权条款中。首先，知识产权议题在中国自贸协定中的地位提升；其次，超出 TRIPS 范围的知识产权国际公约被并入；再次，知识产权保护类型有一定扩大；最后，执行措施较 TRIPS 有所细化。[①] 具体到边境货物知识产权边境执法而言，增加了在自贸区进口、出口、转运、存放以及在保税仓库存放侵权货物亦可适用边境措施规定的新内容。[②] 然而，就中国自贸区改革试点而言，基于中国自贸区建设的特点以及知识产权保护的特殊性，过境货物的知识产权保护在实践中存在一些现实困境。主要体现在自贸区海关对过境货物知识产权监管的执法权依据问题。

从法理上看，知识产权的权利属性决定了其地域性的特点，即：根据某一国家法律所依法获得的知识产权，仅在该国领域内受到法律的认可与保护，而在该国领域外原则上则不发生任何的法律效力。[③] 一国知识产权保护的目的是赋予知识产权权利人对其知识产权产品在该国市场的一定期限内的市场垄断权，所以，对于货物的知识产权执法通常应以其进入本国市场为前提。如果过境货物既不在本国制造，也不侵入本国市场销售，就根本谈不上侵犯知识产权的问题，没有必要对其采取边境措施。

---

① 刘彬《论中国自由贸易协定的“超 TRIPS”义务新实践》，《厦门大学学报》（哲学社会科学版）2016 年第 5 期，第 70 页。

② 比如《中韩自贸协定》第 15.26 条第 1、2 款是在 TRIPS 与普通关境有关规定的基础上制定的，而且，该条脚注专门界定了“侵权”的范围，指出这里的侵权货物不仅包括假冒商标货物和盗版货物，且根据缔约方法律法规，还可包括侵犯专利权、植物多样性、已注册的外观设计或地理标志权利的货物。相比之下，TRIPS 第 51 条只规定了对盗版或假冒商标的进口货物的强制性义务，而对于侵犯其他知识产权的货物以及意图从本国出口的货物，该条只规定了选择性义务。参见刘彬：《论中国自由贸易协定的“超 TRIPS”义务新实践》，《厦门大学学报》（哲学社会科学版），2016 年第 5 期，第 70 页。

③ 曹建明《国际经济法学》，中国政法大学出版社，1999 年，第 405 页。

然而，自贸区属于实施特殊经济政策的一国境内区域，知识产权地域性原则面临着挑战。过境货物知识产权侵权与否取决于适用何国法律。如果货物仅是单纯过境，并不进入过境国国内市场，按照知识产权地域性原则，就不会存在侵权行为，如此，依照中国法律取得的知识产权在自贸区内并不能获得保护。此种情形下，中国自贸区将成为中国知识产权法律监管的真空地带，极易诱发大量知识产权侵权行为，这是与中国自贸区的建设初衷相违背的。

目前，对于自贸区内过境货物是否能够进行知识产权执法，我国相关法律并没有明确的规定。我国《海关法》第23条规定"进口货物自进境起到办结海关手续止，出口货物自向海关申报起到出境止，过境、转运和通运货物自进境起到出境止，应当接受海关监管"①。该法第36条规定："过境、转运和通运货物，运输工具负责人应当向进境地海关如实申报，并应当在规定期限内运输出境。海关认为必要时，可以查验过境、转运和通运货物。"② 此两条法规③虽明确赋予了海关在"认为必要时"对"过境、转运和通运货物"的监管和查验权限，但未明确规定此种权限是否包括知识产权执法。同时，"必要时"的表述过于主观，缺乏客观的、量化的程序规则。另外，"过境、转运和通运货物"的外延是否包含自贸试验区中的过境货物，也未明确。

2010年《知识产权海关保护条例》通篇中未出现"过境"的概念。此外，《中华人民共和国海关对过境货物监管办法》《中华人民共和国海关关于转关货物监管办法》《中华人民共和国海关暂时进出境货物管理办法》等法规对过境货物相关知识产权执法问题也都未作相应的规定。

对于过境货物是否应当在海关特殊监管区域受到海关知识产权执法监管，

---

① 《中华人民共和国海关法》第23条。

② 《中华人民共和国海关法》第36条。

③ 类似的规定还可参见《中华人民共和国海关法》第44条，该条第1款规定，"海关依照法律、行政法规的规定，对与进出境货物有关的知识产权实施保护"。此处的进出境是仅指进出口还是同样包括过境货物在内的进出境亦不明确，因为第44条第2款的申报知识产权问题围绕的都是进出口货物。

有不同的声音。主要的反对观点认为，无论从法理上还是从国际条约的规定中，均存在对于自贸区内的过境货物不采取海关知识产权保护的理由和实践。一味地苛求自贸区过境货物的知识产权执法，会影响自贸区内的贸易便利化。[①] 既然中国参见的国际条约未作相应的义务要求，且自贸区的战略定位以贸易便利化为重要目标，作为发展中国家的中国没有必要跟着发达国家实施TRIPS -Plus 更高的保护标准。支持的观点则基于三方面的理由：一是自贸区入境规则的简化会导致过境货物知识产权侵权现象泛滥。国际商会（ICC）曾经在名为《对自贸区的监控：平衡便利和监控以打击在各国自贸区的非法贸易》的报告中指出，最近几年各国自贸区已经成为非法制造和运输假冒货物的温床。二是国际自由贸易协定中知识产权保护趋势加强的要求，中国自贸区建设的功能之一，就是要先行试验国际经贸中的新规则，为与美国等发达国家开展相关谈判提供参考。TRIPS -Plus 下对过境货物进行知识产权执法监管也属于新规则。三是自贸区自身定位的需要。[②]

三、自贸区过境货物知识产权保护执法机制的完善

维护贸易自由和保护知识产权是世界各国和地区海关组织在推进世界经济发展和维护世界经济贸易秩序过程中的两个重要任务。首先，加强知识产权保护能够提升一国自主创新能力和科研能力，极大地推动经济的转型和发展。其次，过分提高知识产权保护水平则有可能产生自由贸易的壁垒。[③] 因此，为避免我国自贸区成为知识产权侵权的泛滥地，顺应国际形势，我国应加紧知识产权的边境执法。但同时考虑到我国仍为发展中国家的基本国情及

---

① 谢进《我国自贸区过境货物知识产权执法研究》，《现代交际》2015 年第 8 期，第 16 页。

② 薛亚君《上海自贸区过境货物知识产权执法问题》，《中国流通经济》2014 年第 9 期，第 107 页。

③ 尹锋林、张嘉荣《上海自贸区知识产权保护：挑战与对策》，《电子知识产权》2014 年第 2 期，第 34 页。

保障过境自由和快速通关的需要，又不宜规定过高的知识产权保护水平。在自贸区内，应当在一定程度内体现知识产权保护的地域性，把握自贸区的贸易投资便利化功能地位与加强知识产权保护两者之间的平衡。

（一）明确自贸区过境货物知识产权保护的执法权

针对目前过境货物海关执法权不明确的问题，短期看，可以考虑将《海关法》第44条第1款的规定作扩大解释，即该款规定的“进出境有关”解释为包括过境货物的进境、出境。长期看，应修订与海关知识产权执法相关的不同位阶的法律，对海关的相关执法权进一步明确：首先，修订《海关法》，增加相应条款，应明确海关在自贸区等特殊监管区域内的执法地位，并规定执法的一般原则；其次，修订《知识产权海关保护条例》及其实施细则，进一步细化海关在自贸区等特殊监管区域内的知识产权执法范畴及一般规则；最后，修订其他相关法律，确定过境货物的知识产权监管和执法的程序规则。

（二）自贸区过境货物知识产权执法机制的完善

中国自由贸易试验区肩负着加快政府职能转型，改变经济增长模式等众多职能和作用。在当前知识产权执法范围涵盖至过境货物成为趋势以及我国经济社会发展现状需要加强知识产权保护的大背景下，我们应确立和加强自贸区过境货物知识产权保护的执法权。另一方面，自由贸易试验区的主要功能之一是便利化贸易与投资，强化知识产权执法势必会在一定程度上阻碍区内的自由，而使得试验区名不副实。因此，我们必须在加强执法与便利自由之间寻找到一个平衡点。

首先，以有进入我国境内销售可能性为标准作为采取边境措施的前提。

地域性是知识产权的重要特征之一，对于出口国和进口国均为他国，且均无知识产权瑕疵的货物，仅由中国自贸区过境时，不应认定为侵权货物从而采取边境措施。即我国是否对自贸区过境货物采取执法措施，取决于是否有充分相关证据表明此侵权货物有进入我国境内的实质可能性。例外情形是当过境货物侵犯的客体是著作权时，对于受《伯尔尼公约》保护的作品，并不需要以涉嫌侵犯著作权的复制品会进入我国市场作为管辖的前提，是可以进行扣押的。[①]

其次，加强自贸区内对非单纯过境行为[②]的监控。

如果过境货物利用自贸区进行再包装或转加工，海关应对此类货物进行登记备案，以防止侵权人利用各国自贸区监管的漏洞，通过加工活动和过境行为掩饰其真正的出口国和进口国。此种海关登记备案有助于防范自贸区成为侵权货物的中转站。

再次，增加边境措施的保护客体。

TRIPS 中并未限定成员方适用边境措施的知识产权的客体种类。因此，在 TRIPS -Plus 时代，美欧等国和地区不断通过自由贸易协定为载体扩大知识产权边境措施的适用范围，拓展到了拓扑图、商业秘密以及地理标志等权利客体。我国目前边境措施保护的范围相比美欧等国较为狭窄，仅包括专利、商标、版权及其邻接权。因此，在平衡贸易便利化的前提下，应增加客体范围，以保护权利人的合法权益。

---

① 根据《伯尔尼公约》第 3 条的规定，只要是公约成员国的公民或有惯常居所的，或者作品首次出版地是在公约成员国的，作品在公约成员国自动受到保护。《伯尔尼公约》第 16 条规定："对作品的侵权复制品，在作品受法律保护的本同盟成员国应予扣押；前款规定同样适用于来自对某作品不予保护或停止保护的国家的复制品……"

② 薛亚君《上海自贸区过境货物知识产权执法问题》，《中国流通经济》2014 年第 9 期，第 107 页。

结语

从国际经济交往史的角度看，贸易自由化与贸易保护始终相伴相随，哪一方占优势取决于各国的国家利益。在以主权国家为主轴的国际社会，“经济活动应当服务于国家的目标和国家利益”①。尽管当前国际经贸形势因受到贸易保护主义势力抬头的影响而前景堪忧，自由贸易仍然是全球经济发展和社会进步的最强推动力。当今领袖面临的挑战和责任是，既要对抗贸易保护主义，又要让贸易成为包容性增长的原动力。

中国“双轨制”的对外开放发展战略包括对外的“一带一路”倡议和自贸区国家战略以及国内的自由贸易试验区战略。这些战略的推进需要以投资贸易自由化为特征的经济全球化的进一步发展。就贸易而言，得益于WTO多边贸易体制以及作为其补充的各区域和双边贸易协定，传统的关税和非关税壁垒大为削弱。影响贸易自由化进一步发展的是贸易的“非效率”。在WTO框架下，《贸易便利化协定》在全球范围内掀起的贸易便利化浪潮及制定的贸易便利化措施将对世界各国产生深刻影响。同样，贸易便利化也成为我国进一步推进对外开放战略的重要议题。

贸易便利化的定义经历了从内涵、外延单一到内涵、外延不断丰富的过程。广义的贸易便利化包含了更多的要素，由港口效率、海关程序等“边境

① ［挪威］托布约尔·克努成《国际关系理论史导论》，天津人民出版社，2004年，第95页。

措施”的简化，逐步扩展到了包含贸易业务的环境、海关和制度环境的透明度及专业化、顺应国际或区域规则的标准一致化，以及包含信息和通讯技术、合同执行和规章制度一致化等的“边境后措施”，即一国国内商业环境的改善。[①] 贸易便利化是一个长期的贸易自由化实践，主要表现之一是各国纷纷设立不同形式的自由贸易园区。早期的自由港对打破封建割据、疏通贸易渠道和促进商品流转发挥了积极的作用，而后推动了各国纷纷建立名目繁多的自由贸易园区。

我国逐步推进的自贸试验区建设，是长期以来国家治理顶层设计的重要内容。除了具备其他国家一般自贸园区的特征之外，我国自贸试验区还具有特殊历史条件下中国改革开放和制度创新的本土化特征。对于国家治理体系与治理能力现代化建设来说，固然我们可以做多向度的努力，而推进与完善自由贸易试验区建设，通过自贸区治理体系与治理能力的试验，提供可复制、可推广的治理经验与成功做法，无疑是一条推进国家治理现代化的现实路径。[②]因此，基于转换经济增长方式、转换政府职能、参与和引领国际经贸新秩序以及构建中国开放型经济新体制的需要，我国自贸试验区肩负起了对外开放的“试验田”与对内改革“试点”的双重使命。自贸试验区的建设将会形成有利于保护环境和劳动者利益的可持续经济增长方式，改变市场效率低下、腐败官僚的政府管理体制，增加国际贸易规则制订的参与度，更好地融入国际经贸一体化。值得注意的是，我国自贸试验区与早期的经济特区并不一样。后者强调先闯关、后背书，前者强调顶层设计；后者通过政策洼地制

---

① 胡颖《“贸易便利化”的学术论争与中国的改革路径》，《国际商务——对外经济贸易大学学报》2016 年第 1 期，第 119 页。

② 党的十八届三中全会提出并论述了建设国家治理体系与治理能力现代化的重要性，而且十八届三中全会通过的《中共中央关于全面深化改革若干重大问题的决定》也强调，建设好中国（上海）自由贸易试验区，并择机推进若干自由贸易园（港）区的建设。参见：郑少华《论自贸试验区在建设国家治理现代化中的特殊意义》，《法制与社会发展》2014 年第 5 期，第 63 页。

造制度高地，前者强调直接导向制度高地。[①]

自贸试验区建设的基本目标，是追求“法治化、市场化、国际化”的营商环境。在竞争日益激烈的经济全球化时代，贸易便利化已不可避免地成为影响国家和地区竞争力的重要因素，[②] 是建立具有竞争力营商环境的重要内容。自贸试验区总体来看是贸易投资的自由化、便利化，但更多的是贸易便利化。相关研究证明，贸易便利化是国际贸易中最大的引力来源，对“一带一路”沿线国家之间贸易的促进作用大于区域经济组织、进出口国家GDP、关税减免等其他因素。无论是出于提升通关效率和外贸量能的目的，还是基于履行WTO《贸易便利化协定》的条约义务，中国自贸区都需要在进行行政、司法两方面贸易便利化改革的同时，尽快完善海关贸易便利化的相关立法和制度创新。

我国自贸试验区国家战略布局涵盖了东部率先发展、西部地区开发、东北地区振兴、中部地区崛起以及“一带一路”等重大战略，在概念上从党的十八大提出的“加快实施自由贸易区战略”中独立出来，宣告中国对外开放“双轨制国家战略格局”初步成型。[③]

总体来讲，当前我国的整体贸易环境是比较好的，贸易促进指数也大大高于其他金砖国家，但各指数发展不均衡，有相当大的改善空间。我国整体海关程序的合规性成本仍然很高，透明度也比较差，对比新加坡等发达国家，通关效率、非常规支付以及清廉指数仍然较低。从实际发展情况来看，贸易便利化水平的发展在我国各省市（地区）间存在不少的差别，东部沿海地区

---

① 智艳、罗长远《上海自贸区发展现状、目标模式与政策支撑》，《复旦学报》（社会科学版）2018年第2期，第148页。

② 胡颖《“贸易便利化”的学术论争与中国的改革路径》，《国际商务》（对外经济贸易大学学报）2016年第1期，第119页。

③ 我国官方意义上的“自由贸易区国家战略”，即党的十八大提出的“加快实施自由贸易区战略”，包括作为单边贸易投资自由化载体的“自贸试验区（Pilot Free Trade Zone，PFTZ）国家战略”与作为双边、区域、多边贸易投资自由化载体的“自由贸易区（Free Trade Area，FTA）国家战略”。参见：陈利强《中国自由贸易试验区法治建构论》，《国际贸易问题》2017年第1期，第3页。

及经济发达的省份贸易便利化水平要明显高于内陆地区及落后地区的发展水平。

自贸试验区先行先试取得的可复制、可推广改革试点经验大多数来源于贸易便利化领域。作为制度改革的试验田和制度创新高地，自贸试验区贸易便利化政策往往较自贸协定更为微观、详细，带有明显的区域特点，可操作性强，并直接服务于区内贸易企业。①这些可复制、可推广的改革试点经验包括：一是贸易便利化建设形成体系化，涉及由各个贸易环节构成的整体营商环境，包括了通关程序和手续的简化、基础设施的完善与标准化、信息化平台的共享与标准化以及法律的冲突与协调等各个方面。二是贸易便利化建设有诸多制度创新，这也是各个自贸试验区建设的核心任务和深化改革开放的主线。具体来说，自贸区建设紧抓制度设计、制度建设、制度运行、制度维护等关键环节，形成以简政放权→放管结合→优化服务为体系的制度模块，使制度创新沿着点（试验点）、线（管理条线）、面（综合管理界面）全面覆盖。②

尽管取得了一些成功经验，自贸试验区贸易便利化建设也存在具体制度和立法模式的缺陷：对于前者来说，比如“一线放开”未真正放开，“单一窗口”制度存在监管部门能力与服务意识不足，通关模式效率低，口岸监管标准化程度低，平台未涵盖所有口岸监管部门，自贸试验区对第三方物流企业的扶持力度不足，标准一致化方面仍然存在着透明度不够、企业参与度不足、国际互认协议较少以及参与国际标准制定不够等问题。对于后者来说，一是立法模式存在根本性缺陷，地方立法丰富，但缺乏高位阶的核心法律，授权“法律暂停实施”的法律依据不足。二是“四化”趋势严重。政府行政管辖过宽过严，制度创新范围有限。下位法重复立法现象严重，地方立法往往存在社会实证调研不合理、民主性与科学性欠缺、与国际标准衔接不足、部门利

① 葛顺奇、沈玉昊《贸易便利化措施比较及中国自贸区的实践》，《国际经济合作》2017 年第 4 期，第 8 页。

② 赵晓雷《上海自贸试验区建设开放度最高的自由贸易园区难点评估及战略思路》，《科学发展》2017 年第 3 期，第 65 页。

益化严重以及条文烦冗可操作性差的弊端。改革创新涉及部门多、经验碎，制度创新成果呈现碎片化格局，缺乏总体框架性成果。

自贸试验区贸易便利化建设的进一步改革，既要摸准自身贸易便利化制度化发展的缺陷和不足，还要参考和借鉴 TFA、APEC 等国际组织以及发达国家自贸区中关于贸易便利化的制度创新和成熟经验。一是制定自贸区国家立法，化解上位法制度障碍。各自贸试验区诸多制度创新以及相关的统筹性条款、国外先进自贸区的制度创新经验均可作为国家层面立法的理论基础和实践渊源。国家立法不宜事无巨细、面面俱到，应给予地方一定的灵活性，以反映区位优势和地方特色。二是贸易便利化与其他便利化应协同发展。现代意义的贸易便利化涉及由各个贸易环节构成的整体营商环境，包括通关程序和手续的简化、基础设施的完善与标准化、信息化平台的共享与标准化以及法律的冲突与协调等方面。三是完善自贸试验区监管法律制度。一个具有准立法权、准司法权与准行政权的权威性、独立性的委员会制的监管机关是监管成功的关键。四是建立完善的纠纷解决机制。构建企业纠纷协商平台，发展专业仲裁和调节机制，提高其专业水平和国际化程度。五是自贸区不应成为知识产权侵权的避风港，我国自贸区应当加强知识产权保护执法机制建设，明确海关对过境货物知识产权执法权限，并逐步予以完善。

充分的贸易便利是国际经济社会梦寐以求的目标，我国自贸试验区贸易便利化制度建设应当秉持全方位、多角度、结构化的建设理念，通过强调贸易便利化与投资、金融等便利化协同发展，加强贸易便利化下货物流动、人员流动和法治环境等方面的制度建设，形成体系、结构的便利化制度优势，充分促进中国自贸试验区进入世界经济圈。值得注意的是，在世界各国加快贸易便利化进程的背景下，积极参与国际组织的相关行动既有助于我国提高贸易便利化水平，增进贸易便利化国际交流与合作，同时还有利于提升我国在全球贸易中的地位和贸易规则制定中的话语权。

主要参考文献

中文文献

1. 刘重力. APEC贸易便利化问题研究［M］. 天津：南开大学出版社，2012.

2. 杨莉. 中国贸易便利化改革的成本与利益分析［M］. 北京：经济管理出版社，2011.

3. 饶戈平. 国际法［M］. 北京：北京大学出版社，1999.

4. 余丽. 世界贸易组织〈贸易便利化协定〉研究［M］. 北京：人民法院出版社，2016.

5. 何力. 日本海关法原理与制度［M］. 法律出版社，2010.

6. 薛敬孝，李坤望. WTO新议题对APEC贸易投资自由化、便利化的影响［M］. 天津：南开大学出版社，2009.

7. 崔鑫生. 中国省域贸易便利化调查报告2016［M］. 北京：对外经济贸易大学出版社，2016.

8. 刘军梅，张磊，王中美. 贸易便利化：金砖国家合作的共识［M］. 上海：上海人民出版社，2014.

9. 徐复. 中国对外贸易概论［M］. 天津：南开大学出版社，2012.

10. 张乃根. “一带一路”视野下《贸易便利化协定》的实施问题［J］. 海关与经贸研究，2017（5）.

11. 曾铮，周茜. 贸易便利化测评体系及对我国出口的影响［J］. 国际经贸探索，2008（10）.

12. 方晓丽，朱明侠. 中国及东盟各国贸易便利化程度测算及对出口影响的实证研究［J］. 国际贸易问题，2013（9）.

13. 朱剑冰，吕静. 贸易便利化评价指标体系研究及其应用［J］. 湖南大学学报：社会科学版，2015（6）.

14. 王中美. 全球贸易便利化的评估研究与趋势分析［J］. 世界经济研究，2014（3）.

15. 胡晓红. 论贸易便利化制度差异性及我国的对策—以部分“丝绸之路经济带”国家为视角［J］. 南京大学学报：哲学人文科学版、社会科学版，2015（6）.

16. 何力. 国际条约法视角下 WTO《贸易便利化协定》生效问题探析［J］. 海关与经贸研究，2017（4）.

17. 金泽虎，李青青. 上海自贸区经验对促进长江经济带贸易便利化的启示［J］. 国际贸易，2016（4）.

18. 彭羽，陈争辉. 中国（上海）自由贸易试验区投资贸易便利化评价指标体系研究［J］. 国际经贸探索，2014（10）.

19. 王冠凤，郭羽诞. 上海自贸区贸易便利化和贸易自由化研究［J］. 现代经济探讨，2014（2）.

20. 王冠凤，郭羽诞. 促进上海自贸区贸易自由化和贸易便利化发展的对策［J］. 经济纵横，2014（2）.

21. 甘睿淼. 日本贸易便利化研究［D］. 长春：吉林大学，2017.

22. 焦晓松. 贸易便利化对出口影响研究［D］. 北京：首都经济贸易大学，2017.

23. 郜媛莹. 中国海关推进贸易便利化的政策研究［D］. 北京：首都经济贸易大学，2017.

24. 曹子瑛. 奥巴马政府贸易便利化改革研究［D］. 武汉：武汉大学，2017.

25. 匡增杰. 中日韩自贸区的贸易效应研究［D］. 上海：上海社会科学

院，2014.

26. 阮光册. 贸易便利化背景下海关应对非传统安全的策略［D］. 上海：华东师范大学，2012.

27. 孙衷颖. 区域经济组织的贸易便利化研究［D］. 天津：南开大学，2009.

28. 郭蒙蒙. WTO《贸易便利化协定》及其在我国的适用［D］. 南京：南京师范大学，2016.

29. 王涛. 日本贸易便利化分析［D］. 长春：吉林大学，2013.

外文文献

1. KUMARC. N，*Prospects of Regional Economic Cooperation in South Asia*［M］. Wood head Publishing Limited，2012，PP. 101—115.

2. NORTHD. C，*Institutions，Institutional Change and Economic Performance*［M］. Cambridge University Press：Cambridge，1991.

3. THOMAS FAROLE，GOKHAN AKINCI，*Special Economic Zones：Emerging，Progress，Challenges，and Future Directions*，The World Bank，2011（3），pp. 195—203.

4. THIERRY GEIGER，ATTILIO DI BATTISTA，SEAN DOHERTY，AND ILMARI SOININEN，*The Global Enabling Trade Report* 2016［R］. Geneva：World Economic Forum，2016.

5. UNITED NATIONS CONFERENCE ON TRADE AND DEVELOPMENT. *Trade facilitation handbook*，Part I national facilitation bodies：lessons from experience［R］. Geneva：UNCTAD，2006.

6. ALBERTO PORTUGAL-PEREZ，JOHN S. WILSON，*Why Trade Facilitation Matters to Africa?*［R］. The World Bank Development Research Group，Policy Research Working Paper，2012（4719）.

7. PERSSON，M，Trade Facilitation and the Extensive Margin［J］. *The journal of International Trade & Economic Development*，2013（5），

pp. 663.

8. FINKC. MATOOA. NEAGUC. I., *Trade in International Maritime Services: How Much Does Policy Matter?* [J]. World Bank Economic Review, 2002 (16), pp. 81—108.

9. ANDERSON. J. E. AND VAN WINCOOP. E, *Trade Costs*, [J]. Journal of Economic Literature, 2004 (42), pp. 691—751.

后记

正值本书写作之际，中美贸易战开始发端，且有愈演愈烈之势。无论是中兴事件，抑或是关税的变化，都预示着当下的中国似乎走到了十字路口，经济发展前景令人担忧。值得提振信心的是，由“一带一路”倡议和自由贸易试验区建设构成的我国双轨制改革开放战略正逐渐推进，已经初见成效。自由贸易试验区的建设对于构建开放型经济体制以及全面深化改革具有重要的战略意义。作为国际自贸协定中重要内容的贸易便利化条款，对国际贸易及全球经济的发展起到了巨大的推动作用。

需要指出的是，本课题的研究得到了西北政法大学青年创新团队项目和“陕西省教育厅2017年重点科学研究计划”的支持。本书的出版属于后者课题“陕西自贸区贸易便利化研究”（项目编号：17JZ076）的阶段性成果。

本书写作以及最后的出版时间跨度大，在此特别感谢福建鹭江出版社的帮助和支持。

图书在版编目（CIP）数据

中国自贸试验区贸易便利化研究/马海涛著．—厦门：鹭江出版社，2019.4

（中国自贸试验区研究丛书）

ISBN 978-7-5459-1500-6

Ⅰ.①中…　Ⅱ.①马…　Ⅲ.①自由贸易区—研究—中国　Ⅳ.①F752

中国版本图书馆 CIP 数据核字（2018）第 113274 号

"中国自贸试验区研究"丛书

沈四宝　主编

ZHONGGUO ZIMAO SHIYANQU MAOYI BIANLIHUA YANJIU

中国自贸试验区贸易便利化研究

马海涛　著

出版发行：鹭江出版社

地　　址：厦门市湖明路 22 号　　**邮政编码**：361004

印　　刷：福建新华印刷有限责任公司

地　　址：福州市福新中路 42 号　　**电话号码**：0591—83661214

开　　本：700mm×1000mm　1/16

插　　页：3

印　　张：15

字　　数：222 千字

版　　次：2019 年 4 月第 1 版　　2019 年 4 月第 1 次印刷

书　　号：ISBN 978-7-5459-1500-6

定　　价：52.00 元
